ネットの政府

国民経済計算統計の財務分析から導かれる
日本の財政再建

村藤 功 |著|

同文舘出版

はじめに

 10年前の提案

　私は2003年4月に民間のコンサルティング会社の顧問となり、九州大学ビジネススクールの教授となった。九州大学の教授になってから一番初めに書いた本が、東洋経済新報社から2004年に出版した『日本の財務再構築』という本である。この本は国民経済計算統計から事業会社、金融機関、一般政府、家計のセクター別財務諸表を導き、財務分析をして問題点を特定した上で、問題解決の選択肢を検討したものであった。国民経済計算統計における事業会社セクター、政府セクター、家計セクターの正味資産は大きく過大評価されている。政府は膨れ上がる社会福祉費用のために大変な債務超過だし、家計の正味資産は統計帳簿上では強大な金額があるようには見えるが、実際はそう大きなものであるとは思えなかった。

　このような現状認識の下で、私の10年前の提案は、「ネットの政府」をつくって日本を再建しようというものだった。すなわち、政府がその役割を企画と進捗管理に絞り、政府の公営事業や公的金融機関を民営化することを提案した。公営事業や公的金融機関の民営化は政府の使用資金の削減をもたらし、数百兆円の国債削減を可能にする。公営事業を民営化することによって、公営事業自体も政府の規制から自由になり発展していくはずだった。

　しかし、私の「ネットの政府」案は採用されないばかりか、ほとんどの国民に気が付かれない状況で問題は悪化しつつある。特に日本の政府セクターの財務の悪化はひどいものである。毎年の一般会計の貯蓄の赤字は40兆円になり、これを埋めるために赤字国債を発行している。プライマリー・バランスをプラスにすると言ったはずなのに、国際公約を忘れて貯蓄の赤字と赤字国債は拡大する見込みだ。私の予測では、40兆円の赤字は2020年までに80兆円に拡大する

見込みだ。事業会社セクターにおける本当は存在しないのにあると勘違いされている正味資産も拡大している。一番困るのは家計の貯蓄がマイナスになる見込みとなることである。家計の貯蓄は、事業会社の当期利益にあたり、家計の正味資産というストックからもたらされる最終フローである。これがマイナスということは、家計の正味資産価値の時価がマイナスということである。私が九州大学ビジネススクールで教えている企業財務ではストックの時価をストックから生ずるキャッシュフローの現在価値として計算する。マイナスのフローしか生まない正味資産の価値はマイナスである。国民経済計算の2012年の家計貸借対照表統計は日本の家計が2233兆円の正味資産を持っていると表示しているが、家計の貯蓄は2012年に4兆円しかない。政府は消費税を2014年に5％から8％にし、2017年に8％から10％にする予定である。消費税1％は2.6兆円程度で、消費税5％の増加は家計の貯蓄をマイナスにする見込みである。家計の正味資産の時価と統計帳簿価格のギャップは2千兆円以上あり、家計にはもはや余裕はない。家計の正味資産を政府に移して政府財政を立て直そうという考えは事実認識の誤りによる誤った政策である。

　10年前の私の提案は、その昔サッチャーやレーガンが「小さな政府」と言って追求した政策で、とても当たり前の話だと思ったのだが、なぜできないのだろうか。官僚には私の友人が多いので個人の名前を挙げて非難するつもりはないが、官僚が天下りする公営事業会社や公的金融機関をなくしたくない抵抗勢力になっているのではないかと疑わざるを得ない。小泉元首相は資金の入り口を絞って財投出口機関の民営化を進めようとしたはずだったのだが、官僚と財政投融資の出口機関は、資金不足の問題を財投債と財投機関債の発行で解決してしまった。日本の政府は相変わらず大きいままなのである。

B　アメリカとの比較

　まず、日本ではこれまでと同様にやり続けるという安定志向がとても強い。このため、これまでと違ったことを提案しても、なかなかできないということが多い。新しいことを行うためには、その方策がどこかで実行されて現実的な

効果をもたらしたということが示されていることが必要である。そこで私は、外国で起きている例を比較対象としてみることが望ましいと思った。

外国でどこが一番比較対象となるかということだが、第一次世界大戦以降、世界の政治経済をリードしてきたのはアメリカであるため、アメリカが一番適切だと考えた。そこで本書では、アメリカがどのような選択をした結果、現在の財務諸表に至ったかを示し、これと比較して日本の将来を考えることにした。

ただ、注意しなければならないのは、アメリカは初めから小さな政府の国で大した公営事業や公的金融機関を持っていなかったため、民営化を考える参考にはあまりならないということである。この意味ではイギリスは公営事業や公的金融機関を抱える大きな政府を一時つくり、その公営事業や公的金融機関を民営化して復活した。この意味では具体的な民営化のプロセスはイギリスに学ぶべきである。

しかし、初めから自由主義の小さな政府だったということは、日本の将来の姿として参考になり得るということである。自由主義の小さな政府には小さな政府の問題がある。実際、アメリカの連邦政府は大変な債務超過に陥っている。しかし、これは、世界の警察としてアフガニスタンやイラクに軍隊を送り、今でも中国の4倍の軍事費を使っていることも背景にある。アメリカのトラブルと日本のトラブルとは原因が違うのである。

 将来予測

私は10年前から日本、特に日本政府は財務破綻の道を歩んでいると思っているのだが、どうも日本国民は、なかなかそのような実感がわかないようである。つまり、日本国民には、自分、自分の家計と自分の会社くらいまではイメージがわくが、自分の国の財務のイメージがわいてこないようで、日本の国がどのようになれば財務破綻ということになるのか、イメージがわかないのである。そこで、今回は日本政府財務の将来予測をしてみることにした。

その結果、現在40兆円である一般政府の赤字は2020年には80兆円に拡大する

ことがわかった。これは赤字国債発行の拡大を意味する。現在日銀は2％のインフレをターゲットとしており、名目金利は時間の問題で上昇する見込みである。金利が上昇すると国債価格は下落するので、民間金融機関は国債保有の縮小に動かざるを得ない。日本郵政やGPIFをはじめとする政府系金融機関も国債保有の縮小に動く可能性がある。ここで政府が赤字国債の発行を拡大すれば、国内で消化しようとする限り日銀がお金を印刷するか、当座預金を増加させてこれを引き受けざるを得ない。お金を印刷すればインフレは止まらず、ハイパーインフレーションが引き起こされる可能性が出てくるし、当座預金を増加させて国債を買えば後で売却するときに金利が上がる。

　日本の対外収支である経常収支の将来にも不安が出てきた。これまでは貿易収支と資本収支が共に黒字で、将来、貿易収支が多少赤字になっても戦後積み上げてきた海外の純金融資産からくる資本収支の黒字でカバーされ、経常収支がそう簡単に赤字に転落することはないと思われてきた。しかし、東日本大震災後の原子力発電停止と火力発電のためのLNGや石油輸入で貿易赤字は定着し、急速に拡大している。円高で企業の海外移転が進んだため、輸出も日本からでなく中国やASEANからということになってきた。経常収支が赤字になれば、海外からの資金調達が必要で、財務省も国債が国内問題と言い続けてはいられなくなる。

　上記のように消費税率引き上げのために、今、家計の貯蓄はプラスからマイナスに転じるところである。貯蓄がなくなれば、そもそも貯蓄を民間金融機関に預金として持ち込むこともできない。新規国債を国内でさばけなければ、海外の投資家に売らざるを得ないが、これまで買ってくれなかった海外の投資家がどうして買ってくれるのだろうか。ハイパーインフレの可能性は、円暴落の可能性でもある。

　仮に海外投資家が日本の国債を引き受けてくれたとして、海外の投資家に約束どおり金利や元本を払えなければ、債務不履行ということになる。これはIMF危機の韓国やユーロ危機のギリシャと一緒の状況で、日本政府が当事者能力を失ったとして、IMFが乗り込んでくることになる。日本で生活レベルを下げないようにいくらデモ行進をしても、IMFは「キリギリス」日本の社会福祉を削減せよと、緊縮財政を強制するに決まっている。一度本当に困って

国際標準をわかっている人たちになんとかしてもらったほうが良いという人たちも多いが、私は日本人の手から日本の将来の主導権が奪い取られるのは嫌である。そのために、私は本書を執筆した。本書が日本の財政再建の一助になることを願ってやまない。我々は今立ち上がって問題を解決する必要がある。

　なお、本書の巻末には、日本とアメリカの財務諸表を掲載している。ただし、紙幅の関係もあり、本書では、各セクターについては貸借対照表のみ掲載するとともに、また2000年以降のデータとなっている。他の財務諸表や財務分析に関するデータ、さらには1986年～1999年のデータについては、以下の私のホームページにアップしているので、ご興味をお持ちになった読者はご高覧いただきたい。

　　村藤功ホームページ：http://www.econ.kyushu-u.ac.jp/murafuji/

2015年2月

村藤　功

■ 目　次 ■

はじめに　　*i*

A　10年前の提案 ……………………………………………………………… *i*
B　アメリカとの比較 …………………………………………………………… *ii*
C　将来予測 ……………………………………………………………………… *iii*

Ｉ．日本の財務諸表分析と将来予測

A　総論 …………………………………………………………………………… *2*
　ⅰ　バブル崩壊以降30年を経た日本の現状 ……… *2*
　　(a)　バブル崩壊の財務諸表への影響　●　*2*
　　(b)　世界の金融危機と東日本大震災の影響　●　*5*
　　(c)　日本の対外貸借対照表と経常収支推移　●　*6*
　ⅱ　SNA統計 ……… *9*
　　(a)　SNA統計の歴史　●　*9*
　　(b)　2010年（平成22年）基準改定　●　*10*
　　(c)　金融仲介サービス（FISIM）　●　*10*
　　(d)　固定資産と固定資産減耗の計算　●　*12*
　ⅲ　日本の財務再構築の基本方針 ……… *12*
　　(a)　連結主義　●　*12*
　　(b)　時価主義　●　*14*
　　(c)　ネットの政府　●　*16*

B　事業会社セクター ………………………………………………………… *18*
　ⅰ　連結時価経営 ……… *18*
　　(a)　国際会計基準　●　*18*
　　(b)　連結事業部経営　●　*19*

- ii アジアの成長と日本企業の国際化 ……… 20
- iii 財務上の問題点 ……… 23
  - (a) ストックの問題 ・ 23
    1. 企業価値の定義　23
    2. 企業価値推移　28
    3. 資本構成推移　30
  - (b) フローの問題 ・ 32
    1. 所得支出勘定推移　32
    2. 資本調達勘定推移　35
- iv 財務再構築の方向性 ……… 37
  - (a) 事業会社セクターの将来予測 ・ 37
  - (b) 今後の方向性 ・ 37

C　金融セクター ……… 40

- i 金融危機と自己資本規制 ……… 40
  - (a) 金融危機 ・ 40
  - (b) 自己資本規制 ・ 41
- ii 銀行の管理会計 ……… 42
- iii 公的金融機関の民営化 ……… 43
  - (a) 郵政民営化 ・ 43
  - (b) 財政投融資出口機関の民営化 ・ 45
- iv 財務上の問題点 ……… 47
  - (a) ストックの問題 ・ 47
    1. 金融セクター資産推移　47
    2. 資本構成推移　49
  - (b) フローの問題 ・ 51
    1. 銀行の財務諸表とストックとフローの対応関係　51
    2. 所得支出勘定推移　56
    3. 金融セクターの利鞘推移　58
    4. 資本調達勘定推移　59
    5. 民間金融機関と公的金融機関　62
- v 財務再構築の方向性 ……… 63
  - (a) 将来予測 ・ 63
  - (b) 今後の金融セクターの方向性 ・ 63

D 一般政府セクター … 67

ⅰ 政府のバランスシートと時価主義 … 67
ⅱ 政府の連結経営 … 69
  (a) 中央省庁連結 ・ 69
  (b) 地方自治連結 ・ 76
ⅲ 財務上の問題点 … 80
  (a) ストックの問題 ・ 80
    1．政府価値推移　80
    2．資金調達構成推移　82
  (b) フローの問題 ・ 84
    1．所得支出勘定推移　84
    2．資本調達勘定推移　88
ⅳ 財務再構築の方向性 … 90
  (a) 将来予測 ・ 90
  (b) 今後の方向性 ・ 92
    1．政府の会計基準　92
    2．政府財務再構築のロードマップイメージ　95
    3．ネットの政府と日本の再生　98
    4．民間による社会福祉構想　102
    5．道州制：地方自治体再構築　107

E 家計セクター … 112

ⅰ 家計のバランスシートと時価主義 … 112
ⅱ 財務上の問題点 … 117
  (a) ストックの問題 ・ 117
    1．家計価値推移　117
    2．家計価値と資本構成推移　119
  (b) フローの問題 ・ 120
    1．所得支出勘定推移　120
    2．資本調達勘定推移　124
ⅲ 財務再構築の方向性と業績評価 … 126
  (a) 将来予測 ・ 126
    1．人口減少と少子高齢化　126
    2．成長のための労働力の補填　128

(b) 今後の方向性　・　129
　　　　　1．自由と自己責任の原則　　129
　　　　　2．教育の方向性　　130

II．アメリカの財務諸表分析と日本との比較

A　総論 …………………………………………………… 134
　i　統計データ ……… 134
　ii　アメリカの幸福曲線 ……… 134
　iii　アメリカの対外財務状況 ……… 138
　iv　日米の金融機能の違い ……… 140
　v　社会保障の理念の違い ……… 141
　vi　連邦政府の債務超過 ……… 143
　vii　リーマンショック ……… 144
　viii　国際資金循環 ……… 147

B　事業会社セクター …………………………………… 149
　i　日米の事業会社セクターのストックとフローの違い ……… 149
　ii　財務上の問題点 ……… 152
　　(a) ストックの問題　・　152
　　　　1．企業価値推移　　152
　　　　2．資本構成推移　　154
　　(b) フローの問題　・　155
　　　　1．所得支出勘定推移　　155
　　　　2．資本調達勘定推移　　157

C　金融セクター ………………………………………… 158
　i　日米の違い ……… 158
　　(a) 資産と資本構成構造　・　158
　　(b) アメリカにおける預貸金利差　・　161

  ii 財務上の問題点 ……… *162*
    (a) ストックの問題 ・ *162*
      1．資産推移 *162*
      2．資本構成推移 *163*
    (b) フローの問題 ・ *164*
      1．所得支出勘定推移 *164*
      2．資本調達勘定推移 *165*

D 連邦政府セクター ……………………………………… *168*
 i 連邦政府の構造 ……… *168*
 ii 連邦政府と社会福祉 ……… *169*
 iii 日米政府の違い ……… *171*
 iv 財務上の問題点 ……… *174*
   (a) ストックの問題 ・ *174*
     1．政府価値推移 *174*
     2．資金調達構成推移 *175*
   (b) フローの問題 ・ *177*
     1．所得支出勘定推移 *177*
     2．資本調達勘定推移 *180*

E 州・地方政府セクター ……………………………………… *182*
 i アメリカの州・地方政府の構造 ……… *182*
 ii アメリカの州・地方政府と社会福祉 ……… *183*
 iii 財務上の問題点 ……… *184*
   (a) ストックの問題 ・ *184*
     1．政府価値推移 *184*
     2．資金調達構成推移 *185*
   (b) フローの問題 ・ *186*
     1．所得支出勘定推移 *186*
     2．資本調達勘定推移 *188*

F 家計セクター ……………………………………………… *190*
 i アメリカの家計のストックとフローの関係 ……… *190*

	ii	アメリカの家計の利回り推移 ……… *191*
	iii	日米比較 ……… *193*
		(a) 金融資産と家計業収益 ・ *193*
		(b) 社会保障の規模 ・ *194*
	iv	財務上の問題点 ……… *196*
		(a) ストックの問題 ・ *196*
		1．資産推移　　*196*
		2．家計価値と資本構成推移　　*197*
		(b) フローの問題 ・ *198*
		1．所得支出勘定推移　　*198*
		2．資本調達勘定推移　　*200*

Ⅲ．日本の将来ビジョンとそこに至る戦略

A　日本の将来予測 …………………………………… *204*

B　日本の財務再生の選択肢 …………………………… *206*
　i　金融緩和と経済成長 ……… *206*
　ii　増税と歳出削減 ……… *207*
　iii　ネットの政府と民営化 ……… *209*

C　日本のあるべき将来ビジョン …………………………… *210*

あとがき　　*212*
参考文献　　*227*
索　　引　　*231*

◇図表一覧

I 日本の財務諸表分析と将来予測

A 総論
- I A-1. バブル発生と崩壊のマグニチュード　*3*
- I A-2. バブルとセクター別自己資本への影響　*4*
- I A-3. 日本の対外貸借対照表推移　*6*
- I A-4. 日本の対外経常収支推移　*8*

B 事業会社セクター
- I B-1. 中国の市場化とアジアの成長　*22*
- I B-2. 企業価値の定義　*24*
- I B-3. ストックとフローの対応関係　*26*
- I B-4. 企業価値推移　*29*
- I B-5. 事業会社セクターの資本構成推移　*30*
- I B-6. 事業会社セクターの所得支出勘定推移　*32*
- I B-7. 事業リターンと金利推移　*34*
- I B-8. 事業会社セクターの資本調達勘定推移　*36*
- I B-9. 事業会社セクターの将来予測　*38*

C 金融セクター
- I C-1. 金融セクターの資産推移　*47*
- I C-2. 金融セクターの資本構成推移　*49*
- I C-3. 銀行の損益計算書　*52*
- I C-4. 銀行におけるストックとフローの対応関係　*55*
- I C-5. 金融セクターの所得支出勘定推移　*57*
- I C-6. 金融セクターの利鞘推移　*58*
- I C-7. 金融セクターの資本調達勘定推移：資金調達内訳　*59*
- I C-8. 金融セクターの資本調達勘定推移：資金運用内訳　*60*
- I C-9. 民間金融機関と公的金融機関　*62*
- I C-10. 金融セクターの将来予測　*64*

D 一般政府セクター

- ID-1. 政府貸借対照表の構成・定義　*68*
- ID-2. 2011年度（平成23年度）中央政府連結貸借対照表の全体像　*70*
- ID-3. 政府の連結経営－中央省庁連結　*72*
- ID-4. 政府の連結経営－都道府県連結　*77*
- ID-5. 政府価値推移　*80*
- ID-6. 一般政府セクターの資金調達構成推移　*82*
- ID-7. 一般政府セクターの所得支出勘定推移：歳入　*85*
- ID-8. 一般政府セクターの所得支出勘定推移：歳出と貯蓄　*86*
- ID-9. 一般政府セクターの資本調達勘定推移　*88*
- ID-10. 日本政府の将来予測　*91*
- ID-11. 政府財務再構築のロードマップイメージ　*96*
- ID-12. ネットの政府と日本の再生　*100*
- ID-13. 厚生年金の2004年改革　*103*
- ID-14. 健康保険加入者数　*106*
- ID-15. 基礎自治体と道州制　*109*

E 家計セクター

- IE-1. 家計のストックとフローの関係　*113*
- IE-2. 家計の利回り推移　*116*
- IE-3. 家計価値推移　*118*
- IE-4. 家計価値と資本構成推移　*120*
- IE-5. 家計の所得支出勘定推移　*121*
- IE-6. 家計の所得支出勘定推移：家計業金利税引前所得内訳推移　*123*
- IE-7. 家計の資本調達勘定推移　*125*
- IE-8. 日本の長期的人口推移　*127*
- IE-9. 人口減少と少子高齢化　*128*

II アメリカの財務諸表分析と日本との比較

A 総論
- II A−1. アメリカの幸福曲線　*135*
- II A−2. アメリカの対外貸借対照表　*138*
- II A−3. アメリカの対外経常収支推移　*139*
- II A−4. アメリカのバブル発生、崩壊と有利子負債の拡大　*144*
- II A−5. アメリカのバブル崩壊とセクター別自己資本への影響　*145*
- II A−6. 日米のバブル崩壊比較　*147*
- II A−7. 国際資金循環　*148*

B 事業会社セクター
- II B−1. アメリカ事業会社セクターの2012年のストックとフロー　*150*
- II B−2. 事業会社ストックとフローの日米比較　*151*
- II B−3. アメリカ事業会社セクターの企業価値推移　*153*
- II B−4. アメリカ事業会社セクターの資本構成推移　*154*
- II B−5. アメリカ事業会社セクターの所得支出勘定推移　*156*
- II B−6. アメリカ事業セクターの資本調達勘定推移　*157*

C 金融セクター
- II C−1. 日米金融セクターの資産内訳比較　*159*
- II C−2. 日米金融セクターの資本構成内訳比較　*160*
- II C−3. アメリカ金融セクターの発行株式時価総額とレバレッジ推移　*161*
- II C−4. アメリカ金融セクターの資産推移　*162*
- II C−5. アメリカ金融セクターの資本構成推移　*163*
- II C−6. アメリカ金融セクターの所得支出勘定推移　*165*
- II C−7. アメリカ金融セクターの資本調達勘定推移：資金調達内訳　*166*
- II C−8. アメリカ金融セクターの資本調達勘定推移：資金運用内訳　*167*

D 連邦政府セクター
- II D−1. アメリカの連邦政府と州・地方政府の役割分担　*168*
- II D−2. 日米政府歳入内訳比較　*171*
- II D−3. 日米政府歳出内訳比較　*172*
- II D−4. 日米政府歳入歳出対比比較　*173*
- II D−5. アメリカ連邦政府価値推移　*174*

ⅡD-6. アメリカ連邦政府の資金調達構成推移　*176*
ⅡD-7. アメリカ連邦政府の所得支出勘定推移：歳入　*177*
ⅡD-8. アメリカ連邦政府の所得支出勘定推移：歳出と貯蓄　*178*
ⅡD-9. アメリカ連邦政府の資本調達勘定推移　*181*

E　州・地方政府セクター

ⅡE-1. アメリカの州・地方政府価値推移　*184*
ⅡE-2. アメリカの州・地方政府の資金調達構成推移　*185*
ⅡE-3. アメリカの州・地方政府の所得支出勘定推移：歳入　*186*
ⅡE-4. アメリカの州・地方政府の所得支出勘定推移：歳出と貯蓄　*187*
ⅡE-5. アメリカの州・地方政府の資本調達勘定推移　*189*

F　家計セクター

ⅡF-1. アメリカの家計のストックとフローの関係　*190*
ⅡF-2. アメリカの家計の利回り推移　*192*
ⅡF-3. 金融資産と家計業収益推移：日米比較　*193*
ⅡF-4. 社会保障の規模：日米比較　*194*
ⅡF-5. アメリカの家計の資産推移　*195*
ⅡF-6. アメリカの家計価値と資本構成推移　*197*
ⅡF-7. アメリカの家計の所得支出勘定推移　*198*
ⅡF-8. アメリカの家計業金利税引前所得内訳推移　*200*
ⅡF-9. アメリカの家計の資本調達勘定推移　*201*

◇財務諸表一覧

Ⅰ 日本の財務諸表

- ⅠA-① 対外貸借対照表推移 …………………………… 214
- ⅠA-② 対外経常収支推移 ……………………………… 215
- ⅠB-① 事業会社セクター貸借対照表推移 …………… 216
- ⅠC-① 金融セクター貸借対照表推移 ………………… 217
- ⅠD-① 一般政府セクター貸借対照表推移 …………… 218
- ⅠE-① 家計セクター貸借対照表推移 ………………… 219

Ⅱ アメリカの財務諸表

- ⅡA-① 対外貸借対照表推移 …………………………… 220
- ⅡA-② 対外経常収支推移 ……………………………… 221
- ⅡB-① 事業会社セクター貸借対照表推移 …………… 222
- ⅡC-① 金融セクター貸借対照表推移 ………………… 223
- ⅡD-① 連邦政府セクター貸借対照表推移 …………… 224
- ⅡE-① 州・地方政府セクター貸借対照表推移 ……… 225
- ⅡF-① 家計セクター貸借対照表推移 ………………… 226

I.
日本の財務諸表分析と将来予測

A 総論

i バブル崩壊以降30年を経た日本の現状

(a) バブル崩壊の財務諸表への影響

　1985年9月のプラザ合意による円安修正は、円高不況を招き、これに対する低金利政策は、土地、株バブルの発生をもたらした。プラザ合意は単なる日米の合意ではなく、5カ国の財務大臣の合意だったため、円高ドル安に向けた協調介入を引き起こした。円ドルレートはプラザ合意時に1ドル235円だったものが1989年には120円になった。どんどん進行する円高に伴う不況に対して日銀は公定歩合をどんどん引き下げ、プラザ合意時に5%だった金利は2年後の1987年には2.5%という当時までの史上最低金利になった。このとき、日本には土地神話があり、お金を借りて土地を買うことが大流行した。企業は銀行からお金を借りて土地を買い、銀行は土地を担保にせっせとお金を貸したため、土地バブルが発生した。また、1987年にNTT株の上場があり、売り出し価格が1株119万円だったのにわずか2カ月で318万円まで値上がりした。そんなに儲かるならとこれまで株をやっていなかった人が次々と株を買うようになり、株式バブルも発生した。このとき、日本の土地総額は1986年から1990年にかけて4年で約1200兆円上がり、日本の株式総額は1986年から1989年の3年で約600兆円上がった。土地が1年あたり300兆円で、株が1年あたり200兆円なら両方合わせると1年あたり500兆円上がったことになる。これは日本のGDPとほぼ同額である。バブル発生期には、土地と株だけで日本の貸借対照表には毎年GDP程度の正味資産が足されていったのである。私は1984年から1990年末まで海外にいたので、ちょうどバブルの発生期に日本にいなかった。当時の日本のバブルを経験できなかったことがとても残念だ。

　その後バブルは崩壊し、1990年には約2400兆円だった日本の土地総額は2012年末段階で1100兆円である（図表ⅠA-1．バブル発生と崩壊のマグニチュード）。日経平均が4万円に近づいた1989年末に約900兆円だった株式総額も、日経平均が1万7千円を切った92年末には400兆円あまりまで落ちた。日経平均

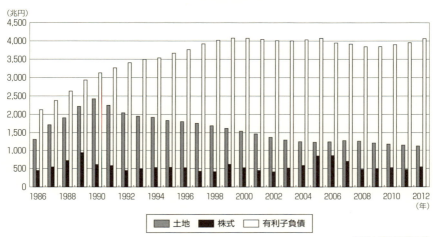

図表ⅠA-1. バブル発生と崩壊のマグニチュード

出所：国民経済計算

が1万6千円を超えた2005年末には811兆円まで回復したが、2008年秋のリーマンショック、2009年から続いているユーロ危機や2011年の東日本大震災等で株価総額は2011年には300兆円程度まで落ちた。2012年末以降のアベノミクスや世界経済の回復で株価が上がった2014年9月末で日経平均は16253円、株価総額は500兆円程度まで戻った。

　土地株バブルのピークから2012年末までに約1800兆円資産が失われた一方で有利子負債は1986年の2200兆円から1998年の4000兆円近くまで1800兆円増加した。2001年以降の財政投融資の縮小に伴い有利子負債は減少し始めたが、2012年にはまた4千兆円に戻った。バブルの発生と崩壊は、資産の急上昇と急下落に対して有利子負債を急速に増加させ、事業会社、金融機関、政府の資本構成を悪化させた。2002年2月から2007年末まで戦後最長の景気回復と言われながら、日本ではバブル崩壊以降大した好景気感はなかった。そこに世界の金融危機や地震・津波・洪水等が襲ってきたわけである。

　バブルの発生と崩壊が日本の各セクターに及ぼした影響を見てみよう（図表ⅠA-2．バブルとセクター別自己資本への影響）。事業会社セクターの自己

図表ⅠA−2. バブルとセクター別自己資本への影響

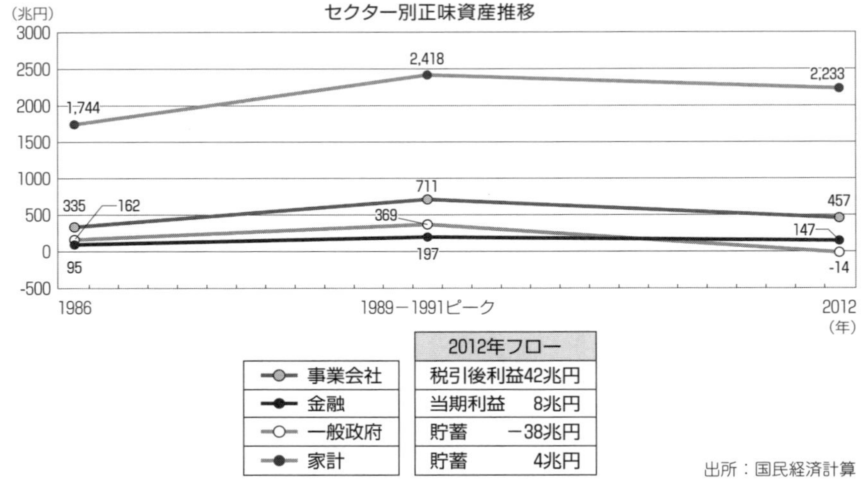

セクター別正味資産推移

（兆円）

年	事業会社	金融	一般政府	家計
1986	1,744	95	162	335
1989−1991ピーク	2,418	197	369	711
2012	2,233	147	−14	457

2012年フロー	
税引後利益	42兆円
当期利益	8兆円
貯蓄	−38兆円
貯蓄	4兆円

出所：国民経済計算

　資本時価総額は、1986年の335兆円から1989年には2倍以上の711兆円になったが、1990年、1992年の株価暴落で一時半減した。その後リーマンショック、ユーロ危機、東日本大震災等があったが、2012末には457兆円まで回復した。事業会社は税引き後の利益から配当を支払って、貯蓄を残すので、株価総額というストックに対応するフローは税引き後利益である。事業会社セクターの2012年の税引き後利益は42兆円だった。

　金融セクターの時価自己資本も、1989年末に197兆円まで倍増したが、株価下落と不良債権処理で1998年に69兆円まで落ち、その後、リーマンショック等を経て2012年末には147兆円まで戻ってきた。金融機関も事業会社と同様、当期利益から配当を支払って、貯蓄を残す。2012年の日本の金融セクターの当期利益は8兆円だった。

　政府セクターの正味資産はピークの1991年には369兆円と倍増したが、お金がないのに赤字国債の発行で社会福祉を拡大し、2012年にはついにマイナスに転落した。政府セクターは資本主義に基づく株式会社ではないので配当があるわけではなく、貯蓄が正味資産に対応するフローのボトムラインである。政府の貯蓄が大きなマイナスであることを考えれば日本の一般政府の貸借対照表は

時価では大きな債務超過であると言わざるを得ない。

　家計の帳簿価格正味資産は1986年に1744兆円だった正味資産が1990年のピークには2418兆円まで増加した。その後バブル崩壊の影響をある程度は受けたものの、2012年末で帳簿上は2233兆円の正味資産を持っている。家計の場合も政府と同様配当があるわけではないので、正味資産に対応するフローのボトムラインは貯蓄である。家計の正味資産から生み出された貯蓄は雇用者所得の低下を主因として2012年には4兆円前後に低下し、2014年－2017年の消費増税によってフローで見た時価はマイナスに転落するところである。日本の家計がお金持ちだというのは統計上の帳簿価格を見て行う議論でフローから計算される時価はマイナスになりつつある。既に貧しい日本の家計からお金を取り立てて政府財政を立て直そうというような施策は、財務の基礎理論である「時価」を理解しない考え方で大きく間違っている。

(b)　世界の金融危機と東日本大震災の影響

　2008年のリーマンショックによって世界の株価は6千兆円から3千兆円に落ちた。アメリカ政府は、リーマンブラザーズを破綻させることによって自分がどれほどの金融危機をもたらすのか、事前にはわかっていなかった。世界がアメリカを非難し始めたこともあって、アメリカは金融安定化法を成立させ、金融機関から最大7千億円を使って不良債権を買い取ることにした。アメリカやEUは自己の金融機関に自己資本を注入した。世界中にドルをばら撒くため負債を通貨とするFRBのバランスシートはあっという間に拡大して3倍になった。2014年までにはFRBのバランスシートは5倍に拡大したと言われる。何かあっても困らないように、BIS規制も新しくされ、銀行の自己資本の定義が厳しくなった。金融危機は製造業にも波及し、世界経済は停滞した。

　日本では、もちろんリーマンショックの影響を受けたが、これに留まらず、2011年には東日本大震災に襲われた。東北地方の多くの町が地震の後の津波に沈み、福島の原子力発電を含め、今なお復旧の途上である。福島の原発がやられたことで、原子力発電の危険性が判明し、日本全国の原子力発電が止まった。この結果、日本は電力のために電源として石油やLNGをより大量に輸入して使わざるを得なくなり、貿易収支は赤字になった。

金融危機からの回復には約5年の歳月がかかった。2013年末になってアメリカは漸くアメリカ経済の回復を認知し、2014年の初めから金融緩和の縮小に乗り出した。2015年からアメリカは世界中にばら撒かれたドルを回収する予定だ。

(c) 日本の対外貸借対照表と経常収支推移

1986年から2012年までの日本の対外貸借対照表を見てみよう（図表ⅠA－3．日本の対外貸借対照表推移）。日本の対外資産は、金融資産、輸出関連資産等から構成され、1986年に125兆円だったものが2012年末に718兆円と約5.7倍になった。これは1985年のプラザ合意の結果、円の価値がドルに対して上がり、円で見た対外資産の価値が増加したことも原因の１つにあげられる。

対外資産の中で投融資が一番大きく、1986年には95兆円だったものが、2012年には586兆円まで増加した。投融資の内訳を見ると、対外貸出が、1986年の33兆円からバブル発生期に円高の結果1990年の93兆円まで倍増し、1997年の112兆円をピークとして、2012年には89兆円レベルである。対外証券投資は、同じくバブル発生期には円高の結果1986年の38兆円から1991年の84兆円まで倍

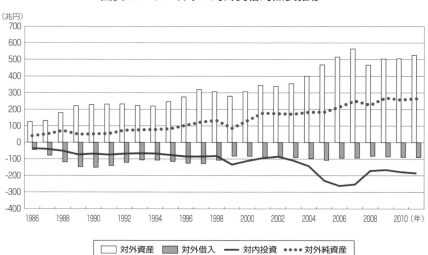

図表ⅠA－3．日本の対外貸借対照表推移

出所：国民経済計算

増したものの、1990年代の前半は増加せず、1990年代の後半以降激増し、2012年の407兆円まで1995年の86兆円の4.7倍になった。ユーロに分散していなかったのでユーロ危機の影響を受けなかったがアメリカドル債の保有高は中国と共に突出しており、今後はリスク分散の選択肢を考える必要がある。円安の現状は、アメリカドル債の保有高を減少させるチャンスである。現預金は、金やSDRを含む外貨準備高と民間の現預金からなる。1986年に10兆円だったものがバブル発生の波に乗って1989年には対外現預金を中心に45兆円まで増加した。その後いったん減ったものの1997年には49兆円まで増加し、以降2012年の12兆円まで激減した。

　国民経済計算の日本の負債は、借入、輸入関連負債等だけでなく対内投資も含む。借入はここでは借入と金融機関の預金を含み、主として投融資をファイナンスしている。対外借入は、円高や日本の信用力増加で1986年の43兆円から1990年には151兆円と激増したものの、バブル崩壊や、金融危機で、1999年には84兆円まで落ち込んだ。2012年末で110兆円である。対内投資は日本の公社債や株式を中心に1986年の38兆円から2006年には261兆円まで伸びたが、金融危機で海外資本が多少逃げ2012年末で214兆円程度である。対外純資産は為替市場や国内外の株式市場の影響を受けて変動する。1986年の41兆円が2012年の296兆円まで7倍以上に伸びた。2012年の日本の対外純資産296兆円は大変な巨額ではあるが、1980年に3603億ドルの純資産を持っていたアメリカが貿易収支の赤字化と国債の金利支払によってわずか6年で債務国に転落したことを考えればそれほど安心できる状況でもない。

　日本の経常収支は、財貨やサービスの輸出入、金融資産、不動産や有利子負債、対内投資にかかわる財産所得のやり取り、クロスボーダーの雇用者所得のやり取り等からなるが、大きいのは輸出入と、財産所得のやり取りである（図表ⅠA-4．日本の対外経常収支推移）。輸出は、1986年に38兆円だったものが、2007年には91兆円まで伸びたが、金融危機で2009年は2008年から33%減少の60兆円になり多少戻って2012年に70兆円である。これまで10数年というもの、輸出は輸入を必ず5-10兆円上回っていたが、金融危機後の2008－09年には輸入が輸出とほぼ同じになり、2012年にはついに輸入が輸出を9.4兆円上回った。リーマンショック後の円高で輸出が減少したこと、多くの日本企業がアジアに

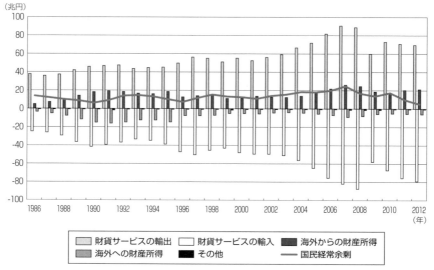

図表ⅠA-4. 日本の対外経常収支推移

出所：国民経済計算

工場を移転して日本からの輸出が減少したこと、石油、石炭、鉄鋼石などの原材料費が高騰したこと、原発停止で石油やLNG輸入が急増したことなどが影響した。

　財産所得は投融資や海外不動産等の海外資産に対するものだが、海外資産合計はリーマンショックで多少やられたが、1986年の125兆円から2012年の718兆円まで5.7倍になった。財産所得はバブル発生期にいったん急上昇しその後低下したが、規模の拡大によってまた改善してきている。財産所得／海外資産利回りは1986年の4.2％から1991年の7.1％まで上昇して、2012年は3.0％まで落ちた。海外投資家は日本資産をバブル発生期に1986年の83兆円から1990年の226兆円、その後2005-07年に350-380兆円まで増加させた。海外投資家の日本資産リターンは1990年台の前半に維持していた7％台が、2004-06年には2％を切り、2012年は1.7％である。国民経常余剰は為替変動の影響を受けてかなり変動する。1986年の14兆円から、1990年の6兆円、1996年に7兆円まで落ち込んだこともあるが、多くは10-20兆円程度のプラスを継続してきた。しかし、

2012年はたった5兆円のプラスで、2012年の純輸出はマイナス9兆円、純財産所得は2012年に15兆円だったことを見れば、2012年の経常余剰5兆円は貿易ではなく、これまでに貯めた海外純資産からもたらされたものである。貿易赤字が拡大した結果、2013年の後半からついに経常収支は赤字になり、2014年の前半も経常赤字が続いている。

ⅱ　SNA統計

ⓐ　SNA統計の歴史

　国民経済計算統計は、1つの国の経済的な歴史を実物面と金融面の両方に着目し、ストックとフローの両面から示す総合的な統計体系である。この意味では民主主義国において国民が起こっていることを理解して政治的判断を行う上で、最も正当性のある統計であると言える。しかし、本書で明らかにするように、統計上の数字は統計上のルールに基づいて作成されるため、統計上の数字とフローに基づく市場価格は、日本の場合、数百兆円単位のギャップがある。それでは他の数字があるかというと企業における会計基準に基づく財務諸表のように、国の経済の財務分析は国民経済計算統計から始めざるを得ない。国の財務にとって現状では国民経済計算統計以上に正当性のある数字はないからである。

　さて、国連で初めてSNA統計基準が作成されたのは1953年であり、53SNAと呼ばれている。その後1968年の68SNA、1993年の93SNAができて現在の日本の国民経済計算はまだ多くが93SNAによっている。

　その後2009年に、国連統計委員会で2008SNAという国民経済計算の新たな国際基準が合意された。それまでは93SNAという1993年基準が使われていた。この改訂作業は2003年から始まっていたものである。

　2008SNAは検討対象として44の論点が採択され、①非金融資産、②政府公共部門、③金融サービス、④経済単位、⑤海外の5つの領域に分類されていると言われている。

　2008SNAは、日本の2010年基準で一部反映されたが、全面的に反映されたわけではなく、多くは2015年基準で反映されるものと考えられている。

本書においては、学問的な統計的定義や議論というよりは、財務分析による日本の主要問題の把握やこれに対する対策を主眼としたいので、統計基準の話は、ごく一部の、日本経済の現状理解に影響の大きいものだけを取り上げたいと考えている。

(b) 2010年（平成22年）基準改定

　国連で決まった国際基準が全て即刻日本でも導入されるわけではない。国際基準と日本基準の間にはまだ大きなギャップがある。日本では、2005年（平成17年）及び2010年（平成22年）に基準が改定され、次は2015年に基準が改定される予定である。日本基準は5年ごとに改定されることになっているわけだ。

　日本の国民経済計算統計の2012年の公表値は、2010年の日本基準に従い、1994－2012年の19年分が開示された。私は、本書の中で、1986年－1993年については以前の基準によって開示されたデータを使い、1994－2012年については、金融仲介サービス調整を除いて、2010年基準によって開示されたものを使った。その結果、1993年から1994年にかけて統計基準の変更によるギャップが生じていることがあるので注意されたい。ただ、このギャップに過度に注目されることは本書の意図から外れるので避けていただければ幸甚である。

(c) 金融仲介サービス（FISIM）

　金融仲介サービスは、FISIM（Financial Intermediary Service Indirectly Measured）の訳語であり、国際会計基準では93SNAにより導入され、日本では2010年基準改定で導入された。これは、金融仲介サービスをGDPに計測される活動として取り扱うために、受取金利や支払金利の概念を変更したものである。FISIMは、貸出や預金の利鞘にかかる金融仲介サービスを銀行の本業である金融サービスとして計測することにした。

　まず金融機関の間で資金貸借を行う場合の参照利子率を設定する。これは銀行間レートである。そして、貸出残高 x（貸出利率－参照利子率）を貸出にかかる金融仲介サービス価値、預金残高 x（参照利子率－預金利率）を預金にかかる金融仲介サービスの価値と考え、金融機関が提供する付加価値として計測する。

この結果、金融セクターの所得支出勘定においては、貸出FISIMを受取金利から引いて営業余剰に移し、預金FISIMを支払金利に足して営業余剰に足すことになる。実際、内閣府によって公表された2012年暦年データにおいては、この調整が1994-2012年の19年分なされていた。しかし、この調整を行ってしまうと、実際の貸出金利と預金金利の利鞘分析がし難くなったり、貸出金利が下がり、預金金利が上がることで貸出の投資収益率や預金の支払利率計算に混乱が生じたりする。このような問題があるので、私はこの調整を元に戻すことにした。すなわち、受取金利と支払金利については調整前のデータを使い、営業余剰については、貸出FISIMと預金FISIMを足し戻したのである。

　同様に、事業会社セクターの所得支出勘定におけるFISIM調整は、金融機関にFISIMを付加価値として提供させるために、金融機関との関係を銀行間レートに戻さなければならない。したがって、調整は支払金利から借入FISIM分を減少させ、預金FISIM分を預金金利から増加させなければならない。一方で、調整は営業余剰が借入FISIM分減少し、預金FISIM分増加することになる。私は金融機関と同様に事業会社もFISIM調整前の数値に戻すことにした。そこで金利は調整前の支払金利と受取金利を使うことにして、営業余剰を支払金利減少分増加させ、預金受取金利増加分減少させたのである。

　家計も同様である。ただし、家計の場合は、営業余剰でなく、消費で調整することが適切であると思われた。実際はもっと大きな金利を支払い、もっと小さな金利しか受け取っていないのに、FISIM調整では支払金利を小さくし、受取金利を大きくして、金融仲介サービスを消費したものとみなされている。そこで、調整前の受取金利と支払金利を使い、受取金利を減らし、支払金利を増やした分の合計である金融仲介サービス分を消費から減少させることにした。

　一般政府の場合も、調整前への戻し方は家計に似ている。調整前の受取金利と支払金利を使ったことは同様だが、調整は現実最終消費で行った。調整前の受取金利と支払金利を使うことによって受取金利が減り支払金利が増えたので、現実最終消費を消費しなかったものとしてその分減少させることにしたのである。

　1993SNAでは、FISIMをその利用者に配分しないという取り扱いが許されていた。これが2008SNAでは許されなくなった。日本では2010年基準導入時

に、FISIMの概念を導入して、各セクターの受取金利、支払金利、営業余剰、消費等を調整するようになったようである。

(d) 固定資産と固定資産減耗の計算

貸借対照表勘定のストックは原則として時価表示である。すなわち、固定資産の場合は、除却分を除いて存在する、グロスではなく固定資本減耗を差し引いたネットで表示することになっている。

国際基準の1993SNAに入っていた固定資産の新基準は、日本では2005年（平成17年）基準において導入された。固定資産の推計においてこれまでのベンチマークイヤー法（BY：Benchmark Year）は恒久棚卸法（PI：Perpetual Inventory）に変更された。

ベンチマークイヤー法は、基準年のストック額を調査によって確定し、それに前後の価格変化調整後の資本形成を加減し、固定資本減耗を控除する方法である。日本の基準年は、1970年というかなり古いものだった。

現在使われるようになった恒久棚卸法は、以下の式で表される。

$$\text{ストック}_t = \text{投資}_t + (1 - \text{固定資本減耗}) \times \text{ストック}_{t-1}$$

投資を価格変化調整して足したり、固定資本減耗を控除したりする点ではベンチマークイヤー法と同じだが、多くの投資系列があれば、初めのベンチマークを必要としない。日本のベンチマークイヤー法は1970年という古いものであったため、今回の永久棚卸法とあまり変わらないと言われる。ただし、償却率を1970年の国富調査で使ったものから、民間企業投資・除却調査をベースとしたものに変更したため、償却や固定資産の金額が変動する現象が起きた。

iii 日本の財務再構築の基本方針

(a) 連結主義

ある経済主体の問題を解決するためには、その経済主体の全体像を把握できなければならない。事業会社グループは、昔は単体の財務諸表を開示すればよ

かったが、現在は連結財務諸表の開示が求められている。単体ではそのグループの全体像が見えないからである。

日本の全体像を把握するためには、日本の連結財務諸表が把握できれば、これに越したことはない。あればこれを分析してみたいものである。しかし、そのような財務諸表は存在しないので存在するもので我慢しなければならない。

国民経済計算は、事業会社、金融機関、一般政府、家計の財務諸表を作成している。日本と日本政府は異なるので、日本の財務諸表を把握したければ、4セクターの財務諸表を合算して内部取引を消去したいところである。しかし、内部取引消去データはないので、4セクターの合算データで我慢するしかない。しかし、4セクターの合算データを日本の財務諸表とみなすと、内部取引消去がない分、資産負債が過大に見えることになる。

4セクターそれぞれの財務諸表も、連結財務諸表ではなく、合算財務諸表なので資産や負債が過大に表示される。たとえば、金融セクターの貸借対照表は、公的金融機関を含み、合算統計なので、金融セクターの負債が、3倍の負債になって見えることがある。もっと具体的に言えば、以前の言葉で言えば郵便局の①郵便貯金にお金が預けられると、②資金運用部の預金や③住宅金融公庫の借入という形で郵便貯金という預金の3倍の負債が金融セクターで計上されることになる。

国民経済計算の一般政府データは、事業会社セクターに含まれる公営事業や金融機関データに含まれる公的金融機関データを含まない。本来は中央政府や地方政府が傘下の独立行政法人や公社等を支配しているので、これを連結しなければならないのだが、中央政府と地方政府だけでなく、傘下の公営企業、公的金融機関を連結した政府連結の財務諸表は存在しない。ただし、2001年度（平成11年度）の中央政府連結貸借対照表の作成が始まってから、中央政府の一般会計、特別会計、傘下の公営事業・公的金融機関を連結する中央政府連結貸借対照表は毎年作成され、2002年度（平成14年度）に財務省のホームページで開示されるようになった。ただこれは中央政府だけで、地方政府やその傘下の公社等は連結されていない。

(b) 時価主義

　一定の会計基準や統計基準を作成すれば、これによって財務諸表を作成することができる。この基準に従って計算された数字を帳簿価格という。しかし、帳簿価格を信じて問題を認識し、問題解決の選択肢を検討することには帳簿価格と市場価格に大きなギャップがある場合には大きな問題がある。

　私は2003年に大学で教え始める前は投資銀行やコンサルティング会社におけるM&Aアドバイザーだった。M&Aアドバイザーの一番重要な仕事の1つは、企業価値の時価評価である。なぜならM&A取引においては財務諸表の精査をするものの、帳簿価格でなく時価で取引を行うからである。国際標準としての企業財務理論によれば、あるものの時価とは、そこから発生するキャッシュフローをリスクに見合った割引率で割り引いて計算される現在価値である。このため、企業の事業価値を計算するにあたっては、事業が生み出す営業フリーキャッシュフローの現在価値を計算して事業価値の時価を計算することになる。私は数百件の事業価値評価、企業価値評価や自己資本価値評価を自らしたり、私のM&Aチーム・メンバーに計算してもらったりした。そこで毎回のように驚いたことが、キャッシュフローの現在価値としての時価と会計基準適用の結果としての財務諸表上の帳簿価格とは全く異なるということである。そして、重要なのは時価であって簿価ではない。なぜなら経済上の実態は時価で、あらゆる第三者取引は帳簿価格ではなく市場価格で行われるからである。投資銀行やコンサルティング会社のM&A取引支援や財務戦略策定は、帳簿価格ではなく、市場価格を前提として行われる。

　このことは国民経済計算を分析し、解釈するにあたっても大変重要になる。なぜなら、国民経済計算作成の統計基準に従った帳簿上の数字と、フローから推定されるストックの価値は全く異なり、M&Aや財務戦略と同様に、統計上の帳簿価格より推定される時価のほうが日本の財務再構築にあたっての問題の把握や施策の選択肢検討にあたって重要であると考えられるからである。

　たとえば、国民経済計算では正味資産を4セクター別に計算している（図表ⅠA-2．バブルとセクター別自己資本への影響）。2012年の12月末で、事業会社セクターの正味資産は1107兆円、金融セクターの正味資産は236兆円、一般政府セクターの正味資産はマイナス14兆円、家計の正味資産は2233兆円とい

うことになっている。これを見れば、政府にお金がなく、家計にはたくさんあるので、家計から政府にお金を移せばよいという政策が生じ得る。2014－2017年の消費税の5％値上げの背景にもこの考え方があるのではないかと私は疑っている。

　しかし、事業会社セクターの正味資産1107兆円には株価総額457兆円と資産から負債及び株価総額を引いた統計差額としての正味資産650兆円が含まれている。同様に金融セクターの正味資産236兆円には、株価総額147兆円と統計差額89兆円が含まれている。民間企業にとって、株価総額を上回る正味資産とはなんだろうか。上場企業にとって株価総額は、自己資本の時価である。これを上回る価値があると思えば投資家は株を買い、株価は上がる。株価がそこで付いているのは、売りと買いがその時点でそこでマッチしているからである。この意味では、事業会社セクターの統計差額としての正味資産650兆円は時価としては存在しないのに統計上は存在することになっている数字であると言わざるを得ない。金融セクターの統計差額としての正味資産89兆円も同様に時価としては存在しない価値である。したがって、図表ⅠA－2に示すように、2012年末における事業会社セクターの正味資産は1107兆円でなく457兆円であり、金融セクターの正味資産時価は236兆円でなく147兆円である。国民経済計算を見て事業会社セクターの正味資産を1107兆円と思い、また金融セクターの正味資産を236兆円と思って現状を認識し、政策を組み立てることは誤っている。

　さて、それでは2012年末にマイナス14兆円になっている政府の正味資産は、時価ではどの程度のものなのだろうか。収入よりも支出が40兆円上回り、赤字国債を40兆円発行しないとやっていけないことを考えれば、正味資産のマイナスの金額がこんなものであるはずはない。たとえば、財務省が集計している2012年3月末（平成23年度）の国の連結財務諸表は、441兆円の債務超過になっている。年金の引き当て不足や政府セクターの隠し不良債権の存在を考えれば、これより大きいのは間違いないが、いくらかはわからないので、とりあえずここでは一般政府セクターの時価債務超過は数百兆円規模ということにしておこう。過去世代のために生じた負債の支払を将来世代が引き受けることになるので、ここには大きな世代間不公平問題が存在していると言わざるを得ない。

　国民経済計算統計上、2012年末に家計には正味資産が2233兆円存在すること

になっているが、これには大きな違和感がある。我々はそんなに豊かなのだろうか？見たところ、日本にはほとんど庶民しか存在しないように見えるが、どこかに大金持ち集団が隠れているのだろうか？そんなに豊かなら多少政府を助けてあげてもいいのだが、時価の正味資産を推計するまで、このような優しい気持ちは留保したほうがよい。なぜなら家計の貯蓄は1990年代前半には40兆円ほどあったものが2012年には4兆円に減り、2014－2017年の消費税値上げでマイナスになる見込みだからだ。生み出すフローが0のストックの価値は0であり、生み出すフローがマイナスのストックの時価はマイナスである。家計の正味資産の時価はほぼ0であり、これからマイナスになるところで、実は余裕など、どこにもないのである。日本の家計セクターに大きな余裕があるという認識そのものに大きな認識の誤りがあると言わざるを得ない。

(c) **ネットの政府**

　上記のように、国民経済計算の正味資産の帳簿価格は過大表示されており、時価ははるかに小さく、特に政府は大変な債務超過である。政府は家計からお金を取って自らの財務を立て直したいように見えるが、家計の正味資産も時価で見ればないに等しい。事業会社も正味資産の帳簿価格は1107兆円だが、650兆円は存在しない統計差額で時価は457兆円である。金融セクターにもともと政府を再建できるような正味資産原資はない。

　この意味することは、政府は、家計や事業会社に頼らずに自分で自分の財務を再建しなければならないということである。家計や事業会社の正味資産を頼ろうとすれば、所得税や法人税でもっと取ればよいわけだが、余裕のない自国民や国際競争にさらされている事業会社をいじめて何が楽しいのだろうか。法人税は既に実効税率が30％台後半で、法人税率が20－25％の中国や韓国と競争するためには10－15％は引き下げなければならない。

　他のセクターの正味資産に頼らず、財務を立て直す方法があるのだろうか。実はあるのである。それが、私が10年前から主張している「ネットの政府」をつくる方法である。政府は現在、企画（Plan）、現業（Do）、進捗管理（Check）の全てを行っている。しかし、政府は企画と進捗管理だけで成立し、公営事業や公的金融機関などの現業を自ら行う必要はない。企画と進捗管理だけなら大

した資金は必要とせず、政府の使用資金を最小限にできる。

　財政投融資の資金の入り口としての郵便局は日本郵政となって、民営化が開始された。2014年の現状ではまだ政府が株を持っているが、これを民間に売却して民間企業にしてしまえば、政府セクターとしての使用資金は0にできる。年金や健康保険も全部とは言わないが大半を民営化できる。社会保険の掛け金を納める余裕がない人は政府が最低限の生活を保障するために税金で面倒を見ざるを得ないと思うが、普通の人やお金持ちは民間の保険会社の年金や健康保険に入って自分で自分の老後や健康の面倒を見ればいいのである。厚生労働省が規制緩和を拒否し、年金や健康保険を全て自分の下に抱え込むから政府の資金が不足するようになるのである。厚生労働省は、年金や健康保険・病院のほかにも、介護施設、保育園、失業保険等を抱え込んで政府の資金不足の問題を悪化させている。厚生労働省が社会福祉の産業政策を自分で行ってはいけない。文部科学省が幼稚園、小中学校、高校、大学を抱え込み、国土交通省が高速道路、空港、港湾、下水道を抱え込むのも同様である。文部科学省は教育政策でがんじがらめにするから教育が画一的になり創造力が失われる。国土交通省がインフラをつくるからアジアに巨大なインフラ市場が出現しても、日本からはメインスポンサーになる民間事業主体が出て来ないのである。日本の農業は農林水産省と農業協同組合によって画一的に規制・保護され競争力を失った。日本の産業の国際競争力を復活させるためには、政府が過剰規制を止め、民間企業の自由な競争力を尊重する必要がある。

　民営化によって公営事業が民間企業に変化するわけだが、官でなく民が現業を行うことによって、一般に20％程度効率が上がると考えられている。政府においては、企画部門の隣の部門で官営の現業をやっていれば当初の企画と異なっても文句が言いにくいし、後で天下りすると思えば進捗管理も甘くなる。そもそも、政府が現業を自分で行うことには業務上の利害の衝突があると思う。

B 事業会社セクター

ⅰ 連結時価経営

(a) 国際会計基準

　事業会社の活動範囲が広がり、国内だけでなく海外で活動することが増えてきた。この結果、多国籍企業が増加し、どの国でも国内企業と外資系企業の競争が起きるようになった。そうなってくると、国別の違う会計基準で事業会社の活動を捉えていたのでは事業会社の実態が把握できなくなり、国際会計基準をつくろうということになってくる。ただし、アメリカのような世界大戦後の覇権を握った大国は、アメリカの会計基準にこだわり、日本もアメリカに次ぐ経済大国として、日本基準を維持してきた。

　このような背景の下でヨーロッパ、中国、インドなど、国際会計基準への加盟国が増加したために国際会計基準の力が強まり、アメリカ、日本などはその対応を迫られた。アメリカは2007年に国際会計基準を使った海外企業の上場を認め、2008年8月にはアメリカ企業の国際会計基準の採用を認め、アメリカ会計基準を放棄して国際会計基準に移行するような気配を見せた。

　これに対して日本は、当初コンバージェンス・アプローチ（Convergence Approach）と言って日本基準を徐々に国際会計基準に近づけてきた。ところがアメリカがアメリカ基準を放棄して国際会計基準を採用しそうになったため、孤立を恐れた日本は、慌てて国際会計基準への移行を真剣に検討し始めた。これをアドプション・アプローチ（Adption Approach）という。書店では国際会計基準の本があふれ、大企業はこぞって日本基準から国際会計基準への移行を検討し始めた。2009年には3年後の2012年に国際会計基準に移行するかどうか決定するとまで述べていた。一時はアメリカも日本も自国の会計基準を放棄しそうなところまで行ったのである。

　ところが、2011年に風向きは変わった。アメリカがコンドースメント・アプローチ（Condorsement Approach：Conversion and Endorsement）を発表したのである。すなわち、国際基準を認め、アメリカ基準を国際基準に近づける

がアメリカ基準の放棄はしないことに方針転換したのである。2011年は日本にとっては東日本大震災の年でもあった。国際基準に転換するにしてももっと時間をかけないとできないと思っていたところに、アメリカが自国の会計基準の放棄をしないことにしたため、日本は胸をなでおろした。日本も2013年の５月にはアメリカに倣って日本もコンドースメント・アプローチを採用することにしたことを発表し、日本基準を維持することにしたのである。

(b) 連結事業部経営

　１つしか事業を行っていない単一法人にとって、事業と法人の区別は大きな意味を持たない。しかし、複数の事業を持つ事業会社または事業会社グループにとって事業の範囲と法人の範囲は一致しない。事業が複数の法人に及んでいることは多いし、親会社の中に複数の事業部が置かれていることも多い。多くの大企業においては、親会社の中に複数の事業部を置き、各事業部傘下に関連事業を担当する子会社や関連会社を置いて連結事業部とし、連結事業部のポートフォリオとして経営することが一般的になっている。法人別でなく事業ごとに組織をグルーピングした連結事業別に経営することがもうずいぶん前から求められている。

　日本の総合商社は、機械、金属、エネルギー・化学、食品・繊維等の生活物資など、多くの事業部門を持ち、これが細分化されて事業本部となり、さらに細分化されて事業部となる構造を持っている。そうなると、総合商社グループの連結財務諸表は、連結部門のポートフォリオとして捉えられる。各連結部門は連結本部のポートフォリオを持ち、各連結本部は連結事業部のポートフォリオを持つ。そうなると、グループの連結財務諸表も、連結部門の財務諸表、連結本部の財務諸表、連結部の財務諸表、これを構成する単体部と子会社関連会社に分解していくことができる。外部から見ればグループの連結財務諸表が公開されるだけだが、内部には、連結部門別財務諸表、連結本部別財務諸表、連結部別財務諸表がある。グループの経営者はグループ全体の連結財務諸表の最適化が仕事だが、部門長の仕事は連結部門財務諸表の最適化である。同様に本部長の仕事は連結本部財務諸表の最適化であり、部長の仕事は連結部財務諸表の最適化である。事業会社組織においては自分の責任に対応する権限があり、

自由に権限を使って事業活動を行うことができる。その結果が連結部、連結本部、連結部門、連結グループの財務諸表となって現れるわけである。

　このような全体像を事業別または地域別にブレークダウンしてグルーピングした財務諸表をつくる方法を「管理連結」と言い、グループ全体の連結財務諸表をつくる「制度連結」とは区別する。日本では制度連結自体が欧米に比べて遅れた。日本では、1977年から上場企業においては連結財務諸表が単体財務諸表の添付資料として作成されていたが、連結財務諸表が主たる財務諸表となったのは2000年3月期が初めてである。制度連結は義務であったため日本企業グループは皆これを導入せざるを得なかったが、管理連結は義務ではなく経営管理上の要請に過ぎなかったため、日本では大変に遅れた。ちなみに、まだ管理連結をまじめに導入していない大企業グループも多いのが実態である。

　私は現在九州大学ビジネススクールで企業財務やM&Aを教えているが、2000年当時は、今はなき監査法人グループであるアーサー・アンダーセンのコンサルティング会社で働いていた。そこで書いたのが『連結財務戦略』(東洋経済新報社、2000年)という私が初めて書いた本である。この本ではハイペリオンという連結ソフトウェアを使ってどうやって連結事業部制度を導入するかを書いた。この本は当時アーサー・アンダーセンの日本のパートナーだった朝日監査法人の代表社員・社員が顧客に持って行ってカンパニー制導入の方法論を書いた本として読んでもらっていたものである。このとき、私は「バリューマックス」というハイペリオンに格納された連結事業別の財務諸表を前提に、連結事業別の事業価値、企業価値、自己資本価値を計算し、これを最適化するソフトをエクセルで作成した。ハイペリオンとバリューマックスは当時いくつかの大企業で導入されたものである。

ⅱ　アジアの成長と日本企業の国際化

　これまで世界の工場だった中国が市場化しつつある。過去においては、日本企業は中国の安い労働力を利用するために、部品や原材料を中国の海沿いの地域に持ち込み、中国の安い人件費を使って組み立てて日本に持ち帰ったり、欧米に輸出したりしていた。日本の国内市場であれば日本企業はよく知っている

し、欧米市場はもともと輸出の経験があった。中国国内における販売は初め試した企業も多いが、売掛金が回収できないことがわかり撤退した企業が多い。ところが、そうこうしているうちに中国の人々が豊かになり、日本企業の製品を買ってくれるようになってきた。顧客が出てくればそれは市場であり、市場には1-2億人の顧客がいてどんどん増えていると言われる。売掛金の回収しにくい状況は変わらないが、支払を注文時、原材料調達時、配達時、問題がないことが判明したときの4回に分けたり、競争力の強い商品は前払いにして支払まで物を渡さないようにしたりという工夫で対応が始まっている。2014年の9月に上海安川電機や上海TOTOにお邪魔したところ、両社とも前払いでしか商品を売らず、絶好調だった。TOTOはトップ1％のみが顧客であると言い、安川電機は中国は人からロボットに生産を移転しようとしているので見通しは明るいとのことだった。中国は過去30年の高度成長の結果、中進国になり、1人あたりGDPが1万ドル以上の先進国入りを目指している。誰でもつくれるようなものは南アジアに移転し、人をロボットに代える工場の効率化を目指し始めたのである。

　さて、中国を日本製品の市場と見れば、日本輸出向けのバリューチェーンでなく、研究開発から製造、販売、サービスまでのバリューチェーンを中国市場向けにつくる必要がある。中国事業は日本から経営したり、香港から経営したりすることがかつては多かったが、バリューチェーンの全体像を経営管理しなければならないとすれば、中国国内に経営管理本部機能が必要になってくる。イギリスが香港を中国に返還して以降、日本企業のグレーターチャイナ統括本社機能は香港から上海に移ったが、そのとき香港でなく東京に本社機能を置いていた日本企業も日本から上海へ中国統括機能をすごい勢いで移転しつつある。中国事業は使用言語が英語で始まったが、多くの中国人は英語でなく中国語でしか動かない。香港では英語で用が足りたが、中国大陸に行って英語しかできないと、食堂での注文やタクシーの移動ですら不便してしまうことになる。この結果、日本企業の採用において、中国語の重要性が高まっている。

　また成長は中国だけでなく、ASEAN、インドを巻き込んで拡大している（図表ⅠB－1．中国の市場化とアジアの成長）。2000年には中国、ASEANとインドの合計で経済規模は日本より小さかった。それが2013年には、中国950兆

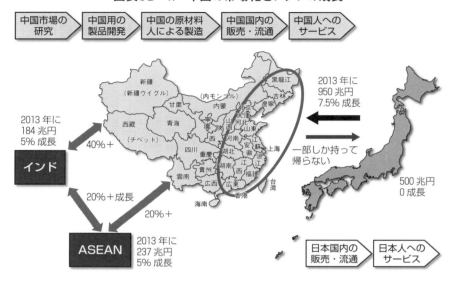

図表ⅠB-1. 中国の市場化とアジアの成長

円、ASEAN237兆円、インド184兆円で合計1371兆円と日本の3倍近くになってしまった。中国は高度成長から安定成長に入ったと言われるが、それでも2014年で7.5％成長目標であり、日本に比べれば圧倒的に高い。インドはインフラが整備されているとは言えず、いつ高度成長に移行するかは今もって不明である。一時は10％成長するように見えた経済は当分5％程度しか成長しないように見えている。しかし、それでも日本よりははるかに高度成長である。仮に中国の7.5％成長、ASEANの5％成長、インドの5％成長を仮定すれば、10年後の中国のGDPは1958兆円、ASEANのGDPは386兆円、インドのGDPは300兆円で合計GDPは2644兆円と日本の5倍以上になる。この市場は見逃せない。

　現在、急速に拡大するアジア市場は、日本企業だけでなく欧米の大手多国籍企業が市場シェアを争う戦いの場となった。日本は第二次世界大戦では負けたが、今度は軍事戦争ではなく、経済戦争である。より良いものを安くつくる競争に負けてばかりもいられない。日本企業は今後、韓国、台湾、ASEAN等と協力しながら、中国をはじめとするアジア市場で勝てるバリューチェーンをつ

くる必要がある。

　九州はこれまで日本の西だった。この結果、九州に本社のある会社には西日本鉄道、西日本新聞、テレビ西日本、西部ガス、西日本シティー銀行、コカコーラウェストなど西日本が付く企業が多い。また、九州は支店経済であり、九州支店、九州支社、九州工場等が多い。本社が東京や大阪など大都市にある企業の九州支店が多いのである。九州支店では頭ではないので将来ビジョンや戦略を設定させてももらえない。

　日本はバブル崩壊以降、これまで0成長で、中国、ASEAN、インドはこれまでもそして今後も高度成長の見込みである。日本と共に沈没するより、アジアと共に成長することが、九州経済が成長するための秘訣である。私は「西日本～」は名前を「東アジア～」に変えてアジアと共にする成長戦略を立てたほうがいいのではないかと思っている。また九州はアジア人を呼び込むインバウンドは得意だが、アジアに出て行くアウトバウンドは得意でない。なんとなく幸せなので、大きな改革をしようと思っていないように見える。九州経済が成長をしようと思えば、九州企業が中国、ASEAN、インド等のアジアに出て行ってアジアの成長を取り込む必要がある。

iii　財務上の問題点

(a)　ストックの問題

1．企業価値の定義

　国民経済計算の事業会社セクターの分析にあたっては、財務分析を行う前にやらなければならないことがある。コーポレートファイナンスの理論を語る場合に、有価証券報告書に掲載されている貸借対照表に対してやらなければならない準備作業と同じである。詳細については私が中央経済社から出版した『コーポレートファイナンス』（2006年）または『事業ポートフォリオの最適化』（2010年）を参照してほしい（図表ⅠB-2．企業価値の定義）。

　国民経済計算の事業会社セクターの貸借対照表は、民間企業の通常の貸借対照表と同様に、総資産、総負債と自己資本により構成されている。これは企業が持っている資産から、借りている負債を引くと正味資産が残るという構成で

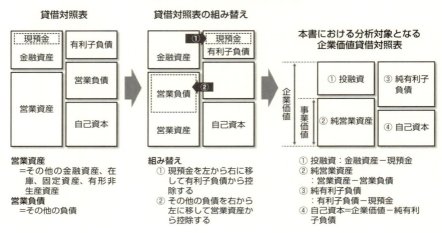

図表ⅠB-2. 企業価値の定義

ある。国民経済計算の場合、資産の中には、その他の金融資産、在庫、固定資産、有形非生産資産のような本業を構成する資産と、現預金、株式以外の証券、株式出資金のような金融資産の2つがある。ここで通常の事業会社の貸借対照表上に存在する売掛金がないのだが、その他の金融資産がほとんど売掛金であろうと解釈し、その他の金融資産を仮に売掛金とみなして営業資産に含めることにした。固定資産には工場や本社ビルなどが含まれているものと考えられる。有形非生産資産は土地のことで、これも営業に使われているものと使われていない遊休不動産としての土地があるはずだが、区別できないのでここでは遊休不動産を含めて有形非生産資産全体を営業資産とみなすことにした。このように、国民経済計算分析においても、個別企業分析を行う場合と同様に、本業に使っている資産を営業資産と呼び、金融資産を現預金と投融資の2つに分けることにした。

一方、国民経済計算の事業会社セクターの負債科目の中にも、その他の負債、借入、株式以外の証券負債がある。買掛金や年金債務等の言葉が見当たらないが、その他の負債の中に含まれているものと解釈し、これを営業負債と分類することにした。借入は銀行借入だろうし、株式以外の証券負債とは社債のことであろうと思われたので、これを、有利子負債と見ることにした。個別企業分

析の場合と同様に、本業に使っている負債を営業負債として、利子が発生する有利子負債とは区別することにする。

　このように、資産と負債中の営業部分と金融部分を分離した後に、貸借対照表の左の金融資産中にある現預金を左から右に移して有利子負債から控除し、右にある営業負債を左に移して営業資産から控除する。金融資産から現預金を引いた貸出、株式出資金、株式以外の証券のような金融資産を投融資と呼び、営業資産から営業負債を引いた純営業資産を事業価値と呼ぶ。本業に使われる営業資産や営業負債は、投融資のように個別の評価に意味があるのではなく、まとめて純営業資産として1つの売上や営業利益を生むのでストックをひとかたまりにして事業価値と呼ぶことにする。

　事業価値は、狭い意味の本業だが、これに投融資を足したものが広い意味の本業価値であり、これを企業価値と呼ぶことにする。本業を行うためには、事業価値だけでなく取引先に対する投融資が必要なことがあるので、広い意味の本業は投融資を含め、これを企業価値と呼ぶのである。さて、この組み替えによって、本業に関する資産や負債が全てバランスシートの左側に寄って、企業価値と呼ばれることになる。銀行から資金を借りて工場を建設して運転資本を持った場合、純有利子負債と営業資産が増加し、事業価値や企業価値が増えることになる。

　一方、有利子負債から現預金を引いたネットの有利子負債をネットデットと呼ぶ。ネットデットはお金を借りても返しても増減しない。借りれば有利子負債は増えるが現預金も増え、返済すれば有利子負債も減るが現預金も減るためである。したがって、企業の本業価値である企業価値は、お金を借りても返しても変動しないことになる。企業価値は、企業の本業に対する投資であり、これを資本構成として支えるのが純有利子負債と、自己資本である。このように貸借対照表を組み替えることによって、狭い意味の本業である事業価値の帳簿価格とこれに投融資を加えた広い意味の本業である企業価値の帳簿価格が把握でき、これに対する資本構成が把握できる。現預金と営業負債の左右を組み替えて控除したので、企業価値の帳簿価格は、総資産の帳簿価格から現預金と営業負債を引いたものになる。

図表ⅠB-3. ストックとフローの対応関係

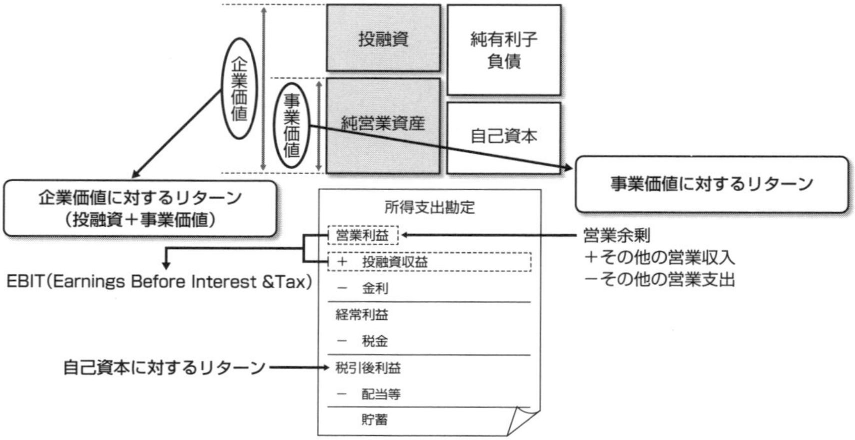

バランスシートの組み替えを行い、企業価値を純有利子負債と自己資本が支える形にすることによって企業の財務を最適化する方法が考えやすくなる。企業の本業については、事業の効率化や事業ポートフォリオの最適化が問題になる。投融資については、内容を精査し、不要な投融資があれば処分しなければならない。事業と投融資を足した企業価値の問題は、組み替えたバランスシートの左側の問題である。また、企業価値を支える資本構成の最適化の問題は、組み替えたバランスシートの右側の問題ということになる。

さて、上記のように、バランシート項目の組み替えによって、事業価値や企業価値等の本業価値を定義し、資本構成を定義することができるが、その結果、財務諸表のストックとフローの対応関係（図表ⅠB-3．ストックとフローの対応関係）をより明らかに理解できることになる。これは国民経済計算の場合には貸借対照表と所得支出勘定の対応関係である。

国民経済計算の事業会社セクターの所得支出勘定は、本業の結果としての営業余剰、その他の営業収入とその他の営業支出、金融収入と利子支出、所得に課される税金、配当、貯蓄等からなっている。売上、売上原価、売上総利益、販売管理費等は開示されていないので不明だが、営業余剰＋その他の営業収益

－その他の営業支出が営業利益に近いものだと思われる。その他の営業収益の中に、賃貸料収入、保険者財産所得受取、帰属社会負担受取、非生命保険金、分類されない経常収入などを含めることにした。また、その他の営業支出の中に、賃貸料支出、無基金雇用者社会支出、非生命純保険料支出、分類されない経常支出を含めた。また投融資収入の中に、利子収入、配当収入、海外直接投資収益などを含めた。この結果、個別企業分析と同様に、国民経済計算の事業会社セクター分析においても、営業利益、これに投融資収益を足した金利税引前利益（EBIT：Earnings Before Interest and Tax）、これから利子支出を引いた経常利益、これから税金を引いた税引き後利益が計算できるようになった。税引き後利益から配当や海外直接投資留保利益を引けば事業会社の貯蓄ということになり、これは事業会社の内部留保利益に近い。

　総資産、総負債、正味資産方式の貸借対照表は本業のストックが資産と負債に分かれており、資産の中に営業資産と金融資産、負債の中に、有利子負債と営業負債が混在していて本業の価値や本業への投資を支える資本構成の問題を考えにくい。しかし、上記のように組み替えた貸借対照表においては、事業価値が営業利益というフローを生み、投融資が投融資収益というフローを生むという意味でストックとフローの対応関係が明確になる（図表ⅠB－3．ストックとフローの対応関係）。事業価値は営業利益を生むためにあり、投融資は投融資収益を生むためにあるのである。事業価値から営業利益が生まれ、投融資から投融資収益が生まれるのだとすれば、営業利益／事業価値、投融資収益／投融資を計算することによって、狭い意味の事業価値の投資収益率や、投融資の投資収益率を計算することができる。投融資の投資収益率は個別の資産ごとにも計算できる。

　さて、正味資産に対する所得支出勘定上のフローは何だろうか？　そもそも、国民経済計算上の事業会社セクターの正味資産は、上記の時価のところで説明したように、株価総額だけでなく、総資産－総負債－株価総額で計算される統計差額としての正味資産を含む。ただし、前に述べたように株価総額を超える価値は実際には存在しないものと思われるので、本書の中では事業会社の正味資産は株価総額のみとし、正味資産中の「統計差額としての正味資産」は無視

するものとする。

　事業価値から営業利益が生み出され、投融資から投融資収益が生み出され、有利子負債に対して金利を払うのなら、税金がなければ、株主が受け取るのは経常利益のはずだ。しかし、実際には毎年税金を政府に持っていかれるのが現実である。したがって、経常利益から税金を控除した税引き後経常利益が株主の取得するその期のリターンということになる。

　それでは、企業価値という広い意味の本業から生み出される所得支出勘定上のフローは何だろうか？　税引き後経常利益が株主に対するリターンであるとすれば、これに税金と金利を足し戻せば、企業価値に対するリターンになる。税引き後に税金や金利を足し戻したものは英語で言えばEarnings Before Interest and Taxであり、省略してEBIT（エビット）と呼ばれる。EBITの本質は、営業利益と投融資収益の合計である。税引き後経常利益に税金を足し戻せば経常利益になり、経常利益に金利を足し戻せば、営業利益と営業外収益の合計になるからである。したがって、EBITは事業価値と投融資を合計した企業価値というストックに対応する所得支出勘定上のフローである。EBITは、金融市場ではあたかも当期利益から遡って計算される1つの指標に過ぎないような取り扱いを受けているが、実は広い意味の本業である企業価値のリターンとしての積極的な意味を持つわけである。したがって、本業の投資収益率を計算しようとすれば、EBIT／企業価値を計算すればいいことになり、これは、営業利益／事業価値と投融資収益／投融資に左右される。

2．企業価値推移

　上記のように、事業会社の企業価値は、投融資、運転資本、建物、工場等の固定資産、土地、地下資源等の有形非生産資産により構成される（図表ⅠB－4．企業価値推移）。

　国民経済計算における事業会社は民間事業会社だけでなく、雇用能力開発機構、都市再生機構等の政府傘下にある独立行政法人、地方公社、地方公営企業等を含む。

　投融資の中で大きく変化したのは株式出資金である。1986年には147兆円だったものが株式バブルの発生によって1989年末には317兆円に倍増した。しか

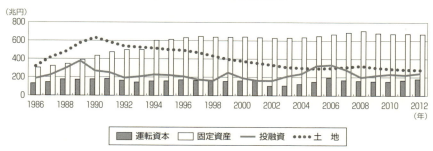

図表ⅠB-4. 企業価値推移

出所：国民経済計算

し、株式バブルは崩壊し、92年には130兆円、ITバブルが崩壊した2002年には89兆円まで落ちた。その後、2006年末は251兆円まで回復したが、アメリカ発の金融危機で世界経済が打撃を受け、2012年末の株式投資は158兆円程度である。事業会社セクターの土地は86年の316兆円がこれも土地バブルの波に乗って4年で倍増して90年末に633兆円のピークをつけた。その後、土地バブル崩壊のため半減して2012年には278兆円まで落ちた。事業会社セクターは、土地で355兆円、株で159兆円と、合わせて500兆円以上の資産を喪失したわけである。

運転資本は、2002年の105兆円から2006年の194兆円まで4年で2倍近くに増加したが、2012年末には179兆円に落ちた。

国民経済計算における事業会社セクターの固定資産は、土地を含まないが工場、本社ビル等を含む。事業会社セクターの固定資産は、1986年の304兆円から92年の497兆円までは民間企業中心にかなりの勢いで増加したがその後勢いは止まり、2003年から2008年にかけて再び民間企業中心に706兆円まで増加した。2012年末は672兆円である。バブル崩壊と共に過剰設備に気づいた民間企業が設備投資を抑制したのに対して、GDPや雇用を守るために、政府が道路、橋、港湾等公共セクターの特殊法人に大きな公共投資を継続させ、2000年くらいまで固定資産残高を維持した。その後は景気回復に伴って民間企業が増加させたものである。

企業価値は株、土地、固定資産の増加で86年の938兆円から4年で90年の1518兆円まで増加した。2002年に1223兆円までいったん減少し、株価市場の改

善や運転資本の増加で2006年の1500兆円まで回復したものの、アメリカ発金融危機や東日本大震災の影響により2012年末で1371兆円程度である。企業価値の中で、固定資産と土地が同じ程度だったものがバブル発生で土地が2倍になり、バブル崩壊で元に戻ったが、固定資産は2倍になった。

　1993年から1994年にかけて固定資産が突然100兆円ほどジャンプしているのは、統計方法が1970年をベースとしたベンチマークイヤー法から恒久棚卸法に変わり、償却基準が1970年の国富調査のときの値から民間企業投資・除却調査に変更されたからである。

3．資本構成推移

　事業会社セクターの資本は、銀行借入、政府借入等の借入金、証券市場からの社債、ＣＰ等有価証券による調達と、正味資産合計により構成されている（図表ⅠＢ－5．事業会社セクターの資本構成推移）。

　銀行借入合計は、1986年の379兆円が、1991年には600兆円近くまで増加したが、その後1997年まで同水準を維持した後、2012年の402兆円まで減少した。事業会社セクターは、バブルの発生にあたって銀行から借りてでも土地株バブルで儲けようとしたが、バブルの崩壊で正味資産を失い有利子負債比率が悪化したため、財務比率の健全化のために銀行借入を減らしたと見られる。バブル発生期にはどちらかと言えば民間金融機関からの借入が中心だったが、バブル

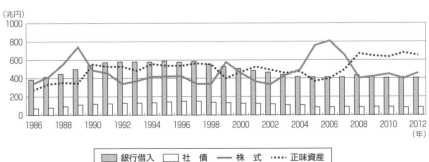

図表ⅠＢ－5．事業会社セクターの資本構成推移

出所：国民経済計算

崩壊以降は様相が変化した。民間金融機関はバブル崩壊で不良債権を抱えたため、経営状態が悪いところから早く逃げようと貸し渋りに走った。一方で公的金融機関は郵貯、簡保、年金等の財政投融資マネーを背景に、事業会社に対する貸出を伸ばした。しかし、2000年になってあまりの財政投融資の肥大化が懸念され大蔵省の資金運用部が廃止されることになり、公的金融機関も資金源を失って貸出を縮小した。バブル崩壊以降は、民間金融機関の貸し渋りでできた穴を公的金融機関が埋めてきたが、1997年末の日本の金融危機以降は埋めきれなかった。このため、事業会社側の財務健全化の要請とあいまって借入が減少したのである。

　社債を中心とする有価証券発行残高は、1986年の70兆円から1997年末の148兆円まで増加し続けたが、これも1998年の金融危機でストップがかかった。日本の投資家は日債銀・長銀、山一證券、北海道拓殖銀行など、多くの金融機関破綻で大きな損害をこうむり、なかなか事業会社の新発社債を購入することができなくなった。社債市場はその後も回復せず、日本はアメリカのような直接金融市場になっていない。特に社債・ＣＰ市場はリーマンショックによって不安定化した。低格付け社債と高格付け社債のスプレッド格差は急拡大し、日本の格付け会社でBBB程度の低格付け銘柄は一時発行不能に陥った。バブル崩壊以降の不安定な金融市場の中で、日本の大企業の資金調達のほとんどは結局直接金融市場に行かずに銀行に戻って定着した。

　正味資産合計は、発行株式の時価と一致するはずだが、国民経済計算統計上は、発行株式の時価に加えて、資産の時価から負債と発行株式の時価を控除した統計差額としての正味資産を含むことになっている。発行株式の時価は、1986年の335兆円から1989年末には711兆円に倍増し、日本全体で910兆円の8割近くを事業会社セクターが発行していた。その後、1990年に443兆、1992年には323兆円と半減して1986年レベルに戻った。1999年には、ITバブルで日経平均が19000円近くまで上昇したので565兆円になったが、ITバブルが崩壊し日経平均が8579円まで落ちた2002年末には株価総額は336兆円まで落ちた。その後、経済の緩やかで長く続いた回復で株式市場は上昇し、2006年で一時813兆円のピークを迎え、1989年のバブルのピーク時を超えたが、金融危機等を経て、日経平均が10395円の2012年末で457兆円程度である。

正味資産は、単なる統計差額で、正味資産合計が変わらなければ、発行株式が増加すると減少し、発行株式が減少すると増加する性質を持つ。事業会社に発行株式総額を超える正味資産は存在せず、時価経営のところで述べたように意味はないと思われるが、日本の連結財務諸表をつくれば発行株式は投資に対して消去される一方で、本当は存在しないはずの正味資産は残ることになる。

(b)　フローの問題
　1．所得支出勘定推移
　日本の事業会社セクターの所得支出勘定の推移を見てみよう（図表ⅠB－6．事業会社セクターの所得支出勘定推移）。日本の事業会社セクターの営業利益合計は、1986年の52兆円から1991年の69兆円のピーク、2001年の46兆円のボトムを経て2007年に61兆円まで回復した。その後、アメリカ発世界の金融危機で41兆円まで落ち、2011年の東日本大震災やタイの大洪水を経て2012年は51兆円程度である。バブル崩壊以降の20数年というもの、日本の事業会社セクターの営業利益合計は40兆円と60兆円の間で変動してきた。日本の事業会社はアジア

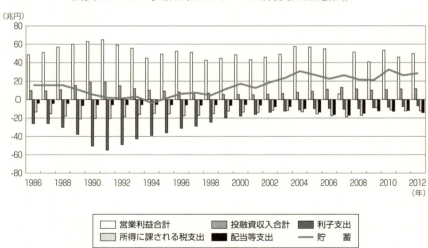

図表ⅠB－6．　事業会社セクターの所得支出勘定推移

出所：国民経済計算

の成長や円高を背景に随分とアジアに進出し、営業利益を稼ごうとしてきたが、日本全体のバブルの発生と崩壊、アメリカの金融危機、東日本大震災やタイの洪水の影響を逃れることはできなかった。経営環境の変化に対応することは経営者の重要な仕事であるが、いくら優秀でも、突然のマクロの変化や自然災害を予測できるわけではない。ただし、ひところ隆盛を誇った日本の半導体事業が衰退したのは次世代製品投資の意思決定ができなかったり、既存の事業にしがみついて選択と集中ができなかったりしたせいだと言われている。今後日本の自動車産業や、家電産業はどのような道を歩むことになるのだろうか。

投融資収益合計は、主として利子、配当からなる。日本の事業会社の投融資収益合計は、1986年の10兆円が高金利とバブル景気による株高で1990年には18.5兆円にまで増加したものの、政府の金利引き下げでもたらされた利子収入の落ち込みから1999年には5.3兆円まで激減した。配当の増加で2007年は15兆円まで戻ったが、2012年は12兆円程度である。国内事業の成熟化によって成長分野に限界が出てきたためか、利益中の配当率が3－4割に上がっている。配当は金額を前年と大きく変えるわけにはいかないため、1990年代前半は税引き後利益中の配当率が妙に高くなっていた。特に1994年は利益がほとんどないのに配当の金額を守りたかったためか、過去の内部留保を取り崩して利益の3倍以上を配当することになった。利子収入は、1986年から倍増して1990年に17兆円ほどあったものが、2012年の4兆円まで4分の1に激減した。現預金、融資、社債投資等の有利子金融資産が1986年の193兆円から1989年に261兆円になってからは、1990年代以降240－270兆円レベルで大差なく推移した一方で、政府の金融政策で金利水準がゼロ金利へ向けて大きく低下したからである。

利子支出合計も、1986年の27兆円から1991年には55兆円とピークに達したが、金利の低下を受けて2012年には6.7兆円とピークの8分の1になった。有利子負債合計は1986年の448兆円からバブル発生期だけでなくバブルが崩壊しても増加を継続し、1997年の732兆円まで63％増加した。1997年の金融危機後は民間金融機関の貸し渋りと資金運用部廃止から始まる財投の縮小によって、2012年の485兆円まで247兆円（34％）減少した。現在日本銀行は2％のインフレターゲットを設定して金融緩和を行っているが、2％インフレになれば名目金利は時間の問題で3－4％に上がらざるを得ない。これまで金利が低いために有利

子負債の金額が大きくても助かってきたわけだが、金利が上がれば大きな負担増になると言わざるを得ない。

政府に対する経常移転は、税金や社会福祉の受払いを含むが、社会保障の支払と受取がほぼバランスしているので、結局は合計額のほとんどが税金である。税金は、営業利益合計とほぼ同じ動きをしている。1986年の13兆円から1989－91年には21兆円払ったが、不況の影響で落ち込み、2002－03年には12兆円、金融危機を経て2012年には12兆円程度である。

配当支払後の貯蓄は1986－88年に15兆円あったものが、事業のリターンを上回る金利水準の継続により1991－94年までの3－5兆円まで低下した。フロー景気の回復と金利の低下により2004年には31兆円を超え、金融危機、東日本大震災、タイの洪水等で多少落ち込んだが2012年にも29兆円程度ある。

さて、日本の事業会社セクターの事業リターン、有利子資産リターンと支払金利の関係を見てみたい（図表ⅠB－7．事業リターンと金利推移）。事業の投資収益率としての事業リターンは営業利益合計／事業価値で定義した。事業リターンは、1986年に6.4％だったものが1994年には4.2％まで落ち込み、2008－12年には4％程度である。一方、現預金、融資、公社債等の有利子金融資産

図表ⅠB－7．　事業リターンと金利推移

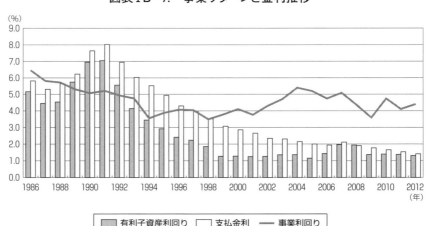

出所：国民経済計算

リターンは、1986−87年には4％程度だったものが、金利の上昇で1990年には事業リターンを上回り、1991年には7％に達した。その後、金利低下に伴い激減し、2012年には1.3％になってしまった。今では、有利子金融資産は、大したリターンをもたらさない資産に変わってしまった。一方で、銀行借入、社債等を中心とした有利子負債に対する支払金利は、1986−87年には5％程度で、借りて事業をすれば儲かっていた。しかし、バブルの発生と金利の上昇に伴い、1989年には金利が事業リターンを超え、金を借りて事業をしても儲からなくなった。事業リターンより支払金利が高いというのは、事業会社から見れば、銀行のために事業をやっているようなものでとても困ったことである。1990−91年には平均の借入金利は7％代後半で、大きく事業のリターンを上回っていたことに注目すべきだ。その後、継続する不況に対応した低金利政策のもとに、支払金利も2012年には1.4％になってしまった。事業のリターンが金利を下回れば、損失が出たり、負債が増加したりしがちになるが、1989−95年までは、金利のほうが事業の利回りを上回る異常な時代だった。1989−92年には、過剰投資や自己資本喪失とあいまって、レバレッジも急激に悪化した。ちなみに、有利子金融資産と有利子負債の間の利鞘は、2008年を除いてほぼ常に金利収入より金利支払のほうが高い。有利子資産利回りは1989−82年を除いては事業リターンよりかなり小さく、事業会社にとって、有利子金融資産はあまり持つべきものではない。事業利回りも4％程度しかないので事業ポートフォリオの最適化、事業の効率化等で事業の利回りを上げていけない限り、支払金利水準を大きく上げていくことが困難なこともわかる。日銀の2％インフレターゲットがどの程度の金利を生むかが懸念される。

2．資本調達勘定推移

　国民経済計算の資本調達勘定とは、通常の財務書類のキャッシュフロー計算書のようなもので、主要な資金調達と資金運用項目を観察するためのものである。資金調達は、貯蓄＋減価償却＋資本移転で定義される経常キャッシュフロー、純営業資産投資、投融資変動、純有利子負債変動、自己資本変動で構成される（図表ⅠB−8．事業会社セクターの資本調達勘定推移）。

　経常キャッシュフローは、景気変動に影響されながらも、1986年の30兆から

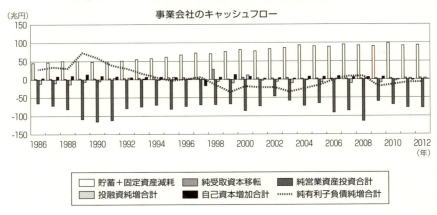

図表IB-8. 事業会社セクターの資本調達勘定推移

事業会社のキャッシュフロー

凡例：貯蓄＋固定資産減耗　純受取資本移転　純営業資産投資合計　投融資純増合計　自己資本増加合計　純有利子負債純増合計

出所：国民経済計算

2007年の69兆円まで倍増した減価償却のために1986年の47兆円から2007年の97兆円まで倍増し、2004年以降は100兆円近くある。1998年には、受取資本移転が32兆円生じ、同時に政府の支払資本移転が突然33兆円にジャンプした。これは国鉄清算事業団の清算にあたって負債を一般会計に付け替えたことが主因である。有利子負債が事業会社セクターから一般政府セクターに移転したのだ。公営事業は政府の傘下にあるため、政府の勝手な管理により、公営事業の負債が一般会計に行って国民の税金で払われることになったわけで、甚だ問題である。

　純営業資産投資とは、設備投資、運転資本の増加、土地の購入を含む事業会社セクターが生産活動を継続するのに必要なキャッシュの投資である。純営業資産投資は、1986年の65兆円から1990年には82兆円のピークをつけ、景気変動に伴い変動した。2002年の53兆円から2008年の114兆円まで倍増したが、金融危機で若干縮小し、2012年には78兆円である。1990年代半ば以降20年間、日本の事業会社は借入を行わずに本業からの資金で本業に投資している。

　投融資は1987－89年のバブル発生期に10－15兆円程度ずつ投資されたが、バブル崩壊で回収に転じた。ただ、事業会社セクターにとっての金融資産投融資はそれほど大きいものではない。純有利子負債は、バブル発生期から1992年ま

で1年あたり30−50兆円レベルのかなり大きな資金調達がされたが、次第に資金需要が減り、1993−97年までは、1年あたり5−10兆円程度の小さな金額になった。1997年の金融危機以降、金融機関の貸出削減、社債市場からの調達減少、政府の財政投融資削減等が重なり、1998年から2004年にかけて事業会社セクターは、有利子負債を毎年15−25兆円程度削減してきた。2005−08年の有利子負債の増減はあまり大きくない。金融危機後の2009年から2012年にかけて借入を返済して現預金を積み増したためネット借入は減少した。

ⅳ 財務再構築の方向性

⒜ 事業会社セクターの将来予測

　上で述べたように、事業会社セクターにおいて国民経済計算上の統計差額としての正味資産が実際に存在するとは思えないので、企業価値を国民経済計算上の簿価でなく、純有利子負債＋株価総額で定義した。

　2015年の株価総額635兆円は2014年5月13日の日経平均14431円を前提に2012年の日経平均10395円時の株価総額457兆円から推計した。2015年の企業価値は株価総額635兆円に、2010年の有利子負債が2015年もあると仮定してこれを足して計算した。2020年の企業価値は、2015年の企業価値が日銀の想定する2％インフレで2％増加すると仮定した。

　2010年から2015年は企業のフローはほぼ0成長、2015年から2020年にかけては日銀のインフレ2％ターゲットに従い2％成長を仮定した。バブル発生期の1990年に金利や税金が高いために経常純利益が1986年より低くなったためＰＥＲが40倍程度まで上がり、これが2010年以降10倍程度に下がった。事業会社における経常純利益は、有利子負債の減少と金利の低下により10兆から45兆円まで増えてきており、2020年には50兆円程度にはなりそうである。

⒝ 今後の方向性

　日本の事業会社セクターは、大企業の場合は財務的にはそれほど困っているわけではない。バブル崩壊後の過剰有利子負債から立ち直り、成長するアジアに向かっているからである。ただし、国内市場が成熟し、今後人口減少と少子

図表ⅠB-9. 事業会社セクターの将来予測

(10億円)

資産対照表	1986/12/31	1年あたり成長率	1990/12/31	1年あたり成長率	1995/12/31	1年あたり成長率	2000/12/31	1年あたり成長率	2005/12/31	1年あたり成長率	2010/12/31	1年あたり成長率	将来予測 2015/12/31	1年あたり成長率	2020/12/31	
企業価値	666,376	9.7%	964,449	-0.1%	959,284	7.4%	1,370,669	-5.1%	1,054,103	-7.3%	722,833	4.8%	912,944	2.0%	1,007,964	2015年はE+D、2020年は日銀のインフレ想定
純有利子負債合計	326,741	10.1%	480,822	2.4%	540,880	-3.6%	449,303	-8.0%	296,352	-1.3%	277,944	0.0%	277,944	2.0%	306,872	日銀のインフレ想定
発行株式出資金	339,635	9.2%	483,626	-2.9%	418,404	17.1%	921,366	-3.8%	757,751	-10.1%	444,889	7.4%	635,000	2.0%	701,091	2015年は2014年5月13日の日経平均から推計 2020年は企業価値－純有利子負債
D/E	0.96		0.99		1.29		0.49		0.39		0.62		0.44		0.44	
所得支出勘定																
営業利益合計	48,596	6.8%	63,114	-4.8%	49,324	-0.3%	48,624	17%	56,792	-1.2%	53,371	0.0%	53,371	2.0%	58,926	日銀のインフレ想定
投融資収入合計	9,880	17.4%	18,779	-13.5%	9,082	-9.8%	5,420	10.3%	8,854	4.2%	10,879	0.0%	10,879	2.0%	12,011	日銀のインフレ想定
EBIT	58,476	8.8%	81,893	-6.5%	58,406	-1.5%	54,044	21%	65,646	-0.4%	64,250		64,250	2.0%	70,938	
利子支出	26,040	17.9%	50,356	-6.7%	35,680	-13.0%	17,808	-45%	9,785	-3.9%	8,014	0.0%	8,014	2.0%	8,848	
経常利益	32,436	-0.7%	31,537	-6.3%	22,726	9.8%	36,236	54%	55,861	0.1%	56,237		56,237	2.0%	62,090	
所得に課される税支出	13,290	11.5%	20,571	-5.7%	15,363	-2.6%	13,500	14%	15,349	-6.1%	11,227	0.0%	11,227	2.0%	12,395	日銀のインフレ想定
経常純利益	19,146	-13.0%	10,966	-7.7%	7,963	25.3%	22,736	12.2%	40,512	2.1%	45,010		45,010	2.0%	49,695	
配当	3,707	10.0%	5,436	0.7%	5,638	-1.3%	5,285	155%	13,483	-1.6%	12,427	0.0%	12,427	2.0%	13,720	日銀のインフレ想定
貯蓄	15,439	-22.6%	5,530	-20.8%	1,725	58.9%	17,451	55%	27,029	3.8%	32,583		32,583		35,975	
評価倍率																
企業価値／EBIT	11.4x		11.8x		16.4x		25.4x		16.1x		11.3x		14.2x		14.2x	
PER	17.7x		44.1x		56.8x		40.5x		18.7x		9.9x		14.1x		14.1x	

金利税金が高かったため経常純利益が減少した

(注) D/E：Net Debt/Equity
EBIT：Earnings Before Interests and Tax
PER：Price Earnings Ratio

高齢化が見込まれる中、国内市場にのみ留まることはお勧めできない。海外進出の人材を欠く中小企業も苦しい立場に追い込まれている。安倍総理は女性、高齢者、外国人を働かせて日本経済を成長させようとしているようだが、多少成功したとしても、日本の国内市場は大したことにはならないと思う。雇用調整助成金を労働移動支援助成金にすることで労働者を成熟産業から成長産業に転職させることは結構なことだが、日本国内だけの話である。

一方で、中国、ASEAN、インド等のアジア市場は大変な成長期にある。2000年には中国、ASEAN、インドの全部合わせても日本より小さかったGDPが、2013年には日本の3倍の規模になってしまった。現在の成長率を想定すれば、10年後には日本の5倍の市場ができ上がる見込みだ。日本の大企業は成長するアジアでアジアの人々を雇用し、競争してシェアを取るしかない。日本の事業会社にとって、日本人雇用をアジア人雇用に優先する時代は終わったのだと思う。安倍総理は日本の法人税を中国、韓国並みの25%に下げたいようだが、法人税を下げても、成長するアジアに出て行った企業が、日本に戻ってくるわけではない。民間企業は国際競争で生き延びるためには、成長する市場に向かうしかないと思う。そこで働く労働力の圧倒的マジョリティーは現地のアジア人である。

さて、日本の事業会社セクターの財務が日本の主要4セクターの中ではましなほうだということは、日本の産業の国際競争力に問題がないということではない。全ての産業は先進諸国との国際研究開発競争にさらされている。気が付けば、自動車と並んで世界最強と言われた日本の家電産業の競争力は失われた。半導体では、韓国のサムスン電子やクアルコム、AMD等のアメリカのファブレス企業、台湾のTSMCに負けた。エルピーダはマイクロンの傘下に入り、ルネサスも産業革新機構傘下で再建中である。自動車産業も安泰とは言えない。トヨタは東日本大震災やタイの大洪水から立ち直ったように見えるが、ヨーロッパのフォルクスワーゲンやボッシュはモジュール化を仕掛けてきている。モジュール化の進展で自動車産業のバリューチェーンが細切れになり、全体のバリューチェーンを保有する日本の自動車会社が最強プレーヤーを集めたグローバルコンビネーションに負けるようになる可能性がある。そもそも、電動自動車や水素自動車になれば、現在の日本の自動車会社のガソリン自動車における

競争優位性は吹っ飛んでしまう。

　社会保障を政府が管轄する規制産業としている限りにおいて、日本の社会保障産業が国際競争力を持つことはあり得ない。産業政策としても、社会保障サービスは政府から民営化して民間企業に開放し、アジア市場のシェアを取りに行かせるべきだと思う。

　１人あたりGDPがまだ６－７千ドルで、まだ中進国である中国は、１人あたりGDPが１万ドル以上の先進国の仲間入りを目指している。日本が何もしなければ人口が10倍で自然資源が豊富な中国に追いつかれ抜き去られるのは目に見えている。日本は社会福祉サービスをはじめ官業を民営化し、アジア市場に向かわせるべきである。

C　金融セクター

ｉ　金融危機と自己資本規制

(a)　金融危機

　日本ではバブル崩壊後の不良債権処理は1990年代の後半に起こり、1997－1998年にかけて金融危機が起きた。日債銀や長銀の破綻、山一證券の破綻、北海道拓殖銀行の破綻などが起きたのはこの頃である。1990年代の後半以降、民間金融セクターでは100兆円以上の不良債権の処理が起こり、護送船団方式を主導していた大蔵省は金融庁を分離して財務省となった。金融庁は金融機関に自分で生き残り戦略を立てることを命じ、バブル前には13行あった都市銀行は気が付けば、たった３つのメガバンクとりそな銀行（もと大和銀行＋あさひ銀行）になってしまった。

　それから10年たったアメリカで世界の金融危機が起きた。アメリカでも不動産バブルが発生、崩壊し、証券化証券の値が暴落し、投資銀行、商業銀行、保険会社など、金融市場の参加者が皆危機に陥ったのである。2008年にはリーマンブラザーズが破綻し、アメリカの金融危機は世界へ広がった。リーマンショック前に世界の株式市場は合計で６千兆円の時価総額があったものがリーマン

ショックで半分の3千兆円になってしまった。アメリカの中央銀行であるFRBはバランスシートを3倍にしてUSドルを発行し、世界中にばら撒いた。ヨーロッパや日本も金融機関の救済に協力したが、事態はあっという間に事業会社へも波及し、世界経済は低迷期に入った。

その後、ヨーロッパでも金融危機が起こった。ギリシャをはじめとした南ヨーロッパ諸国の金融危機はヨーロッパの銀行の自己資本不足も顕在化させた。

問題が処理され、企業活動が復活し、失業率が低下して世界経済が回復基調に向かい、株式総額が元の6千兆円に戻るまでにリーマンショックから5年の歳月がかかった。アメリカでは2014年に入ってFRBが金融緩和の縮小を始め、ばら撒かれたUSドルが回収され始めた。発展途上国では資金が引き上げられて株式市場が下がり、自国通貨も売られている。日本は2012年に民主党から自民党が政権を取り戻した。安倍総理は黒田日銀総裁と共に、異次元の金融緩和で日本経済を成長させようとしているが、人口が減少し少子高齢化が進む日本でどの程度経済成長が可能なのかはとても疑わしい。

(b) 自己資本規制

アメリカやヨーロッパの金融危機を背景に、バーゼル3が合意され、現在日本にも導入されつつあるところである。世界の金融システムに問題が生じると世界経済の運営に支障をきたすことがわかったため、主要金融機関は十分な自己資本を持つようにしようということが合意されたのである。事業会社の場合は有利子負債と自己資本を比較して有利子負債比率を見ることが多いが、金融機関の場合は、リスク資産に対して必要な自己資本を持つという管理をしてきた。もともとアメリカの銀行は株式をはじめとして大量の投融資を持つので大きな自己資本を持っているが、日本の銀行は大量の株式を保有することが許されていないこともあって、大した自己資本を持っていない。これまで必要な自己資本を優先株や劣後債などのメザニン証券で手当てしていたこともあって、きちんとした対応が迫られている。

バーゼル3は、コア自己資本の概念を導入し、これまで自己資本とみなすことが許された一部の証券がコア自己資本の定義から外された。国内銀行がリスク資産に対して4％の自己資本が必要だというのは変わらないが、非累積的優

先株や劣後債がコア自己資本から外されてしまったので、これを使って4％の自己資本を確保していた銀行は、コア自己資本と認められる証券を使って4％を確保しなければならなくなった。国際銀行は、リスク資産に対して8％の自己資本が必要だが、2014年の3月31日から調整分を含めて5.5％、調整分を除けば4％のティア1自己資本が必要となった。2015年3末からは、調整分を含めて6％、調整分を除くと4.5％のティア1自己資本が必要になる。調整分として許されているのは、のれん、繰越欠損金を除く繰延税金資産、繰延ヘッジ損益と自己普通株式10％までである。

　リスクウェイトについて国債や地方債のリスクウェイトが0だとか、中小企業や個人向けの融資が75％になるとか、事業会社に対する融資が格付けに応じてリスクウェイトが20－150％になる（ほとんどは100％）とかいう点については、今回特に変更されていない。

　G20は、国際展開する巨大銀行については、リスク資産に対する自己資本の最低比率を現行の2倍の16－20％程度に引き上げることを2014年の9月に合意した。16－20％のどこにするかなど詳細をつめた上で2019年以降に適用する見通した。この結果、日本の3メガバンクは合計10兆円程度の自己資本の追加調達を迫られる可能性がある。

ⅱ　銀行の管理会計

　かつて日本の銀行の経営管理は本支店レートによって行われていた。本支店レート管理にもいろいろあるが、総額法が一般的だった。これは、営業を行う支店が預金を本支店貸レートで本店に貸し付け、本店から本支店借レートで借り入れて顧客に貸し出すものである。これで預金のスプレッドと貸出のスプレッドを決めて支店の収益性を計算していた。しかし、顧客への預金レートや貸出レートが固定であるのに本支店レートが市場金利で変動する場合、支店の収益性は市場の金利変動によって預金や貸出をした時点から変化してしまう。また、市場金利にはイールドカーブ（利回り曲線）という期間構造があり、期間が長いほうが一般に金利は高い。実際の預金や貸出には期間の差異があるのに、本支店レートが期間構造を持たない場合、資金調達と資金運用期間がマッチせ

ず、収益の計算がゆがむ。本支店レートが一本の場合、支店としては長期の預金より短期の普通預金のほうが、金利スプレッドが大きくなって儲かり、長期の貸出のほうが短期の貸出より金利スプレッドが大きくなって儲かることになるわけである。

このような問題に対応できなかったため、本支店レート管理は行われなくなり、営業を行う支店は本店から市場金利で調達したり、本店に市場金利での運用を委ねたりすることになった。この結果、顧客からの預金や顧客への貸出が固定レートなら固定の、期間対応した金利で本店とやり取りがされることになり、本店側ではALM部門がブックを管理して、金融市場で必要な調整を行うことになったのである。こうなると、支店では顧客から調達した預金を市場金利で本店に貸し出し、本部からの調達レートである同じ期間の市場金利と対顧客レートの差を会計認識することになる。

またバブル崩壊後の信用リスクの拡大に対して、信用リスクの計測が行われ始めた。これは、営業を行う支店と信用リスクについて責任を持つ審査部門とのやり取りになる。すなわち、審査部門が審査の上、信用リスクを設定し、信用リスクに応じたスプレッドを決めると、これを超える分のみが支店の利益として計上されることになる。信用リスクに応じたスプレッドは審査部門に計上され、想定したデフォルト率や回収保全率であればいいが、それ以上のデフォルトが起きれば審査部門に損失が計上され、予想を下回れば審査部門に利益が計上されることになるわけだ。

iii 公的金融機関の民営化

(a) 郵政民営化

バブルが崩壊して民間金融機関が貸出を縮小したときに、公的金融機関は郵便局の郵便貯金、簡易保険や年金資金を背景に、貸出を拡大した。日本の中小企業にとって貸してくれなくなった民間金融機関の代替金融機関として役に立ったことは間違いない。しかし、財政投融資の資金の入り口規模は郵貯と簡保で350兆円、年金で150兆円と500兆円になってしまった。日本のGDPと同規模になって、あまりに大き過ぎることが問題になった。一般会計よりはるかに大

きい財政規模で民間金融機関が提供できない郵便貯金や、住宅公庫による住宅ローン等が提供され、民間金融機関をクラウディング・アウトしているのではないかということが問題になったのである。特に郵便局は、財政投融資の資金の入り口として、財政投融資の出口機関である公営事業や公的金融機関に大量の資金を提供していた。郵便貯金は民間の金融機関には不可能な政府保証を法律で提供していたため問題は大きかった。

そこで、2001年に発足した小泉政権の下で、2005年には、いわゆる郵政解散が行われ、郵政民営化が行われたのである。ただし、そこで行われた民営化は、郵政省の一部を引き継いだ郵政公社を日本郵政という株式会社にしただけで、今でも政府は日本郵政株式の100％を持っている。2007年の郵政民営化法成立時点で、初めは日本郵政が、ゆうちょ銀行株式会社やかんぽ生命株式会社だけでなく郵便事業株式会社と郵便局株式会社も保有することになった。ただし、初めは10年後の2017年までに日本郵政は政府保有分3分の1を残して売却し、ゆうちょ銀行とかんぽ生命の株式は上場の上、全額売却することになっていた。

しかし、2009年8月の民主党への政権交代と亀井静の郵政改革・金融担当大臣就任で流れは変わった。2010年の郵政改革法で、上場は、日本郵政の上場のみ明記され、ゆうちょ銀行やかんぽ生命の上場は日本郵政の政府保有株式が2分の1になるまでの方針を示すことになった。また、2010年には、日本郵政株式会社が、2011年10月1日に郵便事業株式会社と郵便局株式会社を合併する予定も立てられ、一時は3社体制になりそうになった。しかし、この計画は実現せず、2012年4月の郵政民営化改正法案の成立により、日本郵政が郵便事業と郵便局を合併するのではなく、郵便事業会社と郵便局会社が合併し、日本郵便株式会社として日本郵政の子会社になることに変更された。郵便事業会社と郵便局会社の合併は2012年10月に成立して、日本郵政グループは4社体制となった。

2014年12月に、元東芝の西室泰三社長により2015年の秋に政府が100％保有する日本郵政株式会社の株式と日本郵政が持つゆうちょ銀行とかんぽ生命の株式を同時上場する計画が発表された。

ゆうちょ銀行とかんぽ生命の資産運用は、かつてのように100％大蔵省資金運用部に預金するということにはなっていないが、今でも多くの国債、地方債、

財投債、財投機関債等を持っている。これが、ゆうちょ銀行やかんぽ生命の上場時に変更されるのかどうかも日本経済にとっては重要なポイントである。日本政府の立場から言えば、ある程度持ってもらわなければ困るということになるが、上場企業なのに公債保有を義務づけられるというのはいかがなものかと言わざるを得ない。

(b) 財政投融資出口機関の民営化

　当時の小泉総理や竹中大臣の思惑は、郵政民営化によって財政投融資の出口機関に資金が行かなくなり、公営事業や公的金融機関は民営化せざるを得なくなるというものだった。しかし、そのような資金の枯渇による財投出口機関の民営化はほとんど起こらなかった。ほとんどは「独立行政法人○○機構」に看板を付け替えて終わった。

　なぜなら、確かに郵貯や簡保の資金は回らなくなったものの、天下り先を確保したい官僚は、財投債、財投機関債を発行して資金を調達し、財政投融資の出口機関を守ったからである。信用力が高い出口機関は自分で財投機関債を発行できるが、信用力がなくても、政府保証をつけた政府保証債も行われた。そもそも、資金運用部を廃止しても、2001年からの7年間は経過措置期間として、郵貯、簡保、年金資金は財投債を優先的に引き受けた。これは、財投出口機関が資金不足によって新規事業だけでなく既存事業も行えなくなると、公営事業や公的金融機関の業務が混乱すると考えられたからである。政府官僚は、財投債や財投機関債で資金調達を行う一方で、廃止・民営化の危険があると思われた傘下の特殊法人を、新しくつくった独立行政法人に看板をかけ替えて生き残らせた。国民の目から見れば、「得意の目くらまし作戦」をまたやったようにしか見えない。厚生労働省は年金福祉事業団を年金積立金管理運用独立行政法人にし、労働福祉事業団を労働者健康福祉機構にした。また社会福祉医療事業団を福祉医療機構にし、心身障害者福祉協会を高齢・障害・求職者雇用支援機構にした。経済産業省は石油公団を廃止し、電源開発の株を手放したり、商工中金を株式会社にして株式を民間にも開放したりしただけまだましである。ただ、日本貿易振興会を日本貿易振興機構にし、中小企業金融公庫を中小企業基盤整備機構にしたのは同様である。国土交通省も鉄建公団を鉄道建設・運輸施

設整備支援機構にし、住宅金融公庫を住宅金融支援機構にしたり都市基盤整備公団を都市再生機構にしたりして生き残りを図った。

　資金運用部を廃止した2001年時点では、全ての特殊法人の業務について廃止や民営化が検討された。成城大学の中田真佐男教授によれば、163の特殊法人、認可法人の中で16法人が廃止、36法人が民営化、39法人が独立行政法人化、45法人が共済組合として整理されたという。支配を民間に移転する民営化はそれほどされていないので、中田教授が民営化と呼ばれているのは、おそらく株式会社化のことであろうと思う。官僚が守りたい大きな公営事業は、ほとんどが独立行政法人化されて組織変更時に出た巨額の損失を一般会計や特別会計から埋めて生き延びることになった。独立行政法人化されたときに、組織変更の事実や変更時に認識した損失額は、たとえば日本経済新聞の記事になって開示されたが、とても小さな囲み記事だったので、一般の新聞購読者はほとんど気が付かなかったと思う。そもそも、一般国民は「億円」までは想像がつくが「兆円」と言われると、とても大きい金額としか思わないのである。

　小泉政権時に、道路4公団の一括民営化、石油公団・都市基盤整備公団・住宅金融公庫の廃止は与党三党首会談（自民党、公明党、保守新党）で合意された。道路公団は確かに東日本、中日本、西日本高速道路株式会社の3つに分割されて株式会社化されたが、債務は日本高速道路保有債務返済機構にまとめて分離され、依然として道路行政だけでなく道路資産・道路関係有利子負債も国土交通省道路局の管理化にある。石油公団は確かに廃止されたが、廃止されたのは石油公団だけで、都市基盤整備公団、住宅金融公庫は、都市再生機構（ＵＲ）や住宅金融支援機構として生き残った。

　住宅金融公庫は70兆円近い財政投融資資金を使っていた公的金融機関で、この金額は財投出口機関の中でも最大であった。日本の住宅金融公庫は財政投融資からの資金を背景に国民に長期の住宅ローンを提供し、民間金融機関の住宅ローンの提供をクラウディング・アウトしていた。これを回避するため、住宅金融公庫は2007年に住宅金融支援機構へと名前を変えた。これは消費者に直接住宅ローンを提供する業務から撤退して、民間金融機関の住宅ローン提供支援に役割を変えようというものだった。しかし、住宅ローンの証券化がアメリカでリーマンショックを引き起こし、東日本大震災が住宅再建ニーズを生む中、

実際は財投資金を継続使用して消費者に直接提供する住宅ローンも再開することになった。

iv 財務上の問題点

(a) ストックの問題

1. 金融セクター資産推移

金融セクターの資産は、現預金、貸出、有価証券、その他の金融資産が大半で、土地を始めとする非金融資産はわずかである（図表ⅠC－1．金融セクターの資産推移）。

金融機関の資産としての現預金は、1986年の225兆円からピークの1999年には486兆円まで2倍以上になって、その後、2012年の234兆円まで戻った。郵貯、簡保への資金流入が拡大し、郵便局の資金運用部預託金としての公的金融機関の現預金が拡大したものが、2000年の資金運用部の廃止と共に減少したのだ。郵便局から資金運用部への預託金は満期7年で、満期が来るごとに返済されていったので、預金が徐々に減っていったように見えるのである。

図表ⅠC－1．金融セクターの資産推移

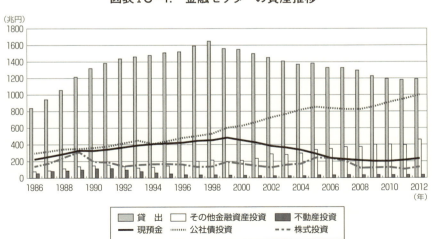

出所：国民経済計算

金融セクターの貸出はバブル発生期から日本の金融危機まで、すなわち1986年の838兆円から1998年には1646兆円までほぼ倍増したが、2012年末には1191兆円と増加分の半分ほどが減少した。民間金融機関貸出はバブルで急拡大したが、事業会社のレバレッジ改善や政府の国債増発の影響で1998年の1037兆円のピークから、2010年の798兆円まで200兆円あまり削減されたのである。公的金融機関では、財投拡大期には資金運用部による公的金融機関向け貸出や公的金融機関による中小企業や家計への貸出が増加したが、財投縮小に伴い減少した。たとえば、住宅金融公庫、公営企業金融公庫、中小企業金融公庫、国民生活金融公庫、農林漁業金融公庫等である。資金運用部に流入する資金は、資金運用部が公的金融機関に貸し、公的金融機関が家計や事業法人にまた貸し出すことによって金融セクターでは単純合算で２倍近い貸出を生み出し得る。したがって、内部取引消去がない単純合算統計である国民経済計算上は、資金運用部解体に伴って郵便局や政府の年金会計に７年で返済することになったとき、返済分の２倍の貸出が、公的金融セクターで減少して見えることになった。

　金融セクター保有株式は、1986年に130兆円だったものが1989年末には288兆円まで倍増したが、1990年、1992年の株バブル崩壊で143兆円まで落ちて元に戻った。ITバブルの発生と崩壊、世界金融危機、東日本大震災、タイの洪水等を経て、2012年末で130兆円である。

　政府の財政悪化による赤字国債増発を受け、国債をはじめとする金融機関（民間金融機関、財投、日銀）の債券保有高は増大し、1986年末には約300兆円しかなかったのに、2012年末で1002兆円と1000兆円を超えて貸出総額に近づきつつある。そもそも、郵便局では郵便貯金や簡保の資金を全額大蔵省の資金運用部に預けていたため、資金運用部が廃止されて2001年から７年間巨額の資金が戻ってくることになったとき、これを運用する能力がなかった。財政投融資の出口機関としても突然資金不足になったのでは、新規事業だけでなく既存の事業の継続にも支障をきたすことになる。したがって、郵便局・郵政公社・日本郵政は、７年かけて戻ってきた資金を使って国債、地方債、財投債、財投機関債のような公債を買って、公営事業や公的金融機関に資金を提供し続けることになった。

　しかし、来年は日本郵政だけでなく、ゆうちょ銀行やかんぽ生命も上場が予

定されている。上場されたゆうちょ銀行とかんぽ生命は、資金の運用能力を持たなければならず、政府が国債・地方債、財投債、財投機関債等の購入を強制することは難しい。そうなれば、資金の一部は株式や社債、また外国株式や外国公社債のような多様な金融商品に向かうことになる。また、政府・日銀がデフレからのインフレ化に伴って、これから金利を引き上げようというのであれば、国債や財投債の値段は下がらざるを得ない。そうなれば、ゆうちょ資金やかんぽ資金が国債等をだんだん買わなくなる可能性が高い。

2．資本構成推移

金融セクターの資本構成は、現預金、借入、債券、保険年金準備金、発行株式が主要なものである（図表IC－2．金融セクターの資本構成推移）。

金融セクターの負債としての現預金は、1986年末の791兆円から1999年末の1638兆円まで約2倍になってから、2012年には1415兆円まで223兆円減少した。民間金融機関の預金負債は1986年から2012年まで常に増え続けている。郵便貯金はバブル崩壊以降、資金運用部解体まで約10年間増え続けた。金融機関の負債としての現預金は民間金融機関預金や郵貯だけでなく、資金運用部のあった2000年末までは、郵貯、簡保、年金を原資とする資金運用部預託金を含む。資金運用部預託金も、郵貯が増えたバブル崩壊から資金運用部解体までの10年は増え続け、その後7年かけて減少した。

図表IC－2．金融セクターの資本構成推移

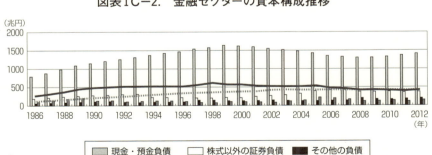

出所：国民経済計算

借入も、財政投融資への資金流入増加と減少を背景に公的金融機関の借入が増加、減少し、1986年の259兆円から1998年には613兆円まで約2倍になった後、2012年末には414兆円まで約200兆円落ちた。借入の減少は、主として公的金融機関の資金運用部からの借入の減少である。

　金融機関が発行する債券は1986年の181兆円から1993年の305兆円まで増加し、いったん1998年の198兆円まで落ち込んだものの、2007年には419兆円と倍増した。これは、資金運用部存在時には30兆円程度しかなかった公的金融機関の債券が、2007年に222兆円まで激増したためで、2001年4月の公的金融機関に分類される財政融資資金特別会計設置以降、財投債発行が激増したことが原因である。政府は7年間かけて郵便局・郵政公社・日本郵政や政府の年金会計に資金運用部の資金を返さなければならなくなったため、国債と共に財投債、財投機関債を発行して、この資金を再び吸収したのである。この結果、財政投融資の出口機関に大した資金不足は発生せず、出口機関の民営化はほとんど起こらなかったのである。小泉元総理は、財政投融資の出口機関が民営化することを確認するところまで総理大臣を継続するべきだったと言わざるを得ない。

　郵便局の簡保を含む生命保険や年金は、1986年の116兆円から2012年の419兆円まで約3.7倍になった。民間、公的金融機関における保険、年金が激増したのは、市場金利が低下する中で生命保険、年金の予定利率を下げられず、家計の資金が大きく流入したことによるものである。これはまた、保険年金の運用側では、逆鞘と財務体力の悪化を招いた。1997年から2001年にかけて日本では、7つの生命保険会社が破綻した。日産生命、東邦生命、第百生命、大正生命、千代田生命、協栄生命、東京生命である。ただし、破綻した生命保険会社は予定利回りを引き下げた上でプルデンシャルやAIGなどの外資系を主とする大手生命保険会社に引き取られて生命保険そのものは生き延びることになった。保険や年金は民間金融機関と公的金融機関のどちらも増加したが、民間金融機関より公的金融機関の保険・年金のほうが高い伸び率を持ち、保険よりも年金のほうが高い伸び率を持つことに注意してほしい。

　金融機関が発行する発行株式の時価は1986年末に95兆円だったものが、1989年末には197兆円と2倍近くになったものの、1090年と92年の株式市場の崩壊で1992年末には99兆円に戻ってしまった。以降、不良債権処理の継続でなかな

か増加させることができず、不良債権処理に一区切りついた2005年末にはバブルピーク時を超える219兆円まで上がったが、金融危機、東日本大震災等で下がり、2012年末で147兆円まで回復した。バブル崩壊後の不良債権処理を乗り越えて日本の金融機関もそれなりの自己資本を持つようになったが、アメリカのように株式や公社債投資を前提として巨額の自己資本を持っているわけではない。リーマンショックやユーロ危機の結果生じたバーゼル3への対応がやっとと言ったところである。今後、2019年に導入すると言われる巨大銀行向け自己資本比率に対応しようとすれば、3メガバンク合計で10兆円程度の自己資本発行が必要になると言われている。

(b) フローの問題
1．銀行の財務諸表とストックとフローの対応関係

　従来の考え方では、大半の引当前の業務純益が業務からの営業利益のように見え、一般国民の誤解を招いてきた。国民の誤解を招かないようにするためには、一般貸倒れ引当繰入額だけでなく、貸出金償却や特定債務者支援損等をも引当に含めて本当の資金運用損益を計算すべきである。その後に役務取引や特定取引を含めて営業粗利益を計算し、営業経費を引いて営業利益を計算することによって、事業会社の損益計算と同様に誰でもわかる透明なものになるわけである。このようにしないと、銀行はただでさえ顧客の顰蹙を買い勝ちなのに、本当は不良債権を処理すれば儲かっていないときでさえも儲かっていると誤解されて嫌われることになる。妙な見栄を張らないで、本当のところを見せるべきである。この考え方を詳しく見てみよう。

　従来の金融機関管理に用いられていた損益計算書は、業務収益から業務費用を引いた業務純益を計算し、次にその他の経常損益を加えて経常利益を計算するというものである（図表IC－3．銀行の損益計算書）。業務収益は、資金運用収益、役務取引等収益とその他業務収益から構成される。資金運用収益とは、資金運用資産上で生ずる貸出金利息、有価証券利息、配当、預金利息等のことである。役務取引等収益とは、受入為替手数料その他の役務収益等である。その他業務収益は、主として外国為替、商品有価証券の売買益などからなっている。一方、業務費用は資金調達費用、役務取引等費用、その他の業務費用、

図表IC-3. 銀行の損益計算書

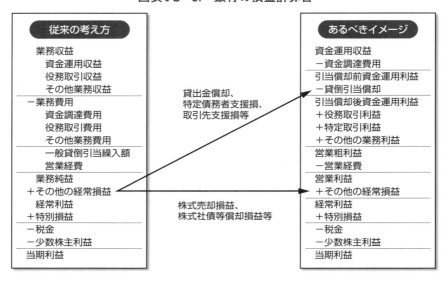

一般貸倒引当金繰入額及び営業経費から構成される。資金調達費用は、預金利息、コール手形利息、借用金利息、社債利息等を含む。役務取引等費用は、支払為替手数料その他の役務費用のことである。その他業務費用とは、主として外国為替、商品有価証券の売買損のことである。

さて、業務純益は、上記のように業務収益から業務費用を引いたものである。問題は、業務純益が、一見すると事業会社の営業利益の銀行版のように見えることである。バブル崩壊後に日本の銀行がほぼ例外なく瀕死の状況にあったとき、世間では業務純益を営業利益と誤解して、銀行が儲かっていると勘違いしている人が多かった。銀行は儲かっているくせに貸しはがしや貸し渋りをして、事業会社をいじめたという勘違いである。確かに、銀行がある程度の貸しはがしや貸し渋りをして中小企業を困難な状況に陥れたのは1つの歴史的事実ではある。しかし、銀行が儲かっていたというのは大きな間違いである。銀行も死にかけていたので、顧客よりも自分のサバイバルのことしか考えられず、なりふり構わないで貸しはがしや貸し渋りに走ったというのが真実だと思う。

そもそも、銀行の業務純益は本業からの利益ではないので、決して業務純益

を事業会社の営業利益と混同してはならない。業務純益は、一般貸倒引当金は繰り入れ後だが、貸出金償却、特定債務者支援引当金繰入額、取引先支援損など、バブル崩壊後の不良債権処理に必要だった引当償却の大半を控除する前の利益である。従来の銀行管理では、業務純益にその他の経常収益を足して、その他の経常費用を差し引くことにより、経常利益を計算することになっている。その他の経常収益とは、株式等売却益等で、その他の経常費用とは、貸出金償却、特定債務者支援引当金繰入額、取引先支援損等に加えて、株式の売却損、償却等も含む。1990年代後半の日本においては、貸出金償却、特定債務者支援引当金繰入額、取引先支援損等が膨大な金額で、大銀行のほとんどは業務純益の全てを使っても足りなかった。業務純益が大きな黒字でも、銀行の本業利益は大きな赤字になってしまったのである。実際は、貸出金の引当償却は金融機関の本業中の本業である貸出に必要な費用であり、これをその他の経常損益として業務純益の外に置くこと自体がおかしく、一般の人から見れば誤解を招きやすい。ほとんどの銀行が瀕死の状況にあった実態を隠すための当局と業界のごまかしだったのではないかと疑われるが、これが一般の人にとって、儲かっているのに中小企業をいじめていると見せることになったのだと思う。

　このような誤解を避けるため、私は、「業務純益」などという誤解を招く表現は止めて、金融機関の損益計算書を再構成すべきだと思っている（図表ⅠＣ－３．銀行の損益計算書）。あるべき損益計算書は、資金運用収益から資金調達費用を引いて、引当償却前資金運用利益を計算するところから始まる。引当償却前の資金運用利益から貸出金償却、特定債務者支援損、取引先支援損などを含む貸倒れ引当償却を引いて、引当償却後の資金運用利益を計算する。大半の引当を引き当てる前の業務純益でなく、引き当てなければならない引当は全て積んだ後が本当の資金運用利益だと言わざるを得ない。銀行の業務には資金調達と運用のほかに、役務取引や、特定取引その他がある。したがって、引当後の資金運用利益に、役務取引利益や特定取引利益、その他の業務利益を足したものが営業粗利益になり、これから営業経費を引いたものが営業利益となる。

　もう一昔前の話になるが、2002年３月末の銀行グループ決算では、UFJとりそなグループは、私の定義する営業粗利益段階で赤字だった。人件費を中心とする営業経費が０でも赤字だったということである。本業損益のボトムライン

を計算するためには、営業粗利益だけではなく営業経費も計算に入れなければならないので、営業粗利益から営業経費を引いたものが、営業利益である。この定義の営業利益は事業会社の営業利益にかなり近い考え方である。2002年の3月末決算は、営業粗利益が赤字のUFJとりそなに加えて、みずほと三井住友もこの定義の営業利益は大きな赤字だった。東京三菱はこの定義の営業利益はかろうじて黒字だったが、株式の売却損や償却のため、経常損益は赤字だった。このように、損益計算書をわかりやすく並べ替えることで、日本の銀行グループの期間損益はわかりやすくなる。業務純益が本業利益のように見える誤解を招きやすい開示は、早く廃棄すべきだと思う。

次に、銀行財務諸表のストックとフローの関係を考えてみたい。銀行の公表財務諸表のままでは、ストック（B/S）とフロー（P/L）の対応関係が把握しづらいため、銀行を価値評価するためには、フロー（P/L）を以下のように組み替えた上で、ストック（B/S）と対応させる必要がある。

銀行の貸借対照表は、事業会社の貸借対照表と比べてかなり異なったものである。まず、銀行の場合、事業会社と異なり、総資産の中で営業資産と金融資産を区別できないし、総負債の中で営業負債と金融負債を区別することもできない。企業に対する貸出や家計からの預金が本業である以上、金融収益を受け取る貸出は営業資産であり、利息を支払う預金は営業負債だからだ。この意味ではストックとフローの関係を事業会社と同様に考えることはできない。

しかし、銀行の貸借対照表には、営業と金融の区別がなくても、上で述べたように主要業務分類としての、資金取引、役務取引、特定取引の区別をつけることができる。現行の銀行の公表財務諸表は、ストック（B/S）とフロー（P/L）の対応関係が甚だあいまいだが、フロー（P/L）やストック（B/S）を、主要業務分類別に並べ替えて対応させると実は財務がわかりやすくなる。すなわち、銀行には、預金や貸出を含む資金取引、手数料収入を含む役務取引、トレーディングやデリバティブを含む特定取引等があるが、これをストック、フロー共に区別してその対応関係を評価することによって銀行におけるストックとフローの対応関係や投資収益率が計測できることになるわけである（図表ⅠC-4．銀行におけるストックとフローの対応関係）。

図表IC-4. 銀行におけるストックとフローの対応関係

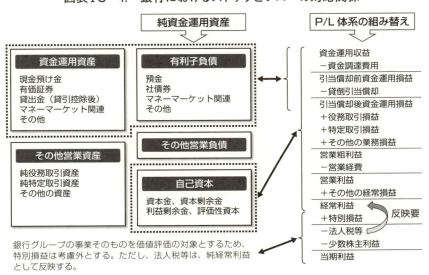

まず、日本の銀行にとって最重要である資金取引にはストックとしての資金運用資産と有利子負債がある。資金運用資産には、資産としての現預金、マネーマーケット資産、トレーディング用以外の有価証券、引当金を控除したネットの貸出金等が含まれる。有利子負債には、負債としての預金、マネーマーケット関連負債、借用金、社債券等が含まれる。資金運用資産から有利子負債を引いたものが純資金運用資産で、このストックから、資金運用収益、資金調達費用が発生し、全ての貸倒れについて引き当てたり償却したりした後にボトムラインとしての引当償却後資金運用損益に至るのである。この意味では、純資金運用資産というストックと、引当償却後資金運用損益というフローが対応していることになる。ここで言う引当償却は、一般貸倒れ引当繰入額だけでなく、貸出金償却、特定債務者支援損、取引先支援損の経常部分等を含むべきである。

本業としては、純役務取引資産と役務取引損益が対応し、純特定取引資産と特定取引損益が対応する。このような本業損益としての引当償却後資金運用損益、役務取引損益、特定取引損益にその他の業務損益を足したものを、営業粗利益と呼びたい。なぜ粗利益と呼ぶかというと、まだ人件費やオフィス費用等

の営業経費を引く前の利益だからである。営業粗利益から、営業経費を控除して初めて銀行の本業利益のボトムラインとしての営業利益に到達するわけである。

この営業利益は、資金業務だけでなく、役務取引、特定取引、その他の業務等の本業の結果全てを含むので、ストックとしては、自己資本に対応している。銀行における自己資本とは、資金運用資産に、役務取引資産、特定取引資産やその他の資産を足して、有利子負債、役務取引負債、特定取引負債、その他の負債を控除したものだからである。営業利益の後にその他の経常損益として、株式売却損益や株式社債等償却損益を持ってきて、経常利益を算出するとすれば、この経常利益が対応しているストックも、銀行の自己資本である。経常利益のうち税金や少数株主利益は外部に流出するため、株主が税金や少数株主利益を控除した後の経常利益しかフローとして受け取らないのは、事業会社の場合と同様である。すなわち、銀行株主が銀行の自己資本というストックを保有することによって経常的に受け取るフローは、経常利益から税金や少数株主利益を控除した後の経常純利益である。実際は特別損益があるので、株主が受け取るのは経常純利益に特別利益を足して特別損失を控除した後の当期利益である。

2．所得支出勘定推移

金融セクターの引当償却前損益は、利子配当等の資金運用資産上の資金運用収益から有利子負債上の利子支出と保険費用を引いたものである。金利水準が上がって下がったことにより、利子収入は1986年の92兆円からピークの1991年には156兆円まで増加したが、2012年には3分の1以下の45兆円まで減少した（図表ⅠＣ－5．金融セクターの所得支出勘定推移）。利子支出もこれに伴い、1986年の70兆円から1991年には124兆円まで増加したものの、2012年には26兆円まで減少した。純保険費用は、1986年に13兆円だったものが1991年には19兆円まで増加したが、2012年には9兆円まで落ちた。

利子収入と利子支出の上記の推移を振り返ると、以下のことがわかる。1986年から1991年にかけて金利が上がったとき、利子収入の増加のほうが利子支出の増加より10兆円大きかった。反対に、1991年から2012年にかけて金利が下がったとき、利子収入の減少のほうが利子支出の減少より13兆円大きかった。す

I. 日本の財務諸表分析と将来予測

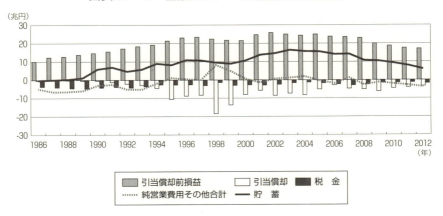

図表ⅠC-5. 金融セクターの所得支出勘定推移

出所:国民経済計算

なわち、金利が変動するときに、金融機関にとっては、貸出金利の増減のほうが、預金金利の増減より大きいのである。また純保険費用も上がって下がったが、上がったのは6兆円なのに下がったのは10兆円で費用減少の効果のほうが大きかった。この結果、引当償却前の損益は、1986年の10兆円から1997年の23兆円まで増加したものの、2012年には17兆円まで落ちた。落ち方が少なかったのは、純金利収入が落ちた分を純保険費用の減少でカバーしたからである。

金融機関の不良債権処理は1986年から1990年までは1兆円未満で、引当前利益に余裕のない1990年台前半の立ち上がりは比較的鈍かった。1995年以降は引当前利益をなんとか20兆円以上捻出して1995年で11兆円、1998年には18兆円と、1995-2012年までの18年間で134兆円処理した。民間銀行の不良債権処理は一部の地銀を残してかなり進んだ。財投出口機関も特殊法人を独立行政法人化して会計を厳しくすることで不良債権をそれなりに処理したものと思われるが、民間に比べて開示が不透明なので、まだ未処理の不良債権がかなりあるのではないかと疑われる。

税金支払は、1980年代後半でこそ4-5兆円あったこともあるが、1990年代の後半に不良債権処理を開始してから1-3兆円程度である。純営業費用その他はアドバイザリー収入、リスク管理収入から減価償却・人件費を含む営業費用を

引いたもので、1986年の4.9兆円の費用が1987年のピークには6.7兆円の費用になった。アドバイザリーやリスク管理収入があるため、1998年のように8.2兆円の収入になったこともあるが、2012年はまた3.9兆円の費用になってきた。

3．金融セクターの利鞘推移

SNAの改訂で、1994年データから金利中の金融利鞘が営業余剰の中に含まれ、貸出の受取金利が銀行間金利に小さくされ、預金の支払金利が銀行間金利まで大きくなることになった。これは、預金業務や貸出業務が銀行の本業であり、（貸出金利－銀行間金利）や、（銀行間金利－預金金利）は貸出業務や預金業務によって銀行が稼いだ営業余剰とみなすことができるからである。しかし、本書では、受取金利と支払金利の利鞘分析を行いたかったこと、投融資の投資収益率を計算したかったことから、これをもともとの受取金利、支払金利に戻した（図表ＩＣ－6．金融セクターの利鞘推移）。

バブル発生期から2007年まで金利収入と金利支出は1.0－1.2％程度の利鞘を保ってきたが、2008年以降利鞘は縮小し、2012年で0.6％程度に落ちてきた。

図表ＩＣ－6．金融セクターの利鞘推移

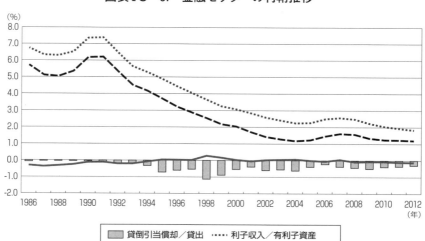

出所：国民経済計算

直接償却と間接個別引当を含む貸倒れ引当合計は、1986年から1990年までのバブル発生期には、ほとんどなかったが、1995年には0.7％水準に上がり、1998年に1.2％とピークを迎えた。その後、2000－12年にかけて不良債権処理は貸出の0.3－0.5％前後のレベルで推移してきた。

アドバイザリーやリスク管理で稼げればともかく、人件費や減価償却費の営業費用も資産の0.1％程度はかかる。預金と貸出の利鞘はやっと不良債権の引き当てをして営業費用が払えるかどうかのレベルでしかない。株式市場が好調ならまだしも、株式償却が入ってくるとお手上げの利益水準であると言わざるを得ない。最近はリスクに見合ったリターンを取るべく、利鞘増加に向けた銀行側の各種の試みが始まっているが、2008年の世界の金融危機、2011年の東日本大震災後はリスク資産に対して十分な自己資本があるかどうか疑わしく、BIS3に対するコア自己資本強化の対応をせざるを得ない銀行が多い状況だ。

4．資本調達勘定推移

まず日本の金融セクターの資金調達状況を見てから（図表ⅠC－7．金融セクターの資本調達勘定推移：資金調達内訳）、次に資金運用状況（図表ⅠC－8．金融セクターの資本調達勘定推移：資金運用内訳）を見てみたい。

金融セクターの経常キャッシュフローである貯蓄＋固定資産減耗＋海外から

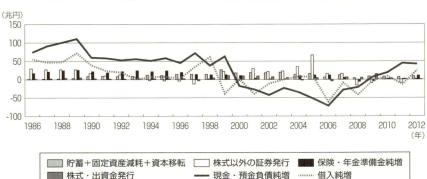

図表ⅠC-7．　金融セクターの資本調達勘定推移：資金調達内訳

出所：国民経済計算

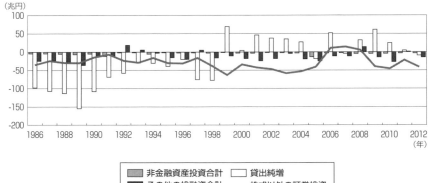

図表ⅠC-8. 金融セクターの資本調達勘定推移：資金運用内訳

出所：国民経済計算

の資本移転は、1986年には1兆円もなかったが、貯蓄の漸増に伴い、1994年には10兆円を超え、2003年には19兆円と20兆円に近づいたが、貯蓄の減少で2012年は8兆円まで落ちた。

　金融セクターの資金調達で大きいのは、預金負債、借入、社債発行、保険年金増加等である。預金負債は、1986年から1999年までの14年で、合計924兆円増加したが、その後2000年から2008年までの9年で合計322兆円減少した。預金は1986-90年のバブル発生期は民間と公的金融機関の双方で拡大したが、1990年から1999年までは、郵便貯金や資金運用部預託金の増加を背景とした公的金融機関の増大が大きい。2000-08年の預金減少は資金運用部廃止以降の財投改革を受け公的金融機関で合計450兆円減少したものである。2000年の資金運用部解体後の7年かけた資金運用部から郵便局や年金特別会計への返済は、それが郵貯の預金者や、年金をかけている国民の手元に戻ったわけではないが、資金運用部という公的金融機関の預金債務減少にはなったわけである。2011-12年には、また預金で40兆円台の資金調達が始まった。

　借入もバブル発生期は民間と公的金融機関の双方で拡大したが、1997-98年は金融危機を受けた民間金融機関の借入急拡大があった。1999年、2001年の借入減少は、民間金融機関の金融危機時に借りた借入の返済に加えて資金運用部

解体が見えて、財投資金が細り始めた公的金融機関の借入減少も大きい。2006年、2008年は民間、公的機関の双方とも借入を減少させた。

債券発行は民間金融機関においては縮小しているが、資金運用部廃止以降、財政融資特別会計の財投債が急拡大している。7年満期で資金運用部から郵便局や政府に返した資金を、財投債でまた吸収したのである。

生命保険や年金は金利の低下に予定利率がついていかなかったため、1990年代の前半は毎年20兆円レベルで激増し、逆鞘や多くの生命保険破綻を招いた。株式の発行は1997-98年の金融危機までは1兆円程度に留まっていたが、1998-2003年にかけて日本の金融危機や不良債権処理で毀損した自己資本充実のため、5-10兆レベルの自己資本を調達した。2009年の13兆円は世界の金融危機で減少した自己資本を補ったものである。

次に資金運用サイド（図表ⅠC-8.金融セクターの資本調達勘定推移：資金運用内訳）を見てみよう。貸出は、バブル期は土地株バブルで儲けたい事業会社や家計に対する民間金融機関中心の拡大だった。しかし、バブル崩壊で民間金融機関の融資拡大は止まり、貸出増加は公的金融機関中心となった。1997-98年の貸出増加は金融危機に対応する融資拡大である。1999年の回収は1997-98年の金融危機時に借りた借入の返済だと思われるが、その後、財投改革による公的金融機関の縮小に伴い、公的金融機関では2000-12年の13年間に合計251兆円の融資が回収された。

土地建物等への非金融資産投資では、固定資産に毎年2-3兆円を使う一方で、土地を1992年以降日本の金融機関が少額ずつ売り続けている。

公社債投資は、公共投資をファイナンスするための建設国債発行の激増を受けて、民間金融機関、公的金融機関ともに大きく拡大し、1998-2005年の8年で合計325兆円の資金が投入された。2008-12年は社会福祉のための赤字国債発行のため5年で合計175兆円が注ぎ込まれた。ただし、公的金融機関は財投縮小で国債をなかなか持てなくなり、2005-09年の4年で合計63兆円縮小した。日本のバブル崩壊や世界の金融危機以降、民間金融機関はリスクのある貸出をリスクのない国債に振り替えたのである。民間金融機関の国債投資は2012年末までに合計残高が625兆円になった。

5．民間金融機関と公的金融機関

バブル発生前から2012年までの民間金融機関と公的金融機関の資金調達と資金運用推移を見てみよう（図表ⅠC－9．民間金融機関と公的金融機関）。

まず資金調達サイドを見ると、民間金融機関の預金はバブル発生期にだけでなく、バブル崩壊後も増加を継続した。民間では、バブル崩壊後の借入や債券発行はあまり変わっていない。保険年金準備金は、民間金融機関ではバブル発生期に倍増し、その後も増加を継続している。一方、公的金融機関の預金、借入、簡保は、バブル崩壊後1990年代に激増し、資金運用部廃止を受けて縮小へ向かった。公的金融機関の発行する債券は、もともと大した金額ではなかったが、資金運用部の廃止を受けて財投債が激増した。

次に資産サイドを見てみよう。民間金融機関の資産としての預金はバブル発生期に増加してから2012年まであまり変わっていない。民間金融機関の貸出は、1986年の666兆円からバブル発生期に激増し、1990年までに1003兆円になった、バブル崩壊に伴い縮小して、2012年で820兆円程度である。民間金融機関の債券投資は、バブルの発生前後には200兆円前後だったものが、バブル崩壊後の国債発行や公的金融機関債の激増を受けて、2000年に400兆円、2012年に625兆円まで増加した。公的金融機関の預金は、財投資金の資金運用部預託金が中心

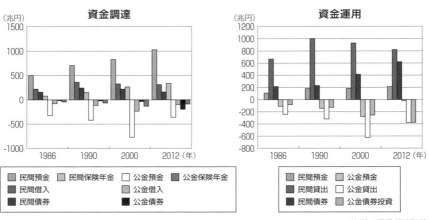

図表ⅠC－9．民間金融機関と公的金融機関

出所：国民経済計算

だが、バブル発生後の1990年には146兆円だったものが、2000年までに279兆円と倍増した。その後、資金運用部の廃止を受け、2012年には22兆円まで落ちた。公的金融機関の貸出は、バブル発生期にも1986年の238兆円から90年の317兆円まで増加したが、バブル崩壊後に公的資金調達の増大を受けて2000年までに622兆円まで倍増した。2000年以降は財投縮小の流れで公的金融機関の貸出は2012年の371兆円まで減少した。公的金融機関の債券投資は、1986年の85兆円から90年の129兆円、2000年の257兆円、2005年の397兆円まで拡大していたが財投縮小でゆっくりと減少しつつある。ゆっくりと減少する理由は、資金運用部の廃止を経ても財投出口機関の解体が遅れているため、財投としては減少する資金運用部預託金の穴埋めのための財投債発行が必要でこれを誰かが買わなければならないからだ。

Ⅴ　財務再構築の方向性

(a)　将来予測

　金融セクターの場合も、事業会社セクターの場合と同様に、国民経済計算上の統計差額としての正味資産が実際に存在するとは思えないので、資産合計の時価を国民経済計算上の簿価でなく、純有利子負債＋株価総額で定義した。

　2015年の株価総額204兆円は2014年5月13日の日経平均14431円を前提に2012年の日経平均10395円時の株価総額147兆円から推計した。2015年の資産総額時価は株価総額204兆円に、2010年の有利子負債が2015年もあると仮定してこれを足して計算した。2020年の企業価値は2015年の株価総額と純有利子負債が日銀の想定する2％インフレで増加すると仮定し、これを合計して推計した。

　金融セクターの営業利益は貸出と預金の利鞘の縮小で下がっているが、税金や配当もインフレ程度ならばPERはそれほど変わらない。アメリカの金融機関に比較して日本の金融機関はハイリスク資産を持たないためレバレッジが大変高い。

(b)　今後の金融セクターの方向性

　日本の金融セクターは、土地株バブルが崩壊してから数年は立ちすくんで動

図表IC-10. 金融セクターの将来予測

	1986/12/31		1990/12/31		1995/12/31		2000/12/31		2005/12/31		2010/12/31		2015/12/31		2020/12/31	
貸借対照表																
資産合計	1,442,746	12%	2,230,932	3%	2,596,062	2%	2,892,299	-2%	2,571,965	-2%	2,345,084	0.6%	2,416,200	2.0%	2,667,680	株価総額＋純有利子負債
有利子負債合計	1,347,433	12%	2,105,921	3%	2,473,859	2%	2,793,440	-3%	2,353,101	-1%	2,212,200	0.0%	2,212,200	2.0%	2,442,448	日銀の2%インフレ想定
発行株式出資金	95,313	7%	125,011	0%	122,203	-4%	98,859	17%	218,864	-9%	132,884	9.0%	204,000	2.0%	225,232	2015年は2014年5月13日の日経平均から推計 2020年は日銀のインフレ想定
D/E	14.1×		16.8×		20.2×		28.3×		10.8×		16.6×		10.8×		10.8×		
所得支出勘定																
資金運用収益	92,979	13%	149,958	-5%	117,519	-7%	83,158	-5%	63,799	-4%	53,380	0.0%	53,380	2.0%	58,936	日銀の2%インフレ想定
資金調達費用	70,462	14%	117,486	-7%	79,995	-9%	48,687	-10%	28,643	-2%	25,847	0.0%	25,847	2.0%	28,537	日銀の2%インフレ想定
保険年金等支出	-12,732	9%	-18,008	-2%	-16,308	-5%	-13,008	-5%	-10,262	-3%	-8,918	0.0%	-8,918	2.0%	-9,846	日銀の2%インフレ想定
引当償却前損益	9,786	10%	14,464	8%	21,216	0%	21,463	3%	24,895	-6%	18,616		18,616		20,553	
引当償却	532	-6%	410	91%	10,549	-5%	8,048	-9%	5,099	-2%	4,542	0.0%	4,542	2.0%	5,015	日銀の2%インフレ想定
引当償却後損益	9,254	11%	14,054	-5%	10,667	5%	13,415	8%	19,795	-7%	14,073		14,073		15,538	
営業費用合計	4,881	-11%	3,039	-183%	-1,197	-8%	338	-184%	793	43%	2,037	0.0%	2,037	2.0%	2,249	日銀の2%インフレ想定
営業利益	4,373	26%	11,015	1%	11,864	4%	14,208	6%	19,457	-9%	12,036	0.0%	12,036	2.0%	13,289	
税金	3,736	3%	4,256	-9%	2,659	1%	2,736	-9%	1,694	-3%	1,435	0.0%	1,435	2.0%	1,584	日銀の2%インフレ想定
経常利益	638	80%	6,758	6%	9,204	5%	11,472	9%	17,763	-10%	10,602	0.0%	10,602	2.0%	11,705	日銀の2%インフレ想定
配当	965	-1%	923	-5%	725	6%	970	24%	2,794	-10%	1,686	0.0%	1,686	2.0%	1,862	日銀の2%インフレ想定
貯蓄	-328		5,836	8%	8,479	4%	10,502	7%	14,970	-10%	8,915		8,915		9,843	
評価倍率																
PER	149.5×		18.5×		13.3×		8.6×		12.3×		12.5×		19.2×		19.2×		

◆64◆

けなかったが、1995年以降2012年まで不良債権を18年間で134兆円処理し、最悪期を乗り切った。この間には、日本の金融危機、アメリカの金融危機、ヨーロッパの金融危機、東日本大震災など多くの危機があり、全ての金融機関が無難に経営危機を乗り切ったわけではない。

現在、日本の大銀行は、東京三菱UFJ、みずほ、三井住友の3メガ銀行になってしまい、日本の大企業はそのグローバル展開をこの3メガ銀行に支援してもらわざるを得ない。

一方で、地方銀行にはこれから再編が待っている。大蔵省の護送船団方式は終了し、金融ビッグバンの下で地方銀行は独自の生き残り戦略の企画と実行が求められている。たとえば、私のいる九州では、福岡銀行が一歩先んじてアドバイザリー業務やリスク管理業務を強化した上で、オペレーションを行う地域を拡大し、スーパーリージョナルバンク化を目指すと考えられる。このため、福岡フィナンシャルグループを設立して、長崎の親和銀行、熊本の熊本銀行を傘下に置いた。過去に海外支店を撤退し、現在はアジアに駐在員事務所しか置いていないが、海外支店の復活も時間の問題だと思われる。西日本シティー銀行はこれに対する対抗軸だと考えられるが、いまひとつアドバイザリー業務、リスク管理業務、海外展開に対する考え方が弱いように見受けられる。山口銀行は海外支店を撤退せず遼寧省の大連支店や山東省の青島支店を保有し、北九州に北九州銀行を設立して、福岡銀行や西日本シティー銀行を相手に戦いを起こしている。熊本の肥後銀行はこれまでなかなか熊本で一番の保守的なお殿様体質が抜け切れなかったが、穴熊作戦では将来がないことが漸くわかり、2014年11月に鹿児島銀行との統合を発表した。今後どのように九州において陣取りゲームやアドバイザリー業務・リスク管理業務の強化が進むのか楽しみである。

公的金融機関は、やっと2015年春に現在政府が100％保有する日本郵政株が上場され、その後に傘下のゆうちょ銀行やかんぽ生命が株式を上場する運びになりそうだ。しかし、財政投融資の出口機関の民営化の動きは鈍い。住宅金融公庫から住宅金融支援機構に名前を変更して証券化に特化する予定だったのにまた住宅ローンを提供し始め、財投債や財投機関債で資金調達を乗り切れることがわかったため、このままでいけると思っている節がある。住宅ローンも住

宅ローンの証券化も、民間金融機関に任せるべきだと思う。

　外国為替特別会計も、100兆円規模であり、規模が大きいわりに、もはや不要な特別会計であると思う。この特別会計は、政府短期証券で資金調達して主としてアメリカドル債を購入している。円高で輸出が難しいときに民間企業の要請を受けてドル買い円売りをするためのものだが、昨今の為替市場の規模から考えると日本の単独介入にほとんど効果はない。そもそも、為替市場の規模は1日あたり1995年の1.2兆ドルから最近は1日4兆ドルに拡大し、ドル円だけ見ても、1日50－60兆円になる。日本政府が介入に使う20－30兆円程度では、協調介入なしに日本一国で相場を支えることはできない。円安の方向に向かうとわかれば、為替のトレーダーはドルを買って円を売る。日本の為替介入は為替トレーダーの手に儲けを差し出しているようなものである。市場規模から考えて、介入の効果があるかどうか自体が怪しいので、日本以外の先進国は為替管理に直接介入する方法をかなり前に止めてしまっている。また円高に振れると、円高のときのようにまた巨額の損失を抱えることになるので、円安の今のうちに売却してドルのポジションを縮小しておくべきだと思う。

　日本はアメリカに比べて間接金融の国で直接金融に弱かった。これまではゼロ金利だったので、あまりの金利の低さに家計は直接公社債を買う元気が出なかった。今後金利が上がってくれば、事業会社や金融機関の社債や株式を銀行経由でなく家計が保有すればよいのである。間接金融よりコストが安いのであれば、今後日本の金融も直接金融に向かわざるを得ない。バブル崩壊以降、日本の銀行は不良債権の処理に追われ、成長産業への最適資金配分を果たしてきたとは言いがたい。メガバンクは3つになってしまったが、まだ日本にはそれ以外の非効率な金融機関が多過ぎる。現在の地域金融機関のように信用保証に過剰に頼って審査機能がいい加減なのであれば、家計は金融機関を必要としていない。地域金融機関は、間接金融から直接金融への流れの中でどのように生きていくのか生き残り戦略を考えるべきである。

D 一般政府セクター

i 政府のバランスシートと時価主義

　政府財務の最適化を目的とする施策を行うための財務評価・分析を行うためには、政府の本業と資金調達構成部分を分離するために、政府の貸借対照表の構成を組み替える必要がある。これは事業会社の場合に、通常の貸借対照表を組み替えて、事業価値と投融資を含む企業価値を純有利子負債と自己資本で支える形にするのと同様である。貸借対照表を組み替えることによって、企画と進捗管理を行うための純行政資産である狭い意味の行政価値を公営事業価値や投融資と分離し、行政価値と公営事業価値や投融資を含む広義の政府価値を計算することができる。また、政府価値の資金調達構成を考えることができる。政府は別に資本金があり資本を増殖することを目的としているわけではないので、事業会社と違って、資本構成という言葉ではなく、資金調達構成という言葉を用いることにしたい。また、貸借対照表を組み替えて政府価値とこれを支える資金調達構成にすることによって、貸借対照表上のストックと所得支出勘定のフローとの対応関係を明らかにすることができる。

　具体的に組み替えの方法を述べたい（図表ⅠD－1．政府貸借対照表の構成・定義）。まず資産を、金融資産、投融資、公営事業資産、行政資産の3つに分類する。また負債を、有利子負債、公営事業負債、行政負債の3つに分類する。次に現預金を有利子負債から控除し、これを純有利子負債と呼び、金融資産から現預金を控除したものを投融資と呼ぶことは事業会社の場合と同じである。政府の場合には基金を現預金に含む。また、行政負債を負債サイドから資産サイドに移し、行政資産から控除し、この純行政資産を「行政価値」と定義する。これが企画と進捗管理に特化した狭い意味の行政であり、私が「ネットの政府」と呼ぶものである。極端な「ネットの政府」においては、国と地方自治体の役所の中で公務員が国民や住民を幸福にする行政を行う企画と進捗管理だけをしていることをイメージしていただきたい。同様に、公営事業負債を負債サイドから資産サイドに移して、公営事業資産から差し引き、この純公営事業資産を

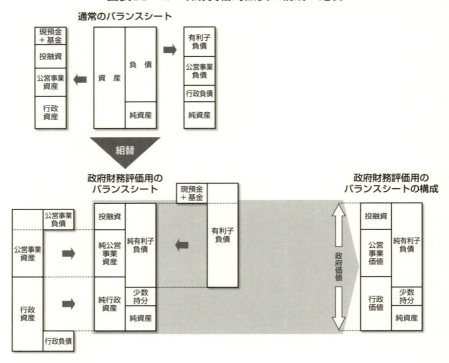

図表ID-1. 政府貸借対照表の構成・定義

「公営事業価値」と定義する。

　さて、行政価値、公営事業価値及び投融資の合計を「政府価値」と定義する。これは「ネットの政府」に加えて、公営事業や、投融資を含む、政府が現状において保有している価値の総体である。政府価値から、純有利子負債額と少数株主持分を差し引いて残った部分が、国民が政府に対して保有する純資産の価値となる。

　ちなみに、国民経済計算の一般政府セクターには中央政府と地方政府の単体しか含まれていない。事業会社セクターに公営事業が含まれ、金融セクターの公的金融機関が含まれているのである。しかし、公営事業や公的金融機関は政府が支配しているものであって、財務の最適化を考えれば、政府の連結財務諸表を作成しなければならないところである。これは、民間企業における財務把

握の中心が、単体財務諸表から連結財務諸表に移行したのと同様である。とこ
ろが、世の中に民間企業の連結財務諸表はあっても、政府の連結財務諸表は存
在しない。赤字国債の発行が続き財務が心配になった財務省は、中央政府の連
結貸借対照表を作成し始めたが、地方自治体は総務省の管轄であり、総務省は
自治体ごとの連結財務諸表も作成していない。現状では中央政府と地方政府を
含む連結財務諸表は存在せず、連結日本政府の財務実態は把握できないのであ
る。そこで次善の策として、存在する国民経済計算の一般政府セクターの財務
諸表分析を行い、連結政府の財務状況について想像するしかない。

　困ったことに、一般政府セクターの財務諸表だけ見ても、政府の財務諸表が
極めて悪化していることがわかる。国民として憂鬱になるくらいである。毎年
40兆円お金が不足し、40兆円の赤字国債を発行しているということは、政府価
値の時価を純有利子負債時価が大幅に上回る債務超過であることは間違いない。
純資産というストックから生ずるキャッシュフローがマイナスであれば、キャ
ッシュフローの現在価値である純資産時価はマイナスにならざるを得ない。国
民が税金を出して幸せになるための行政を政府に行ってもらっているのである
から、純資産のマイナスは、国民が政府に対して持っている純資産のマイナス
である。政府の巨額の債務超過はまた、これまでの世代に対して行ったこれま
での世代の支払を超える行政サービスのために将来世代が巨額の負債を引き受
けることでもあるため、世代間不均衡の問題とも言える。政府の純資産額の時
価マイナス額は統計上の純資産額の帳簿上のマイナス額よりはるかに大きい。
問題は大変に深刻である。

ⅱ　政府の連結経営

(a)　中央省庁連結

　連結主義を適用して全体像を把握すべきなのは、事業会社や、金融機関だけ
ではない。バブル崩壊後の経済破綻回避のために大きくなってしまった政府も、
これからネットの政府をつくって財務を再建するために、全体と主要行政サー
ビスの括りで財務が確認できる連結経営管理を行うべきである。行政において
も、ITシステムを使った発生主義や複式簿記制度の導入が可能である以上、

図表ID-2. 2011年度（平成23年度）中央政府連結貸借対照表の全体像

資産： 263兆円
負債： 722兆円（含む公債675兆円）
債務超過： 459兆円

一般会計 ／ **特別会計**　　財政投融資特別会計
　　　　　　　　　　　　　　　社会保険特別会計
　　　　　　　　　　　　　　　外国為替特別会計

↓　　　　↓

一般会計と特別会計の合算　→　**連結**

資産： 629兆円（貸付金143兆円、有形固定資産181兆円、有価証券98兆円、運用寄託金110兆円、現預金18兆円等）
負債： 1,089兆円（含公債791兆円、年金預かり金119兆円、預託金7兆円等）
債務超過： 459兆円

資産： 782兆円（貸付金187兆円、有形固定資産269兆円、有価証券246兆円、現預金29兆円等）
負債： 1,135兆円（含公債575兆円、郵貯174兆円、公的年金預かり金122兆円、責任準備金121兆円、独立行政法人債券41兆円、政府短期証券87兆円、借入金33兆円等）
債務超過： 441兆円

単式簿記や現金主義による財務管理はもはや時代遅れであると考える。政府には大きく分けて中央政府と地方自治体があるが、中央政府の連結財務の現状はどうなっており、また、連結経営管理はどのように考えるべきだろうか。

日本政府は2002年頃から連結中央政府貸借対照表の研究と開示を始めた。一般会計、一般会計と特別会計を合わせた国の単体、特殊法人や独立行政法人等を連結した連結中央省庁財務書類を作成し、財務省のホームページで開示しているのである。これは、一般会計基準や特別会計基準の策定を前提に、省庁別に作成されて、合算、内部取引消去されるものである。

2014年の春現在で開示されている最新のものである2012年3末の中央政府の貸借対照表を見てみよう（図表ID-2. 2011年度（平成23年度）中央政府連結貸借対照表の全体像）。一般会計の資産は263兆円で負債は公債675兆円を含む722兆円であり、459兆円の債務超過である。ここのところ資産は大して変わっていないが、毎年継続する赤字国債の発行で有利子負債が急激に拡大している。一般会計は、そもそも税金で賄うものである。借金をして行政サービスをすることが許されるのは将来世代も受益できる建設国債に限られ、将来世代にメリットがない赤字国債は禁止されている。建設国債であれば建設した道路、港湾、空港等のインフラを将来世代が使えるが、赤字国債であれば行政サービスはその年に消費されて借金が若手世代に引き継がれるだけだからである。行

政サービスの消費は主として高齢者の社会福祉サービス消費である。これまでの高齢者の方々のご苦労を認めたくないわけではないが、高齢者が若手世代に大量の負債をつくって支払を任せているのが現状である。1993年以降多額の赤字国債が発行され、民主党に政権を渡たす前のプライマリー・バランスをプラスにするという自民党の公約は民主党から政権を取り戻した今になってもいまだ守られていない。

　一般会計だけでなく、財政投融資特別会計、社会保険特別会計、外国為替特別会計などの特別会計等を含む国の資産は629兆円、負債は1089兆円で、債務超過が459兆円である。特別会計の帳簿上の資産と負債が同額なので、一般会計の459兆円の債務超過が特別会計を足しても459兆円と同額になるわけである。

　日本郵政のような中央政府の支配下にある独立行政法人等を含む連結では、資産が782兆円で負債は、1135兆円だった。連結では公債が国の675兆から575兆円に減るが、これは郵政公社から株式会社化しても総務省の傘下にある日本郵政が174兆円の郵貯や121兆円ある簡保の資金でかなりの公債を保有しているためである。日銀は国民経済計算の公的金融機関には含まれるがここでは連結の外にある。負債総額は1135兆円だったので、債務超過は441兆円である。これは一般会計と特別会計を合わせた中央政府の貸借対照表の債務超過459兆円より18兆円小さい。政府の外の法人の自己資本が18兆円あるからである。18兆円しかないとも言えるが、最悪なのは一般会計であって、特別会計や独立行政法人ではないことがわかる。継続する赤字国債の発行のため一般会計段階で459兆円の債務超過になっていることが、国の459兆円の債務超過や連結441兆円の債務超過の原因となっているのだ。

　将来世代にとって、「赤字国債の発行による国の債務超過」は、受けていない行政サービスを国民として返済しなければならないということを意味する。高齢者は「よろしくお願いします」というかもしれないが、若者の表情は強張っている。将来世代が幸せになるように財務が健全になった政府を若手に引き継ぐのが我々の役割であると強く思う。

　それでは、どうやって政府財務を最適化すればよいのか。政府価値から投融資、公営事業、公的金融機関をできるだけ外し、これを支える国債を返済して国民を幸福にする行政を企画し進捗管理するだけの「ネットの政府」をつくれ

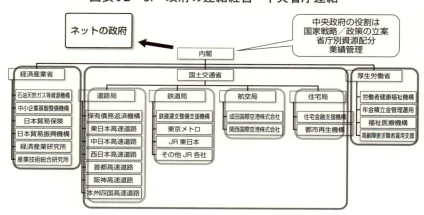

図表ID-3. 政府の連結経営-中央省庁連結

ばよいのである。図表ID-3に示した政府の連結経営を見てほしい。まず中央政府は、中央政府の将来ビジョンを明らかにし、将来のあるべき姿へ向かう戦略を策定する必要がある。これは民間企業の場合と同様だ。民間企業の企業戦略と同様に、内閣総理大臣は日本の将来構想や、国家戦略を策定する必要がある。

　私は、日本政府の財務を再建するためには使用資金を最小限にする「ネットの政府」を目指すしかないと思う。政府の役割として、国民の幸福を目的とする行政サービスの企画と進捗管理に特化し、連結貸借対照表の中にある公営事業や公的金融機関を、どうしても必要なものだけ残して、できるだけ民営化するのである。民営化の対象には高速道路・鉄道・飛行場等のインフラや住宅関連の住宅金融支援機構や都市再生機構など、国土交通省的なものだけでなく、これまで日本ではタブーとされてきた年金、健康保険などのような厚生労働省が管轄する社会保障行政サービス、及び幼稚園や学校のような文部科学省が管轄する行政サービスも含む。

　日本は議院内閣制で、政党政治だから、政権政党が「ネットの政府」を目指して日本の国家ビジョンを策定し、そこに至る国家戦略の選択肢を検討した上で一番良い戦略を選択し、これを実行する必要がある。内閣総理大臣は、国の行政の最高責任者だから、国家戦略に沿って政府セクターにおける資源の最適

配分や、業績評価を考える必要がある。すなわち、内閣は、国家戦略に沿って政府組織のポートフォリオを最適化する責任を持つべきである。このような観点に立って現在の中央政府の財務管理状況を眺めると、現状は極めてお粗末である。存在するのは、キャッシュフローの予算管理だけで、政府セクターでは、実績管理にストックや期間コスト情報がないのである。自分の意思決定の結果としての貸借対照表や行政コスト計算書を含む連結財務諸表がなければ、省庁の大臣や局長など組織のリーダーが責任を取れる責任財務諸表があるとは言えない。責任財務諸表がなければ、リーダーの意志決定の結果を評価して責任を問うことはできない。

事業会社のマネージメント・サイクルは、一般に、戦略や計画（PLAN）をつくって実行し（DO）、これを確認（CHECK）して必要に応じて修正施策を実行する（ACTION）というPDCAサイクルによってなされる。政府セクターは、これまでの財務経営を現金予算の策定とその執行の進捗管理という形で行ってきた。今後は、予算の承認にあたっては、民間企業と同様に、現金のフロー予定だけでなく、貸借対照表や、行政コスト計算書の計画も策定して国会の承認を受けるべきであると思う。国の制度が、古い情報技術に基づいてできていたのなら、技術が新しくなったときに制度に修正を加えるのが当たり前だと思う。過去の情報技術では政府を運営するのに現金予算しかつくれなかったかもしれないが、今のIT技術を使えば財務諸表の作成が容易にできるのであって、現金予算だけで済ますのは怠慢である。憲法で定める国会の承認が必要な「予算」は、これまでのような「現金予算」だけでなく、「貸借対照表」の予定や、「行政コスト計算書」を含むようにすべきである。憲法の変更になるので許せないという意見もあるかもしれないが、IT技術の進展により国民のためにできるようになったことを憲法の解釈に含めないのは政府の怠慢であると思う。

これまでは、政府は、一般政府としての仕事だけでなく、高速道路株式会社、都市再生機構、住宅金融支援機構、日本郵政などと言われる公営事業や公的金融機関を行う独立行政法人や株式会社を通じて、計画の実行（DO）についてもその一部を行ってきた。しかし、現業（DO）は、民間でもでき、かつ政府が行えば政府における多額の資金調達が必要である。これ以上政府の有利子負

債を拡大することはできない。政府の有利子負債の削減策を考える必要がある現状では、できる限り行政が現業を自分でやらずに民間に委ねたほうが良い。政府は、企画したことが実行されているかどうかチェックする必要があるが、チェックする対象の連結財務諸表がないために、評価して、責任を取らせたり見直したりすることが困難だった。有効なチェックを行うためには、チェック対象の一部である連結財務諸表を作成する必要がある。チェックに基づいた修正施策の実行（ACTION）は民間企業に行わせ、政府は、公共の福祉の観点から進捗管理（Check）に役割を限定すべきだと思う。この意味では、ネットの政府はPLANとCHECKしか行わず、DOとACTIONは民間企業に任せることが重要である。

さて、国家戦略には、各省庁が担当する行政サービスごとの行政サービス戦略や、国内海外の地域ごとの地域戦略があり得る。現在の組織で考えれば、国内の地域別戦略は総務省、海外の地域別戦略は外務省が担当するのが筋だろう。ただし、民間事業会社が、グローバルの連結事業部をつくるために国際部や国内地域法人を解体して各事業部に振り分けるのと同様に、政府の場合も、外務省や総務省を解体して各行政のサービスラインに統合する方法も将来組織の選択肢の１つとなり得る。

中央省庁全体の連結財務諸表の内訳としては、省庁ごとに、所管の独立行政法人などを連結して連結貸借対照表を含む連結財務諸表を作成することが望ましい。また、連結財務諸表の作成だけでなく、行政の内容を国民に開示する省庁別アニュアル・リポートであるべきだと思う。パブリックセクターは、まだ発生主義や複式簿記を導入してはいないものの、2003年度から省庁別財務諸表の作成を始めた。たとえば、国土交通省、厚生労働省、総務省、財務省等で、所管の法人を連結した連結財務諸表をつくるわけだ。省庁別連結財務諸表については、各省庁の大臣が当該行政サービスの最高責任者としてその内容に権限と責任を持つべきであろう。

現状はまだ省庁別連結貸借対照表の作成が始まったところだが、将来、各省庁は、省庁全体だけでなく、局別に連結財務諸表を作成し、開示すべきである。行政サービスは、実際は局別に行われているから、省庁別連結財務諸表だけでは、行政サービスの括りが大き過ぎる。国民は国土と交通と言われても広過ぎ

てよくわからないが、道路、鉄道、空港、住宅等と言われて連結財務諸表を見せられれば、これに対して意見を言うことができる。民間企業においても、グループ全体を開示する連結財務諸表の内訳として事業ごとにグルーピングをする管理連結の考え方があり、多くの民間企業グループは管理連結を導入して事業ごとの連結財務諸表を作成している。

　政府の場合も、行政サービスの全体像と個別主要行政サービスの財務的実態を把握しようとすれば、省庁別連結財務諸表の内訳として、部局別連結財務諸表が必要になる。各中央省庁は、所管の独立行政法人等を各局に連結して貸借対照表を含む局別連結財務諸表を作成し、連結局のポートフォリオを最適化する。たとえば国土交通省は、国土交通省連結の中に、道路局連結、住宅局連結、鉄道局連結、航空局連結等の局連結の財務諸表を作成して連結局のポートフォリオを管理すべきだ。この場合、道路局や住宅局の連結財務諸表については、道路局長や住宅局長がそれぞれ責任を持つことにする。傘下の外郭団体の行為について他人のふりをする官僚が散見されることには驚かされるが、局長がなんと言おうと、高速道路株式会社は道路局の傘下にあり、住宅金融支援機構は住宅局の管轄下にある。

　小泉元総理は、道路公団や、郵政公社等の個別特殊法人をターゲットとし、道路公団の株式会社化、住宅金融公庫の住宅ローンの証券化、郵政公社の日本郵政株式会社化を実行した。しかし、特殊法人についての意志決定を行う人々は特殊法人自体でなく中央省庁に存在した。連結行政の最適化にあたっては、中央省庁の管轄局を含めた対応を考えないと、特殊法人施策の実行が困難だった。このことは特殊法人が独立行政法人に看板を付け替えた今でも同様である。高速道路株式会社、住宅金融支援機構、国際空港株式会社等の問題は、結局、日本の道路政策、住宅政策、航空政策の問題である。高速道路株式会社は道路局、住宅金融支援機構は住宅局、国際空港株式会社は航空局がその気になり、それを国土交通大臣が責任を持ってやるという話にならない限り、内閣総理大臣や、行革担当大臣が全てを企画・実行することには無理がある。全体を統括する総理大臣が「ネットの政府」に向けた構造改革の旗を振るのは当然としても、管轄する局や、管轄する省庁がその気にならない限り、多くの民営化施策を公的セクターの戦略に沿った形で企画・実行していくのは困難であると考え

る。

　バランスシートの資産サイドに時価主義を適用し、政府内財務制度を整備した上で、連結省庁や連結局の貸借対照表を含む財務諸表をつくらせれば、どこの省庁やどこの局が単体でなく連結省庁、連結局として債務超過かが一目瞭然になる。管理会計上の政府内財務制度は民間企業の社内借入制度や社内自己資本制度などの社内財務制度を参考につくればよい。適切な管理会計制度を導入した後に債務超過を国民に開示すれば、必要な施策を回避することは困難になる。私は1人の国民として、全ての連結省庁、全ての連結局に、健全な財務を維持しながら行政を行ってほしいと思う。国民の大多数も同意見ではないかと考える。各局の官僚も、自らの数字を見ないで過去の政策を否定されて怒っているだけで、自らが意思決定した結果としての財務諸表が破綻していれば自分で施策を企画して再建したくなるはずだ。私も東京大学の法学部卒業者として優秀な日本の官僚を信じている。自分の問題は自分で解決することが日本の将来を担う責任ある官僚というものだと思う。

　ニュー・パブリック・マネージメントの流れは、どちらかと言えばイギリス系諸国がリードしてきた。しかし、まだ政府の財務経営は発展途上である。総理大臣、各省庁大臣、局長等が、自分の意志決定によって生ずる連結財務諸表を把握し、最適化する責任を制度として持っている国は、現在どこにも存在しない。先例がなければやる必要がないという人が、これまで日本を駄目にしてきた。私は、良いことは一番にやるのがいいと思う。道なき道を切り拓いて明日の日本をつくるのである。資産サイドを時価にし、年次から始めて半期に移行してスピード経営できるようになれば、日本の政府管理は世界で最も進んだものになる。発生主義と複式簿記を導入して政府の連結財務諸表を作成するためのコストは、これまでつくってきた道路、橋、構築物、公共の建物、開発用地買収等の公共投資に比べればごくわずかなものである。国民に対するアカウンタビリティーを保証し、民主主義を一歩前進させるためにも、中央省庁の連結財務諸表作成の制度化とシステム化を急ぐべきだと思う。

(b)　地方自治連結

　これまで地方は、地方交付税や地方債の引受など、中央からの紐付き資金提

Ⅰ. 日本の財務諸表分析と将来予測

供を背景に中央から過度に支配されてきた。中央は、機関委任事務や、過剰な公共投資を地方に押し付け、地方の財務は悪化した。しかし、2000年4月1日から、地方分権一括法が施行され、機関委任事務が廃止された。今後の地方公共団体は、中央の過剰支配を回避し、自由を得た上で、自己責任の原則に基づく地方自治を行う必要がある。

そのためには、財務管理も、これまでのような単式簿記や現金主義に基づく予算管理だけでは不十分である。各地方自治体の首長は、自分が責任を持つ自治体の連結財務諸表を作成して責任を持つと共に、その内訳としての、部局別連結財務諸表を作成すべきだと思う。財政投融資資金は、公的金融機関だけでなく、地方公共団体にも流れた。地方公共団体は土地開発公社、住宅供給公社、道路や交通機関等の形で大量の資金を使用し、自らの財務を悪化させた。現在、地方債の格付けは国が最後は面倒を見ることを前提に大変良い格付けになっている。しかし、地方公共団体の個別財務の実態は、財政健全化法の試算により相当悪化しているところが出てきていることが判明しつつある。格付け機関も、国の信用を前提とした格付けのほかに、スタンド・アローン格付けをつけるようになり、自治体間格差は開きつつある。

東京都の例を見てみよう（図表ID-4. 政府の連結経営－都道府県連結）。

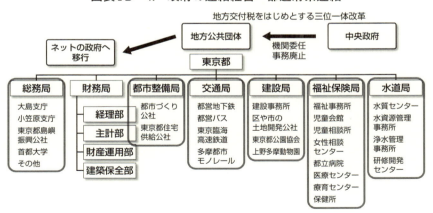

図表ID-4. 政府の連結経営－都道府県連結

出所：東京と組織図から村藤作成

東京都の建設局が区や市が保有している土地開発公社を管轄し、以前の都市計画局と住宅局が統合された都市整備局が都市づくり公社や住宅供給公社を管轄している。道路公社は2010年に解散された。土地開発公社の場合は東京都というより各区や市が保有しているので多少異なるが、都市づくり公社や住宅供給公社の場合も、東京都都市整備局の意向を受けて事業を行うのであって、連結住宅局で、政策や財務を考えないと意味がないと思う。東京都は大変感心なことに自治体で初めて発生主義、複式簿記の会計システムを導入した。しかし、単体であって、ちゃんとした連結になっていない。単体や傘下の法人が別々の会計を使っているので簡単に連結できないのは仕方がないとも言えるが、本来は会計基準を徐々に合わせていった上で連結すべきである。

　都道府県の部局の場合も、連結で行政や財務を把握しなければならないのは、中央省庁の部局の場合と同様である。行政サービスの付加価値の括りが連結でないと意味がないのに、個別の公社だけ見ていては事業の実態は見えないし、民営化施策も進まない。管轄局が反発して、民営化が頓挫するだけである。連結部局の財務諸表を内訳として持つ地方自治体の連結貸借対照表を作成すれば、どこの都道府県や、どこの連結局が債務超過に陥っているかが一目でわかることになる。

　私は、連結財務諸表の作成と開示は自治体の住民に対する責務であると考えている。連結財務の開示により実態が明らかになれば、問題解決が必要なことは住民に明らかになる。あらゆる人がこぞって問題について意見を言い、解決の選択肢の検討が進むはずだ。その上で、その事業を行っている人々と組織のヘッドが中心となって財政再建を急げばいいのである。評価や責任は、過去のことでなく、将来の行動について問うのが建設的である。終わったことについて、あれこれいうのは時間の無駄であることが多い。行政組織のリーダーの評価は、自由主義、民主主義に向けた将来の小さな政府をつくる貢献度をもって行い、これを阻害する場合に非難して責任を問うべきだと思う。

　地方自治体も、中央政府と同様に、自分の行政サービスのポートフォリオを最適化する必要がある。地方自治体は、住民が自治体にやってほしい、自治体でないとできないことのみを業務とすべきである。地方自治体が行うべき業務

は、地方自治のための行政の企画立案（PLAN）と、公共の福祉の観点からの民間事業の進捗管理（CHECK）のみである。自分で事業をやること（DO）や問題があったときの施策（ACTION）ではない。現在行っている事業で、民間に任せられる部分は、民営化、民間業務委託、証券化、PFI等によって、速やかに市場原理に委ねるべきである。小泉政権以降、市場原理が不当に非難されているようだが、アメリカや中国はともかく日本の住民に大した格差があるわけではない。「機会の平等」と「結果の平等」を区別すべきである。平等は「機会の平等」が重要で、「結果の平等」のために頑張る人から富を奪って頑張らない弱者救済をすることは若者の元気を奪うことになり望ましくない。小学校で皆同じ成績にするとか、皆かけっこで同時にゴールさせることを目指すというのは「結果の平等」の行き過ぎで、個人の努力を無視する大変に馬鹿げたやり方だと思う。私は「機会の平等」の下に個人が競争する自由主義はアメリカと違って日本では不足しており、日本はもっと自由主義の方向に振れるべきだと思っている。個人に自由競争をさせる市場原理は、日本では今、より活用されるべきだと思う。

　各自治体は、貸借対照表を含む連結財務諸表を住民に開示し、民営化の進捗を報告すべきである。都道府県に限らず、市町村でも同じことである。各地方公共団体は中央省庁と同様に、部局別に普通会計、特別会計、公社等を連結して財務諸表を作成した上で、小さな政府に向けた政策の実行を進捗管理すべきである。地方の金融機関は、地方自治体に対して、審査をせずに貸出を行っている。これは地方自治体が連結財務諸表をつくっておらず、財務がわからないので審査したいと思ってもできないことも理由の1つである。地方自治体も現金予算の策定と実行のみならず、発生主義、複式簿記、連結主義、時価の尊重を前提とした財務諸表を作成すべきである。自民党や民主党が小泉政権時代の構造改革を忘れ、小さな政府でなく中くらいの政府だとか、大きな政府を目指しているように見えるのは大変に困ったことである。

iii 財務上の問題点

(a) ストックの問題
1．政府価値推移

　国民経済計算における一般政府セクターの政府資産は、行政運転資金、固定資産、土地を含む行政価値と、現預金、貸出、株式、債券投資を含む投融資から構成される（図表ID-5．政府価値推移）。現預金は政府の場合、年金の資金運用部預託金が一番大きいが、目的が決まった基金が含まれたりするため、ここでは有利子負債から控除するのでなく投融資の中に含めた。

　行政運転資金は在庫、その他の金融資産からその他の負債を控除したものだ。在庫やその他の負債のレベルはあまり変化がなかったが、その他の金融資産が1986年の13兆円から2012年の165兆円まで13倍に増加したために、行政運転資金は、1986年の4兆円から2012年の139兆円まで激増した。政府は事業会社のように販売するわけではないので在庫や売掛金を持っているわけではないが、税金や社会福祉費用を取り立てている。年金制度が将来世代に不利になるつ

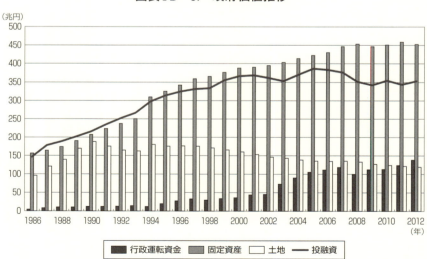

図表ID-5．政府価値推移

出所：国民経済計算

れ、国民年金の不払いが目立っている。その他の金融資産の増加は、税金や社会保障費用等の債権を国民から取り立てられないのではないかと推察される。これは、回収可能性を考えれば、実態はかなりの含み損を抱えているのではないかと疑われる。

　固定資産は、地方公共団体を中心とする公共投資の結果、1986年の156兆円から2012年の453兆円まで約3倍になった。政府価値のうち、固定資産は2012年で43％を占めるが、中央政府と地方政府の内訳は国民経済計算においては集計・開示されていない。ただし、国の財務諸表の公開により、2012年3月末に国の土地や立木等を除く固定資産が119兆円だったことがわかっているので、全体が453兆円であれば国が119兆円、地方が334兆円になるから、国と地方は1：3くらいで地方自治体のほうが多く固定資産を持っていることが推定される。また、国民経済計算の一般政府合計は一般政府セクターだけの話で、事業会社セクターに分類される独立行政法人や地方自治体傘下にある公社分等を含まない。これを含めた連結政府の固定資産は453兆円よりはるかに大きくなるはずだ。2001年4月に資金運用部が廃止され、これまで自動的に預託されていた郵便貯金、簡易保険、年金資金等が使いにくくなったため、2001年以降、一般政府の固定資産はあまり増えていない。

　政府保有の土地の価値はバブルの崩壊に伴い、1990年の188兆円から2012年の119兆円まで69兆円減少した。日本政府は、実際は土地を毎年買い続けたが、値下がりによって保有価値総額は減少していった。ただし、バブル崩壊後に家計が土地の売り手だったのに対して一般政府は土地の買い手だったため、一般政府保有の土地総額の減少スピードは家計よりも緩やかである。

　株式出資金も潤沢な財政投融資資金を背景に事業会社セクターや、金融セクターの特殊法人や独立行政法人への出資が増加され、1986年の25兆円から2011年の110兆円まで25年で4倍以上になった。2008年には政策金融公庫の設立、政策投資銀行の株式会社化、社会保障基金の持分低下等で若干減少した。債券投資は、1986年には17兆円だったが国の債券発行の増加を受けて2012年には123兆円へと7倍以上になった。民間金融機関や財政投融資資金が国債の主たる買い手だったが、もちろん一般政府セクターも国債を買っていた。一般政府セクターの融資は1986年の21兆円から2005年の41兆円までに2倍程度になり、

その後、減少と再拡大を経て2012年末には34兆円である。一時資金運用部融資が一般政府に移されたが、その後また財政投融資特別会計を公的金融機関扱いとして金融セクターの融資に戻したようである。公営事業や、公的金融機関等、実際は政府の実質的支配下にある法人を連結すれば、固定資産の増加だけでなく、融資の増加ももっと大きくなる。一般政府セクターの現預金という場合、そのほとんどは国民から受け取った年金の資金運用部預託金である。1986年に83兆円だった現預金は、2000年に211兆円でピークを迎え、資金運用部の廃止を受けて2012年には77兆円に減少した。特殊法人出資にあった含み損はその相当額が独立行政法人移行時に特別会計の埋蔵金で処理された。

2．資金調達構成推移

一般政府セクターの資金調達構成は、金融セクターからの借入、国債・地方債等の債券を含む有利子負債と、正味資産からなっている（図表ID-6．一般政府セクターの資金調達構成推移）。政府に資本金があるわけではないし、政府の活動原理が資本主義であるわけでもないので事業会社のように「資本構成」と呼ばずに政府の場合は「資金調達構成」と呼ぶことにする。

少子高齢化による収入を上回る社会福祉費用の拡大、バブル崩壊後の不況回避のための公共投資を目指した特殊法人に対する投融資、国や地方の行政を支

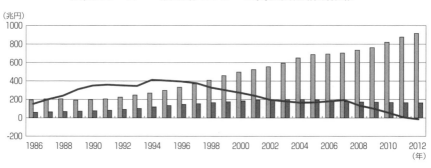

図表ID-6．一般政府セクターの資金調達構成推移

出所：国民経済計算

える国債・地方債投資、税金や社会福祉費用の未収金の増大等の複合的な要因によって、一般政府の有利子負債は膨らんだ。

借入は、1986年の59兆円から2012年の163兆円まで3倍近くになった。アメリカの政府セクターは銀行からお金を借りないが、日本の総務省は基準財政需要を満たすための地方交付税の交付にこだわっている。このため、総務省の管轄する地方交付税特別会計は地方交付税の不足分補填のため民間金融機関から数十兆円借りていた。しかし、財政悪化に気づいた財務省が強い圧力をかけ、地方交付税特別会計の銀行借入は次第に一般会計からの繰り入れと地方自治体の臨時財政対策債（特例赤字地方債）に変わっていった。

一般政府セクターの債券の発行残高は、1986年の190兆円からバブル発生期は増加しなかったが、バブル崩壊後に1990年の196兆円から2012年の915兆円まで、22年で719兆円も増加した。2001年4月に資金運用部が廃止されたが、その後継として特別会計ができた。これが財政融資資金特別会計、その後、財政投融資特別会計と呼ばれるものである。この特別会計は公的金融機関として扱われ、その発行する財投債は一般政府の負債には含まれていない。公的金融機関の債券は2012年末で193兆円もある。一般政府セクターの債券に公的金融機関の債券を足せば、1108兆円になる。事業会社セクターに公営企業の発行する債券が12兆円含まれているので、これを足せば国債、地方債、財投債、財投機関債合計で1120兆円ということになる。財投債や財投機関債が一般政府の債券に含まれていないため、一般政府の債券が915兆円と実際に連結した政府債券の1120兆円より200兆円以上少なく見えているのである。

見かけ上の正味資産は、1986年の150兆円から1991年には360兆円まで倍増したが、2012年にはついにマイナスの14兆円に転落した。国民経済計算では、年金を含む社会保障基金を一般政府セクターに含み、年金として受け取った資金を資産として計上する一方で法的義務でないということで年金を保険年金準備金負債として計上していないアンバランスが懸念される。2004年の年金改革で約500兆円の過去の債務超過が将来世代に押し付けられた。また2012年時点で帳簿上の正味資産はほぼ0のようだが、貯蓄がマイナス40兆円程度あるということ自体が時価で見た正味資産のマイナスの大きさを示している。仮に一般政府セクターの正味資産時価をマイナス40兆円×20倍で推計すれば、800兆円の

債務超過である。

　日本政府財務の健全性は急速に悪化しており、日本の将来世代にとっては耐え難い状況になりつつある。家計の貯蓄も消費税増税の結果、マイナスに転じようとしているところで、家計にこれ以上の消費税負担を求めたり、家計に国債を引き受けてもらったりすることはできない。日本の貿易赤字は拡大して既に経常収支は2013年後半から赤字になった。安倍総理・黒田日銀総裁が目指すインフレの結果、金利が上がれば、損失を回避したい民間金融機関やゆうちょ・かんぽ資金が国債の売り手に回ることはありそうな話である。このとき、日銀が紙幣を印刷して国債を引き受けることを回避しようとすれば、海外投資家に購入してもらうしかない。日銀が紙幣を印刷しながら国債を引き受ければ、ハイパーインフレになることはもちろん、円は暴落して海外投資家に国債をはじめとする日本の証券を買ってもらう可能性はなくなる。日銀が紙幣を印刷して引き受けずに海外投資家に国債を引き受けてもらえば、ギリシャや韓国と同じ債務不履行によるIMF支配の可能性が出てくる。IMFは緊縮財政で社会保障を削っても対外借入の返済を迫ることは疑いない。自律する日本を守るために、政府は社会福祉を含む公営事業や公的金融機関を民営化して使用資金や有利子負債を削減すると共に、正味資産の充実を急ぐ必要がある。

(b)　フローの問題
1．所得支出勘定推移

　一般政府セクターの歳入は、地方交付税等の政府内経常移転を除けば、主として、所得富等への経常税、生産輸入品税、社会負担受取と財産所得により構成される（図表ID－7．一般政府セクターの所得支出勘定推移：歳入）。

　所得富等への経常税とは、所得税、法人税、相続税等のことで、1986年の40兆円からバブル発生による所得富等の増大に乗って1991年には62兆円まで増加したが、不況の継続や景気を刺激するための減税によって2003年の37兆円まで25兆円減少した。長い好景気で2007年の49兆円まで戻ったが、世界の金融危機以降の不況で2009－12年は40兆円を切った。

　生産輸入品税は、消費税、輸入税、固定資産税を含む。1986年には25兆円しかなかったが、1996年には40兆円を超えて2002年から2005年まで、及び2009年

Ⅰ．日本の財務諸表分析と将来予測

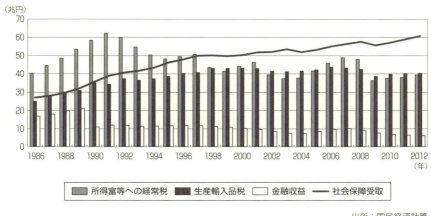

図表ⅠD-7． 一般政府セクターの所得支出勘定推移：歳入

出所：国民経済計算

以降は、所得富等への経常税を上回っている。2012年は約40兆円である。このうち5％の一般消費税は2012年で12.9兆円であり、1％あたり2.6兆円である。ちなみに、一般消費税の3％が5％に引き上げられたのは1997年4月1日からで、生産輸入品税全体にそれほど大きな影響を与えていない。一般消費税は、2014年の4月から3％引き上げられ、2017年4月からさらに2％上げられて10％になる予定だ。しかし、この増税は、3％で7.7兆円、5％で13兆円程度の話である。後で詳述するが、これは2012年に4兆円なかった家計の貯蓄をプラスからマイナスにすることが見込まれ、家計に余裕がなくなることを示している。財務省や海外の一部に財政再建のために消費税を大きく上げろという声があるが、家計の正味資産を時価でなく帳簿価格で認識することによって現状認識の誤りに陥っているのではないかという疑いがある。

　社会負担受取合計は雇主、雇用者双方から政府が取立てる年金、健康保険、雇用保険等の受取の合計だ。この負担は、社会保障給付の増大に対応して、1986年の27兆円から1997年には約50兆になり、2012年には60.7兆円になった。社会保障関係の受取は、1986年には全収入111兆円の中の24.5％に過ぎなかったものが、2012年には、全収入150兆円の中の40％を占める最大の歳入項目になった。

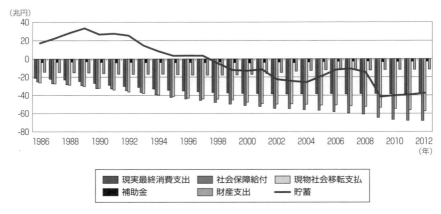

図表ID-8. 一般政府セクターの所得支出勘定推移：歳出と貯蓄

出所：国民経済計算

　財産収入は利子収入を中心とする。バブル発生期には、20兆円を超えたこともあったが、その後は良いときの2007年でも10兆円程度のものである。2012年は6.3兆円で全体の4.1％程度に過ぎない。インフレで金利が上がれば金融収益が増加することは間違いないが、巨額の有利子負債に対する金利支払の増大に比較すれば全く期待できるような規模ではない。

　一般政府セクターの歳出は、固定資本減耗を含む現実最終消費支出、社会保障給付、現物社会移転支払、補助金支出、財産支出等よりなる（図表ID-8．一般政府セクターの所得支出勘定推移：歳出と貯蓄）。

　国家公務員や地方公務員の現実最終消費支出は、一般政府セクターの消費のことである。現実最終消費は、1986年の21兆円から2012年の40兆円へ倍増した。一般政府セクターの支出全体も2倍近くになっているが支出中の比率は19.2％から21.4％と2.2％程度増加した。一般政府は全体として大きくなっているが多少消費を絞ることはできる。ただし、ここでできる消費の削減には限界があり、大した規模ではない。知恵のない自治体の首長は、財政に困るとすぐ職員の数を減らしたり職員の収入を減らしたりする施策を開始する。しかし、ここを削減しても大した金額にはならない上に、職員のやる気を失わせるのであまりお

勧めできる手ではない。

　一般政府の支出として規模が大きいのは圧倒的に社会福祉である。2012年で見て、収入では全体の40％で60.7兆円しかないのに、支出のうち67.6％で合計125.3兆円になるのは、社会保障給付と現物社会移転という厚生労働省や文部科学省の担当する社会保障・教育関連である。社会保障支出が125兆円なのに社会保障収入が60兆円で半分しかないということは、社会福祉費用の半分は税金と赤字国債発行で賄っているということである。年金、雇用保険給付等の社会保障給付支払は、高齢化、失業率増大等により、1986年の25兆円から2012年の68兆円まで26年で43兆円増加した。医療保険、教育等の現物社会移転支払も、1986年の26兆円から2012年には57.4兆円まで2倍以上になった。年金、健康保険、失業保険等の厚生労働サービスの規制緩和と一部民営化、教育の民営化等、これまでタブーとされてきた社会福祉サービスの民間移転に取り組まないことには、歳出を大きく減らすことはできない。ただし、政府はいくら最小限を目指しても、「困窮した国民」に対する社会福祉サービスを止めることはできない。民営化可能な社会福祉サービスとは、富裕層と一般国民に対するものだけである。厚生労働省は社会福祉制度ごとに富裕層から貧困層への所得移転を図りたいので富裕層を民間企業に移転することを嫌がるが、富裕層や一般国民を含む全ての国民に対する社会福祉サービスを政府が運営することはもはや不可能になりつつある。

　補助金支出は1986年から2012年まで3－4兆円程度に留まっている。補助金はよく事業仕分けなどで目の敵にされるようだが、政府全体としては大した金額ではない。

　財産支出は、利子支出を中心とし、有利子負債の増加にもかかわらず、金利の低下により、2012年で、11.4兆円程度で済んでいる。

　政府の経常的な歳入と歳出の差額である貯蓄は、1989年末には35兆円と収入の4分の1程度あったものが所得富等税の減少や、社会保障関連費用、現実最終消費支出等の増大を受けてマイナスに転じ、2004年には32兆円のマイナスになった。2004－07年にかけて税収が増加したため、貯蓄のマイナスは07年の11兆円まで減ったが、世界の金融危機や東日本大震災等で、2009－12年にはマイナス40兆円前後になっている。1998－2012年の15年の累積赤字は325兆円に上る。

政府の有利子負債を削減する前に金利が上がってしまうと、政府財政が破綻することになりかねない。アベノミクスでデフレがインフレになるのは良いとして、金利が上がると1000兆円の国債で1％は10兆円にあたる。2％は20兆円の金利支払増加である。金利が上がる前に、国土交通省関連だけでなく社会保障給付や現物社会移転を司る厚生労働省、文部科学省関連の行政サービスの規制緩和、民営化等の民間移転に取り組まないと、政府財務の再建は不可能である。

2．資本調達勘定推移

　一般政府セクターのキャッシュフローは、貯蓄、固定資産減耗（減価償却）と資本移転を合計した経常キャッシュフロー、土地の購入、総固定資本形成（固定資産投資）、金融資産純増、行政運転資金増加、有利子負債純増、正味資産純増等により構成される（図表ID－9．一般政府セクターの資本調達勘定推移）。

　政府の経常キャッシュフローは、バブル発生で1986年の14兆円から1991年の36兆円まで増加したが、バブル崩壊による貯蓄減少の結果、1999年にはマイナスに転じた。その後、2008年までいったんはプラスに戻ったが、世界の金融危機や東日本大震災で2009－12年にかけてマイナス20－25兆円レベルになった。

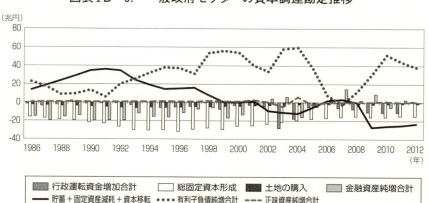

図表ID－9．一般政府セクターの資本調達勘定推移

出所：国民経済計算

ちなみに、資本移転は従来少なかったが、1998年に突然事業会社セクターで33兆円の受取資本移転が発生すると共に、一般政府セクターで34兆円の支払資本移転が起こった。これは国鉄清算事業団解散と国有林野事業再構築の過程で、事業会社セクターの国鉄清算事業団（約24兆円）と国有事業特別会計（約3兆円）から政府一般会計へ約27兆円債務が承継されたからだ。1987年の国鉄民営化時に清算事業団が引き受けた債務を結局払いきれずに国民の税金で払うことにしたわけである。このような巨額債務の見通しの誤りの責任を国鉄民営化の当事者は取らなくていいのだろうか。国鉄清算事業団が予定した債務の支払を果たせなかったのは誰の責任なのだろうか。

　政府の土地投資は、2005年の10兆円を除けば1年あたり2－6兆円程度に留まる。政府はバブル崩壊以降、土地の買い手だが大した金額ではない。一方、土地以外の固定資産投資は、1986年の16兆円から1996年には32兆円まで倍増し、その後、公共投資の減少が図られて2012年の15兆円まで減少した。1986年から2012年の27年間で、土地投資合計は93兆円だったが、固定資産投資はその6倍以上の合計593兆円にのぼった。減価償却は27年間で313兆円なので、減価償却に比べて2倍近くの固定資産投資をしたことになる。

　行政運転資金は、在庫に大きな動きはないが、税金や社会保障費用の未収金と見られる、その他の金融資産が2003－04年に20－21兆円増加した。

　年金の資金運用部への預託が中心の現預金は、1986年の8兆円増加から1990年の14兆円増加まで増えて以降、増加額が減少しつつも積み増していたが、資金運用部廃止後、毎年13－19兆円の資金が戻りつつある。これを2001－2008年にかけて国債・地方債・財投債投資にまわした。

　一般政府の資金調達は1990年代の初めには貯蓄によるところが大きかったが、これが減少するにつれ、資金運用部からの借入や国債発行等の有利子負債による調達が増加した。有利子負債の増加は、1991年の8兆円から、金融危機の1998年には57兆円にジャンプした。最近は政府が支払に不足する金額を、赤字国債の発行で埋めることが恒常化した。1986年から2012年までの27年で一般政府セクターは有利子負債で836兆円の資金調達を行った。2005－12年まで国債や地方債を発行して銀行借入を返してきた。先に述べたように、財務省が総務省の地方交付税特別会計における銀行借入を返済させ、地方債発行に切り替え

させたことが大きい。

ⅳ　財務再構築の方向性

(a)　将来予測

　上記で分析した2012年末現在において既に日本政府の財務は大変に困ったことになっている。毎年の所得支出勘定の貯蓄の赤字は40兆円に拡大し、一般政府セクターの時価正味資産が数百兆円の債務超過であることは間違いない。そこで問題になるのが、それでは日本政府の財務が将来はどうなるのかということである。2014年の12月現在で、2014年4月から消費税が5％から8％に上がり、2017年の4月から10％に上がることが予定されているので、これが政府の財務にどの程度良い影響を与えるのかが1つの問題である。消費税1％あたりが2.6兆円の収入で、5％で13兆円だから、40兆円ある貯蓄の赤字が黒字になるわけはないが、他の要因も考えてみる必要があるだろう。まず、安倍総理の成長戦略の1つの柱が黒田日銀総裁のデフレ脱却作戦である。2014年10月現在、日銀は相変わらず2％インフレを目標としている。そこで私の将来予測にあたっては、2010−15年末までのインフレを0％とし、2015−20年はインフレを毎年2％と仮定した。すぐ2％インフレにはならないが2015年から2020年まで2％インフレ平均を達成すると仮定したのである。さて、消費税が上がっても貯蓄は赤字のままなので不足分をこれまでのように赤字国債を発行して調達すると仮定する。金利は2010−15年までは変わらないが、2015−20年はインフレが2％になるために名目金利がこれまでより2％増加するものと仮定した。日銀はインフレにしても、名目金利を上げないつもりかもしれないが、その仮定には無理があると思う（図表ⅠD−10．日本政府の将来予測）。

　上記の仮定の下に一般政府セクターの将来財務を2020年まで予測して見ると恐れていた事態が実現することになる。このままいくと日本政府貯蓄の毎年の赤字は縮小でなく拡大する。政府貯蓄の赤字は2010年の40兆円レベルから2015年には50兆円、2020年には80兆円まで拡大する予測となる。これを赤字国債で埋めると政府の有利子負債は、2010年の988兆円から2015年には1200兆円近く、2020年には1450兆円まで拡大する。アベノミクスで2％インフレを起こせば金

Ⅰ．日本の財務諸表分析と将来予測

figure Ⅰ D-10. 日本政府の将来予測

貸借対照表	1986/12/31		1990/12/31		1995/12/31		2000/12/31		2005/12/31		2010/12/31		2015/12/31		2020/12/31	
政府価値	402,464	12%	623,321	6%	833,797	3%	950,396	2%	1,049,952	0%	1,043,287	0%	1,043,287	0%	1,151,873	
金融資産	146,417	10%	216,093	8%	313,537	3%	366,462	1%	386,340	-2%	354,832	0%	354,832	2%	391,763	日銀2%インフレ予定
行政価値及び公営事業価値	256,047	12%	407,228	5%	520,260	2%	583,934	3%	663,612	1%	688,455	0%	688,455	2%	760,110	日銀2%インフレ予定
有利子負債合計	251,975	2%	272,760	10%	430,741	-8%	678,972	5%	880,752	2%	988,007	2%	1,188,948		1,441,741	貯蓄の赤字5年分を赤字国債発行
正味資産	150,490	24%	350,560	3%	403,056	-8%	271,424	-9%	169,200	-20%	55,233		-145,661		-289,868	
D/E	1.7		0.8		1.1		2.5		5.2		17.9		債務超過		債務超過	
所得支出勘定																
歳入	110,731	6%	141,494	1%	146,925	0%	150,483	0%	150,810	-1%	144,759	0%	147,421	2%	166,577	
税金	65,391	9%	93,447	-1%	86,816	0%	87,340	-1%	83,962	-2%	77,451	0%	80,112	2%	92,263	
所得審等への経常税	40,339	10%	58,391	-4%	48,244	-2%	44,204	-1%	41,675	-2%	37,586	0%	37,586	2%	41,498	日銀2%インフレ予定
受取生産輸入品税	25,052	9%	35,056	2%	38,572	2%	43,136	0%	42,287	-1%	39,864		42,526		50,765	一般消費税増加分増加
一般消費税	—		6,995	0%	7,169	12%	12,791	0%	12,700	0%	12,675		15,337		23,576	2014年4月から8%、2017年4月から10%に引き上げ仮定
社会保障関係受取合計	27,114	7%	35,693	5%	46,167	2%	50,349	1%	53,217	1%	57,151	0%	57,151	2%	63,100	日銀2%インフレ予定
その他の経常受取移転	1,221	3%	1,362	11%	2,252	3%	2,564	14%	4,975	-8%	3,203	0%	3,203	2%	3,536	日銀2%インフレ予定
財政所得合計	17,006	-10%	10,994	1%	11,690	-3%	10,231	-3%	8,657	-4%	6,954	0%	6,954	2%	7,678	日銀2%インフレ予定
歳出	93,444		114,866		143,361		163,608		166,787		182,932		197,980		248,968	
社会保障関係合計	51,504	6%	64,652	5%	83,590	3%	98,809	2%	107,465	2%	121,438	2%	134,077	2%	148,032	日銀2%インフレ予定
補助金	3,829	-1%	3,704	2%	4,076	2%	4,558	-7%	3,176	0%	3,110	0%	3,110	2%	3,433	日銀2%インフレ予定
その他の経常支払移転	2,452	9%	3,429	6%	4,005	6%	5,285	1%	5,593	7%	8,000	0%	8,000	2%	8,832	日銀2%インフレ予定
現実最終消費	21,198	6%	26,885	5%	34,345	2%	37,896	0%	38,347	0%	38,540	0%	38,540	2%	42,551	日銀2%インフレ予定
財政支出	14,461	3%	16,196	1%	17,346	0%	17,060	-6%	12,206	-1%	11,845		14,253		46,119	2010年の金利水準は1.2%、2015年は2010年と同じ、2020年は2010年水準+2%
貯蓄	17,294	11%	26,628	-34%	3,443	-231%	-13,125	8%	-19,240	16%	-40,188		-50,559		-82,390	

91

利が2％上がる可能性が高いため、債務超過は帳簿上も300兆円まで拡大する。300兆円の債務超過は帳簿価格の話で、フローが80兆円のマイナスであれば、時価の債務超過は、1千兆円をはるかに超えると考えられる。

　日本国民は、真実を認識しなければならない。まず明らかなのは、予定されている一般消費税の引き上げだけでは政府財政再建に全く不足するということである。しかし、家計のフローはマイナスになるところなので、家計から税金や社会福祉費用を徴収して政府財務を再建する選択肢は政策としてあり得ない。私は、日本政府は社会福祉の規制緩和を行い民間企業の力を借りて全員加入の年金や健康保険から撤退する必要があると思う。公営事業を自分でやることを止め、企画と進捗管理に特化するため、現業の民営化に早急に取り組む必要がある。ほかに政府財務再建の選択肢は思いつかない。

(b)　今後の方向性
1．政府の会計基準

　現在の政府会計は中央政府の財務を財務省、地方自治体の財務を総務省が管轄しているため、そもそも中央と地方を統一した会計基準がつくりにくくなっている。1990年後半になって、首相直属の諮問機関である経済戦略会議が国及び地方自治体の財政状況をわかりやすく開示するために企業、会計原則の基本的要素を踏まえつつ財務諸表を導入すべきであるとする提言を行ったが、中央と地方で会計基準の統一が起きつつあるとは思えない。

　中央は財務省が管轄しているわけだが、これまで予算の策定と実施という現金主義・単式簿記の考え方で取り組んできた。上記の経済戦略会議の提言を受けて、財務省は、2000年に1998年度決算についての国の貸借対照表試案を作成し、2004年に「省庁別財務書類の作成基準」を公表して2002年度から省庁別財務書類、2003年度から省庁別財務書類を合算して内部取引消去した「国の財務書類」や独立行政法人を連結した「連結財務書類」を作成して、財務省のホームページで開示するようにした。省庁別財務書類がなかったころに比べれば中央政府の財務の実態がはるかに把握しやすくなっていることは間違いない。しかし、財務の実態が把握できるようになったことは問題が解決されたことを意味しない。大変に困った財務状況であることが明らかになったにもかかわらず、

政府は「成長戦略」を策定するのに一生懸命で「財務の再建」はなおざりになっているように見える。財務省は、確かに財務の悪化策には抵抗しているように見えるが、どちらかと言えば、税収を増やしたりお金のかかる行政サービスを削減したりすることだけに熱心で、ネットの政府をつくるための公営事業の民営化を推進しているようには見えない。

地方分権の進展に伴い、これまで以上に自由で、かつ責任ある地域経営が地方公共団体に求められるようになった。そうした経営を進めていくためには、これまでのように総務省が地方交付税の配分により地方自治体の健全性を確保するだけでは不十分で、地方自治体自らが、内部管理を強化し、外部へわかりやすい財務情報を開示しなければならないことが不可欠となった。このような背景の下に、2006年以降、総務省は、「新地方公会計制度研究会」や「新地方公会計制度実務研究会」等を設置し、地方自治体にどのような公会計を導入すべきか検討した。

その結果、これまでの決算統計を改定した「総務省改定方式」のほかに、発生主義や複式簿記を取り入れた「基準方式」が研究され、どちらかを地方自治体に適用しようということになった。

基準モデルでは、発生主義と複式簿記を取り入れている。まず開始貸借対照表を固定資産台帳等に基づき作成する。ストック情報を網羅的に公正価値で把握した上で、個々の取引情報を発生主義により複式記帳して作成するのである。複式記帳をするため、会計データがしっかりしており、財務施策を企画するときに、項目ごとにドリルダウンすることが可能である。最初に開始バランスシートをつくり、発生主義や複式簿記に対応したシステムを導入しなければならないので大変だが、一度整備すると継続しやすい。

総務省方式改訂モデルには、発生主義や複式簿記の導入は必要ない。これまでの総務省方式に対して新たに加わったのは、売却可能資産などの固定資産を整備することが必要になったということである。段階的に整備すればよいことになっているが、初めは楽だが後でだんだん大変になると言われている。ただ、勘定科目がこれまでとほとんど変わることなく、固定資産の評価を段階的に整備していけばいいので、スタートがスムーズである。通常の仕分けや財源仕分けをシステムでやらなくて済むので、特別のシステムを導入せず、エクセルで

対応することも可能である。このため設備投資が少なくて済む。

　もともとはこれまで単式簿記、現金主義でやってきた公会計を、複式簿記、発生主義の方向へ向けようということだったが、簡単にはできないだろうということで複式簿記や発生主義を取り入れた基準モデルだけでなく、これまでの決算統計から誘導できる総務省修正方式が認められたのである。しかし、総務省改訂モデルは、単式仕訳から複式仕訳に自動変換する自動仕訳ソフトの存在が知られていない段階で、いきなり複式簿記への転換が困難であろうという総務省の配慮から生まれたものである。変換ソフトが複式簿記への転換を極めて簡易にできることが明らかになった時点で、総務省改訂モデルの存在意味は小さくなったはずだった。ところが、ほとんどの自治体が基準法式を使わずに、総務省改定モデルで財務書類を作成しているのが現状である。総務省は、総務省会計モデルに切り替えさせてからあまり年月が経過していないので、ためらっているのかもしれない。しかし、地方自治体の財務の現状を正確に把握することは喫緊の課題である。私は、基準方式自体にも問題が多いので基準方式を導入すべきだとは思わない。しかし、地方自治体会計を、総務省修正方式から発生主義、複式簿記の会計に早急に切り替えるべきであると思う。

　さて、民間企業の会計において、国際会計基準がだんだんと勢力を増していることは前に述べた。それでは、公会計の世界で、国際公会計基準はあるのだろうか。実は国際公会計基準は存在し、また進化しつつある。私は、民間企業の会計基準と同様に、各国公会計は、国際公会計基準の方向へいずれ収斂していくはずだと考えている。そうであれば、日本でも、この国際公会計基準を参考として公会計基準を作成し、それを政府セクター会計として使用すべきだと思う。そうすれば、将来慌てふためいて導入を検討しなければならなくなる混乱を回避できるのではないかと思っている。

　国際公会計基準は、公認会計士の国際団体である国際会計士連盟（IFAC：International Federation of Accountants）の組織である国際公会計基準審議会（IPSASB：International Public Sector Accounting Standards Board）が管轄しているものである。IFACは1977年に設立された123カ国の公認会計士協会が加盟する連盟である。日本の公認会計士協会も設立以来のメンバーであ

る。

　国際公会計基準の作成は、IFACの中に設立されたPSC（Public Sector Committee）によって、1996年の後半に開始され、2002年の12月に第一段階が完了した。これは1997年8月までに発行された国際会計基準に準拠したパブリックセクター向けのコアスタンダードの作成（IPSAS第1-20号）に始まったもので、後半には税収や補助金の取り扱いなど、パブリックセクター特有の問題を特定考慮した。2004年にはPSCはIPSASBに改組された。

　IFAC加盟国にIPSASを強制適用する権限はないが、2013年段階で、既に国際連合、欧州委員会（EC）、経済協力開発機構（OECD）、北大西洋条約機構（NATO）及び国際刑事警察機構（INTERPOL）などの国際機関がIPSASを適用している。国としてはスイスとオーストリアが適用している。フランスやノルウェーは、政府が公会計を発生主義に転換する際に参考にしたと言われる。現状では公会計は現金主義の国が多いため、IPSASBは、発生主義のIPSASに加えて、現金主義のIPSASも策定した。しかし、将来は発生主義IPSASの方向へ向かうことを奨励している。

　日本の公認会計士協会も、国際公会計基準を無視することはできなかった。公認会計士協会は、国際公会計基準の研究を始め、これとかなり乖離している総務省の基準モデルや総務省改定モデルに対して批判を始めたのである。もともと基準モデル自体が公認会計士協会の意見を反映したものではなく、新地方公会計制度研究会のメンバーだった桜内委員の個人的な見解が色濃く反映したものだったと言われる。総務省は「何をいまさら」と言って初めは怒っていたようだが、世界を無視するわけにはいくまい。総務省も、公認会計士協会も、世界が国際公会計基準の方向へ向かう以上、これを参考にしながら動かないわけにはいかないだろうと思う。

　私は、財務省と総務省が共同して、国際公会計基準を参考に中央政府と地方政府の統一会計基準を作成し、日本政府の連結財務諸表を作成すべきだと考えている。

2．政府財務再構築のロードマップイメージ

　2001年11月29日にエコノミストが東京の帝国ホテルで日本政府の政策オプシ

図表ＩＤ－11．政府財務再構築のロードマップイメージ

ホップ	ステップ	ジャンプ
2015－16年から	2017－18年から	2019－20年から
普通会計に発生主義複式簿記を導入し、ＢＳを含む財務諸表作成	特殊法人等外郭団体の財務を連結し、中央省庁別、都道府県別、局別に財務諸表を国民や住民に開示	決算日程の早期化、民営化施策の進捗管理と戦略、施策計画の修正
全ての連結対象外郭団体に企業会計や外部監査導入	国家戦略、省庁別戦略局別戦略を前提に数値の業績評価基準を決定	**責任者の評価と責任追及**

民営化施策の企画と実行 →

ョンを考えるセミナーを行ったとき、私は当時まだ存在したアーサー・アンダーセンの財務戦略担当パートナーとして、日本政府の再生のロードマップについて発表した。13年ほど前のことである。この提案は海外の参加者たちからは大変評価されたが、日本政府からは無視され、政府の財務は悪化を継続することになった。そのときの提案の本質は今でも正しいと思っているが、時間が経過していくため、私としては過去13年間、ロードマップの日付を毎年１年ずつずらして同じことを主張し続けている（図表ＩＤ－11．政府財務再構築のロードマップイメージ）。

　そこで述べていることは、10年前の拙著『日本の財務再構築』（東洋経済新報社、2004年）でも述べたが、重要なことなのでもう一度述べたい。

　今後日本政府は、規制を緩和して民間主導の財務最適化を支援すると共に、自己の財務最適化を目指す必要がある。すなわち、自分の事業ポートフォリオの最適化、事業の効率化を推進すると共に、有利子負債を削減し、財務を再構築する必要がある。

　ただ、その前提として、連結管理財務諸表が作成される必要がある。連結財務諸表をつくり、業績評価基準を定めないと、数値による現状の把握と明確な責任者の評価や責任追及はできない。政府セクターにも連結財務管理の法制度

やシステムを導入する必要がある。このためのロードマップイメージは下記のとおりである。

　まず、ファースト・ステップとしては、個別組織の財務を適正に計測する必要がある。2015 - 16年あたりから、政府の普通会計に発生主義会計を導入し、貸借対照表を含む財務諸表を作成してもらいたい。できれば、バランスシートには、民間企業同様の時価主義を導入したい。固定資産の減価償却、金融資産の時価評価、不良債権の引当て等を行い、負債には、年金債務を計上したい。民間企業の導入された固定資産の減損会計は政府セクターにも導入したい。また、全ての連結対象外郭団体に企業会計を導入し、外部監査を行ってほしい。すなわち、ファーストステップは、個別組織ごとの財務の適切な計測である。

　ファーストステップをクリアーしたら、次に2017 - 18年あたりから、独立行政法人等の外郭団体の財務を一般政府単体としての中央省庁や、地方自治体に連結したい。連結した結果、中央省庁別、都道府県別、局別に財務諸表を開示する。開示すれば、国民や住民は、自分の国や自治体がどれほど大変な財務状況に陥っているかがわかる。日本には日本政府が大変困難な財務状況に陥っていることを理解していない人が多過ぎる。この段階で、行政サービスを連結行政サービスとして理解できるようになるから、国家戦略、省庁別戦略、局別戦略を前提に数値の業績評価基準を決定すべきである。数値の業績評価基準は、予算に織り込む。中央省庁や地方自治体は業績評価基準を満たすために、どのような施策を行う必要があるかを考え、これを織り込むのである。ここにおいて、政府全体の財務最適化ニーズと、各省庁や各自治体の行政ニーズの間にはコンフリクトが生ずるので、関係者はそれぞれの施策の内容を協議する必要があるが、日本の戦略や財務の全体像の中で各行政サービスが行われる必要があるのは明らかである。日本全体として、行政サービスポートフォリオの絞り込み、投融資の削減等を行い、有利子負債を削減する一方で正味資産を充実させる必要がある。聖域のない社会福祉サービスを含む公営事業、公的金融機関の民営化、民間業務委託、自治体でなく民間企業がお金を払うPFI、証券化、資産売却等が必要になる。数百兆円のマグニチュードでこれを行い、政府資産や有利子負債を削減し、正味資産を充実する必要がある。

ここまでくれば、第三段階としてのパーフォーマンスの評価や改善に進むことができる。2019-20年あたりには、この段階に到達したい。まず民営化施策の進捗を管理し、戦略、施策や計画の修正を行うべきである。財務経営管理のPDCAサイクルとしては、プランを行ってみて、内容によっては、修正してやる必要がある。これを行うためには、決算日程の早期化も必要になる。現在は、前年度3月末決算は、翌期の予算審議を開始する9月のタイミングではまだ公表されないし、今期の9月末中間決算も翌期予算の審議が終了する前に見ることはできない。　管理のPDCAサイクルをワークさせるためには、予算だけでなく決算をもっと重視し、前年や今期中間決算を見ながら、翌年の予算を考えることを可能にすべきである。

　このように適切な連結行政サービス別の連結財務諸表が作成され、責任者と業績評価基準が明らかになって初めて、責任者の評価と責任追及が可能になる。ファーストステップとしての適正な公会計の適用がなければ、財務が適正かどうかわからないし、責任を問おうとしても不公平な結果になる。セカンドステップとしての連結がなければ、連結行政サービスの全体像を見ることができない。業績評価基準がなければ、どのような見地から評価すればいいのかわからない。連結財務諸表と業績評価基準があっても、間に合うタイミングで決算が出てこなければ公平な評価はできない。このように、行政サービスについて、適切な評価を行おうとすれば、多くのインフラが必要になる。これは、日本にとっての重要性も高いので、法律を成立させて取り組まなければならない性質のものだと思う。

3．ネットの政府と日本の再生

　日本経済を再生させるためには、政府を「ネットの政府」に切り替えなければならない。これからは、政府は公営事業や公的金融機関等の現業を民営化して民間に移転し、企画や進捗管理という純粋な行政サービスのみに役割を絞っていく必要がある。特別会計も不要で、一般会計だけでよい。家計からは最小限の税金や社会福祉費用しか取らない。民間事業会社は、政府の規制緩和を受けて指定管理者制度や市場化テストへの応募にもっと取り組むべきである。かつては道路公団や都市基盤整備公団等が提供していた道路、橋、港湾等のイン

フラ整備が目立っていたが、今後は、年金、健康保険、保育園、介護施設、就職支援等の厚生労働サービスや、学校など教育サービスの民間移転も必要になってくる。もう社会福祉を聖域として全員加入の社会福祉制度を維持し、政府の独占を許すような財務状況ではない。民間金融機関も、政府の規制緩和を受けて、郵貯が持っていた預金・簡保資金や年金資金を預かり、年金、健康保険や失業保険等をお金持ちや普通の国民に対してもっと大規模に提供する方向に向かうべきである。民間の金融機関は、家計に住宅ローンや消費者ローン等を出すと共に、事業会社が政府から事業を購入したり、政府がPFI、証券化に取り組む場合の支援をもっと行ったりすべきである。家計のうち生活に困窮している人々は引き続き政府の支援を受けなければならないかもしれないが、富裕層や、一般国民は、公営事業や公的金融機関の公的サービスでなく、民間事業会社や民間金融機関の自由競争によるサービスを受けるべきである。

　これまで、日本政府は、公営事業や公的金融機関を自ら運営することによって、資金を過剰に使い過ぎてきた。行政目的のために、必要最小限の資金を使用していたのではなく、民間でもできることまで政府がやっていた。中央政府の独立行政法人や地方の公社、自治体による土地購入、造成等は、政府セクターが全ての資金を投入してやらなくても、民間ができない不足部分を政府が投入すれば足りる（図表ⅠD-12．ネットの政府と日本の再生）。住宅や高速道路の建設、住宅ローンの提供なども同様である。年金と健康保険のような社会福祉制度の民営化はこれまでタブーとされてきたが、財務がここまで悪化すれば、社会福祉の民営化もこれからは行わなければならないと思う。

　民間がやらない国民のための行政企画と進捗管理の分だけ資金投入する「ネットの資金」でなく、実行を含む全体のサービスに必要な「グロスの資金」を投入するから、政府の資金規模が大きくなるのである。民間が主体となって大半の資金を投入し、行政は行政目的上不足する資金だけ投入することにすれば、民間資金部分を差し引いたネットの行政資金は小さくて済むことになる。不足部分を投入するということは、民間と競合するということではない。民間とは補完関係を保ち、民間がやると不足する部分のみ補えば行政目的は達成できるのである。

　小泉政権の5年で、財政投融資制度の解体が進行した。当時は、これから財

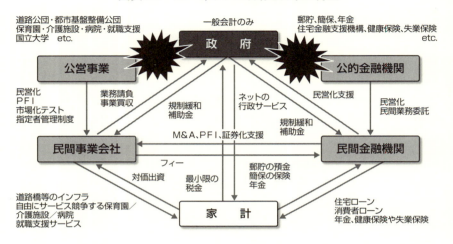

図表ＩＤ－12．ネットの政府と日本の再生

政投融資は縮小に向かい、郵貯、簡保、年金資金が政府資金としてふんだんに使えるということはなくなると思われた。しかし、財投債や財投機関債の発行、特殊法人から独立行政法人への移行を経て大半の財投出口機関は生き延びた。安倍、福田、麻生政権、民主党から２回目の安倍政権となり、小泉構造改革の小さな政府を目指す気運は困ったことに失われて逆転した。政府の貸借対照表は赤字国債をはじめとした資金の使い過ぎによって大きな債務超過に陥り、財政再建を必要としている。小泉改革は政府の財政再建に向けた初めの一歩を開始させたが、財政の健全化は全く達成されず、世界の金融危機や東日本大震災によって、政府の拡大が不当にも正当化されてしまった。今後はこれまでのように資金を使い続けることはできないことを正面から認めて、民間と補完関係に立つ小さな政府の方向へ向かうべきだと思う。

　これまで、政府の資金は期間対応を考えず、経常収支や資本収支を区別しない形だった。政府セクターの財務管理は民間に比較して極端に遅れた非効率なものである。民間ができる部分は民間に移行し、民間でできない行政上必要な業務のみを政府が行うように、構造改革を行う必要がある。これからの予算は、期間対応を考えず、経常収支と資本収支の区別がない予算でなく、期間対応を考え、経常収支と資本収支を区別する予算に変更すべきである。構造改革を止

めてはならない。格差を生んだとして小泉改革が否定されているが、小泉政権の中国・韓国との関係はともかく、国内の財政投融資改革は積極的に評価すべきである。

　土地の購入や造成は、政府でなく、民間企業に任せたほうがよい。民間だけで問題があるなら、民間企業の土地購入や造成の支援を政府がすればいいのである。家計の住宅も政府がつくる必要はない。所得税における家計の減価償却を認め、また賃料の経費算入を認めて家計が住宅を購入することを支援すればいいのである。金利も、一定期間に制限するなどと小さいことを言わず、1軒目の自宅については、借りている期間中の全金利の経費算入を所得税で認めるべきである。住宅ローンの全額を公的金融機関が自分で出す必要はない。民間金融期間に住宅ローンを提供させ、貧しい人を助けたければ住宅購入の補助金を出したり保証を提供したりすればいいのである。道路、橋、港湾等のプロジェクトも、原則として民間に委ね、民間では不足する分のみ支援すればよい。全部自分でやれば巨額の資金投入が必要なものも、プロジェクト・ファイナンスにして不足する補助金だけ支援するのであれば、小さな支出で済むことになる。

　このように、原則として民間企業や民間金融機関に行政サービスを委ね、行政目的から考えて不足するネットの部分だけ行政が提供すればいいのである。「ネット」という言葉には、「民間がやらない」という意味と、「現業（DO、ACTION）」をやらないという2つの意味を込めている。

　これまでは予算のポートフォリオを考えるときに、ネットの資金とグロスの資金が混在し、資金配分のプライオリティーが不明確になっていた。特に公共投資、政府系金融機関による融資、年金や健康保険など「グロスの資金」が資金規模としては、突出していたわけだ。今後政府セクターが現業分や民間企業の提供する資金を除いた「ネットの資金」のみ使用することにすれば、毎期の行政サービスポートフォリオに対する資金配分は極めてわかりやすくなるはずである。政府の財政を立て直し、財務の構造改革をするには、グロスの資金配分から民間分・現業分を除いたネットの資金配分に移行することが、極めて重要な課題である。

　公営事業において、純有利子負債を含まない公営事業ストックとしての「純

公営事業資産」に対応するフローは、「公営事業損益」である。公営事業は、民営化により必要であれば、行政からの補助金を受ける民間企業に転換することができる。自治体は民営化により、公営事業運営のための資産・負債をバランスシートから外し、必要に応じて補助金支出のみを行えばよくなる。これにより自治体から資産を外し、有利子負債を削減することができる。民営化は株式会社化した上でのIPO、株式売却だけでなく、法改正を経て官から民への事業譲渡や会社分割のような手法を使うこともできるはずである。現状の混乱を考えれば、このような官から民に対する事業譲渡や分割の仕組みについては法制度をつくって管理する必要があると思う。

4．民間による社会福祉構想
① 年金

日本では1961年に国民皆年金制度が導入された。これによれば、日本の公的年金制度は2階建て構造で、国内に居住する20歳以上60歳未満の全ての人は被保険者になり、高齢期になれば加入期間に応じて基礎年金を受け取ることになっている。2013年3月末現在で、国民年金の加入者は6736万人である。このうち、農業、自営業者、学生などの1号被保険者が1864万人、会社員や公務員など3号被保険者が3912万人、2号被保険者に扶養されている配偶者である3号被保険者が960万人だった。

2号被保険者は、国民年金に加えて、会社員は厚生年金保険、公務員は共済組合に加盟し、基礎年金の上乗せとして過去の報酬と加入期間に応じて報酬比例年金を受け取ることになる。2013年3月末時点で厚生年金加入者は3912万人で共済年金加入者は440万人だった。

2014年度の保険料は34.3兆円、国庫負担が11.8兆円、それに年金積立金資産額が2013年3月末で154.5兆円あり、そこからの収入が多少あった。2014年度の年金給付予定は53.9兆円である。

さて、日本の年金制度の問題は、現役世代が年金保険料を払い、高齢者の年金給付を支えることになっていることである。このような制度は人口が増加し、現役世代の人口比率が高齢者の人口比率より大きくなる時代には大変に楽なものである。また、人口構成で現役世代と高齢者の割合が変わらなければなんと

I. 日本の財務諸表分析と将来予測

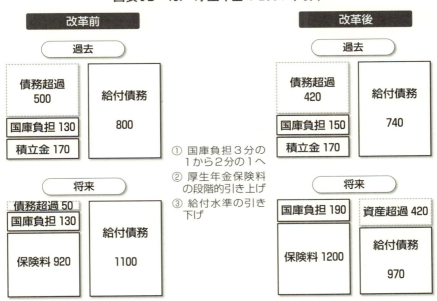

図表ID-13. 厚生年金の2004年改革

出所：エコノミスト2004年7月6日（一橋大学教授　高山憲之）

か維持可能かもしれない。しかし、現在のように、人口が減少し、しかも人口の内訳として少子高齢化が進んで現役世代が減少し、高齢者が増加する見込みである場合には、現役世代の負担がだんだんと重くなることになる。現役世代が減り、高齢者が増える状況のもとでは、これまで払われた積立金では払わなければならない年金が賄えず、将来世代は積み立てた分も受け取れないのに積み立てる金額を増やさなければならなくなる。

2004年の厚生年金改革はまさに、この問題を解決するために、国庫負担を引き上げ、厚生年金保険料を引き上げ、給付水準を引き下げたものだった（図表ID-13. 厚生年金の2004年改革）。このとき、過去に支払われた年金保険料に対応する給付債務が800兆円になっていたのに、積立金は170兆円、国庫負担予定は130兆円しかなく、500兆円の資金が不足していた。国民経済計算は、年金は裁判所で争うことができる法的義務ではないことを理由に、受け取った保

険料は資産計上するが支払債務は負債計上していない。しかし、年金保険料を払った国民は国が年金を払わなければ不満に思うに決まっているので、これはある種の債務であって、800兆の債務に対して300兆しか資産がないので500兆の債務超過であったわけである。これに対して、将来の年金財務は1100兆の給付債務に920兆円の保険料受取予定と130兆円の国庫負担予定があったため、たった50兆円の債務超過でしかなかった。年金財政の破綻は2004年段階では将来の問題というよりは、これまでの問題だったのである。

　しかし、これをこのまま放置することはできなかったので、政府がしたことは、①国庫負担を3分の1から2分の1に引き上げ、②厚生年金保険料を段階的に引き上げ、③厚生年金の給付水準を引き下げることだった。この結果、これまで保険料を払った人に対する年金支払を800兆円から740兆円に減らし、国庫負担を130兆円から150兆円に増やすことになった。もう保険料を払ってしまった人に対する年金支払を大きく減少させるわけにはいかなかったので、800兆円から740兆円の60兆円の減少で済ませたのである。しかし、将来世代にとっては、これまでよりたくさん年金保険料をかけてこれまでより少ししか年金を受け取れなくなったわけである。国庫負担は税金からくるわけだからこれも主として将来世代の負担である。将来世代が、保険料を1200兆円払うのに970兆円しかもらえなくなったということは、この年金は将来世代のためにならない制度であるということである。先輩たちがつくった過去の年金制度の失敗を400－500兆円のマグニチュードで引き受けさせられたのである。これは負債の高齢者から将来世代への世代間移転であり、将来世代にとっては大変不公平な話である。こんなことをするから若者が国民年金に入りたくないということになるのである。ちなみに国民年金の非加入率が4割になっていることは、既に皆保険ではなくなっているということを意味しているとしか思えない。

　私は、厚生労働省は年金の皆保険制度をあきらめ、国民から国民年金の加入義務を外すべきだと思う。既に払っても払った分をもらえない状態にしてしまったのであるから日本の年金は既に実質破綻しているのである。規制緩和して民間の保険会社が自由に年金を提供できるようにし、富裕層や普通の人は国民年金に入らないことにしたほうが良い。そうでないと、2004年にやったことはそれまで積み重なっていた問題を解決しただけで、今後の少子高齢化で不足す

るようになる金額を想定していない。このまま放置すれば、負債の先送りをまたやらなければならないことになってしまい、誰のためにもならない。

自分で自分の分を貯めるアメリカの401Kのような積み立て方式に移行すれば、いくら少子高齢化が起きても大丈夫なのだが、制度移行期に、若者が自分の分と高齢者の分の二重払いをしなければならないという問題が出てくる。自民党も民主党もこれを国民に言えないために、抜本的な制度改革はできなかった。自分で自分の老後の面倒を見る制度を民間の年金を中心に税務上の優遇を拡大して普及させていき、皆保険制度をあきらめ国民年金制度の加入義務を外して政府の年金制度を縮小するしかないような気がする。

② 医療

日本では1922年に健康保険法が企業雇用者の職域保険として施行され、1961年には国民皆健康保険体制が整えられた。

皆保険であるため、2012年3月末時点の日本人1億2887万人全てが医療保険に入っている。ただし、その医療保険は、被用者保険7372万人、国民健康保険3831万人と後期高齢者医療1473万人、生活保護による医療扶助211万人に分けられる（図表ⅠD-14. 健康保険加入者数）。

被用者保険7372万人は、さらに、全国健康保険協会（協会けんぽ）3488万人、組合管掌保険（組合けんぽ）2850万人、共済組合919万人に分けられる。協会けんぽに入っているのは中小企業のサラリーマンであり、組合けんぽに入っているのは大企業のサラリーマンである。また、共済組合に入っているのは主として公務員である。私のような国立大学の教員は、公務員ではないが共済組合に入っている。組合けんぽの運営主体である保険者の数は1443であり、企業が単独で設立する単一型健康保険組合と同業種の複数の企業が共同で設立する統合型健康保険組合がある。

被用者保険と区別される国民健康保険3831万人は、市町村国保3520万人と国保組合312万人に分けられる。国保組合の数は165あるが、建設業32組合、医師・歯科医師・薬剤師の三師で92組合、その他41組合である。市町村国保は、被用者保険や国保組合、後期高齢者医療制度、生活保護の医療扶助等の対象でないものが全て加入することになる。企業を退職した者も国民健康保険に加入する

図表ID-14. 健康保険加入者数

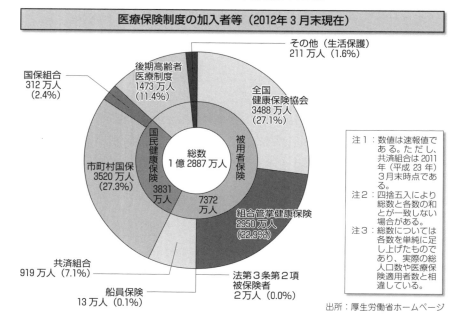

出所：厚生労働省ホームページ

ことになる。また75歳以上の国民は皆、後期高齢者医療制度に加入することになる。私は民間企業から九州大学に来て、今後退職していずれ後期高齢者になる。したがって、健康保険は組合健保から始まり、現在共済組合に加入しているが、退職したらまず国民健康保険に入って、その後、後期高齢者医療制度に加入することになるわけだ。

　大企業の健保組合や公務員の共済には、ほとんど政府の支援はされていない。ごく一部の財政逼迫組合に15億円の補助がされているが金額は小さい。一方で、市町村国保や後期高齢者医療制度には政府負担が50％になっている。これは市町村国保に3.4兆円、後期高齢者制度に6.5兆円である。中小企業の協会けんぽにも、給付の16.4％、1.2兆円が公費負担されている。

　また、大企業の健保組合や公務員の共済組合には、ほとんど国費は投じられていないので、これを民営化しても、使用資金が削減されて政府の有利子負債を削減することにはならない。問題は、市町村国保や後期高齢者医療制度であ

る。組合健保、共済組合、協会けんぽの1人あたり医療費が14－16万円であるのに対して、市町村国保の1人あたり医療費は平均29.9万円で後期高齢者医療制度の1人あたり医療費は、平均91.8万円である。市町村国保や後期高齢者医療制度の対象者の中には、困窮している人だけでなく、富裕層や普通に生活している人たちがいる。富裕層や普通の人の医療費にそれほど公費を注ぎ込む必要はないと思う。

今後は規制緩和によって、市町村国保や、後期高齢者医療制度への加入義務を外し、逆に加入するための経済的条件を設定すべきだと思う。富裕層や普通の人は市町村国保や、後期高齢者医療制度の対象から外すのである。国民皆保険制度はあったほうが良いと思うが、別に市町村国保や後期高齢者医療制度に入っていなくても民間保険会社に健康保険を提供する自由を与えて、その保険に加入すればよい。私は九州大学を定年後、市町村国保に入り、さらに生き延びれば後期高齢者医療制度に入るわけだ。しかし、私は富裕層ではないが、普通の人なので別に国費を投入してもらわなくてもよい。市町村国保や後期高齢者制度の規模を縮小することによって政府の毎年の資金負担は減少するはずである。富裕層や普通の人のために巨額の公費負担を継続することはないと思う。

さて、年金や健康保険など、社会福祉サービスを厚生労働省の官業から外して民営化することは、日本に巨大な社会福祉産業をつくって、これをアジアの社会福祉市場に向かわせることを意味する。社会福祉サービス事業は巨大な成長産業である。これを政府規制の下において日本の国内だけで規制することは、日本の民間企業がアジアの成長する市場に参入する機会をみすみす放棄することにつながる。高速道路、港湾、水道・下水道などのインフラを官業にしておいたために、アジアのインフラ市場で日本企業が全く競争力を持たなかったことを反省すべきである。

5．道州制：地方自治体再構築

第一次安倍政権や、福田政権のあとを継いだ麻生元首相は、道州制の推進論者だった。第一次安倍政権は渡辺喜美氏を道州制担当大臣に任命して3年で道州制ビジョンをつくろうとした。麻生元首相は経済改革と共に、行政のスリム化や分権改革を衆議院選挙の目玉にし、自民党は衆院選のマニフェストで「道

州制」導入を看板政策と位置づけたが民主党に負けた。しかし、民主党は国民の期待に応えられなかった。官公労に支援されて当選した議員が多かったので、官業の民営化ができなかった。また、初めて政権を取ったため、予算がわからず財務省と戦えなかった。そのため、財政投融資改革や外為特別会計改革など、財務省が回避したい策を実行できなかった。そして、自民党に負けて第二次安倍政権が成立したわけである。こうして安倍政権は復活した。ただ、渡辺喜美氏は余計なお金を受け取って、みんなの党の党首を辞めざるを得なくなった。道州制に命をかける江口克彦氏はみんなの党を辞めて石原慎太郎氏の次世代の党に入ってしまった。道州制は迷走しているが、誰かが復活させてくれるのだろうか？

　そもそも、道州制はなぜ必要なのだろうか。もともと現在ある都道府県は、明治の初めに「廃藩置県」によって生まれたものである。「廃藩置県」は地方自治を行っていた藩を廃して中央集権のための仕組みとして都道府県を置いたものである。これは背景に欧米列強の脅威があり、藩がそれぞれ勝手にやっていると外国に占領されてしまう恐れがあったため、明治政府の下の中央集権体制をつくろうとしたものである。そのとき、市町村は、もともとあった村をそのまま使ったと言われている。明治の初めから百数十年たって現在を眺めれば、日本の地方を分割占領しようとする欧米列強はもういない。中央集権体制を継続すれば、全て中央の官僚が仕切る東京一極集中になってしまい、地域に応じた活力が生まれない。日本の国土は狭いので47都道府県に分けるのでなく、10くらいの道州に分けたほうが地域の人が生活しやすい地域に密着した政策を行うことができる。権限を失いかねない中央官庁は「日本全体で統一性が必要だとか、地方により差をつくるべきでない」として抵抗しているが、人口減少や少子高齢化の現状を考え、地方を活性化しようとすれば、中央から地方へ権限を移すべき時代になっていると考えられる。

　現在自治体は、広域自治体としての都道府県と、住民に近い基礎自治体としての市町村という2本立てになっている。しかし、市町村は小さ過ぎるので住民が30万人くらいの基礎自治体にする一方で、都道府県ももっと広域にして道州制を導入しようという考え方が一時盛り上がった。人口30万人の基礎自治体をつくれば、1億人の人口と考えると300くらいの基礎自治体ができることに

図表ID−15. 基礎自治体と道州制

イメージ

① 人口：1億2-3千万人程度
② 傘下：10-12広域自治体程度
③ 時間距離：1.5時間程度
④ 中心：東京

① 人口：700-1,000万人程度
② 傘下：20-30市程度
③ 高速時間距離：1.5時間程度
④ 中心：政令指定都市

① 人口：30万人程度 × 300市
② 市の規模：現在の10-30市町村
③ 高速時間距離：30分以内
④ 中心：大き目の市

役割例

① 対外関係：国防、外交、エネルギー対策等の現業
② 全国共通ルール：通貨金融、司法、治安維持現業
③ 全国一律社会福祉：年金、健康保険等の企画等

① 生活の安全：警察、消防、災害復旧の現業
② 広域インフラ：河川、道路、空港、港湾企画等
③ 地域経済振興：産業振興企画等
④ 高等教育：大学、大学院の企画、レベル維持等

① 地域社会保障：生活保護、保育園、老人介護企画
② 地域保健衛生：医療、保健所企画・委託
③ 地域インフラ：公園、街路、都市計画、公害対策等
④ 初等・中等教育：幼稚園、小学校、中学校、高校等の企画、レベル維持等

出所：経済同友会　地方行財政改革委員会

なるはずだった。

　さて、基礎自治体や道州制を導入する場合、国、道州、基礎自治体にはそれぞれどのような役割や権限を持たせるべきであろうか（図表ID−15．基礎自治体と道州制）。国の役割は安全保障や外交など、国としてどうしても必要なものに絞り込み、国土交通関係のインフラ形成に関わる機能は国から道州に移すべきであろう。ただし、高速道路、空港、港湾等のインフラ整備を地方に移す案はかなり揉めている。地方の役割を増やすと国家の力が弱くなるという反論があるからである。既得権益を持つ政治家・官僚としては、自分の力を弱めるような制度変更は、簡単に容認できないのである。基礎自治体については、市町村を統合して住民が30万人くらいの基礎自治体をつくり、これを住民サービスの中心とすることが想定されている。基礎自治体が住民に対する社会福祉や義務教育等を担うという考え方である。

　自治体を再編するとして財源はどうすべきであろうか。地方自治体がこれまでのように地方交付税を中央から受け取っていては、中央の言いなりにならざるを得ない。したがって、地方が自分の税収を確保する必要がある。既存の税収の再配分の必要が出てくるわけだ。まず、所得税、相続税、タバコ税、道路

特定財源等の国の税金を地方に移すと共に、地方交付税に代わって中央の依頼する事業に使い道を限定する新しい交付金を創設すべきであろう。地方自治体は自分の税収を確保すべきで、道州や基礎自治体になったとしても、自前の税収だけで政策に必要な経費を賄えるようにすべきである。

　道州制スケジュールは、安倍現首相が第一次内閣時代に3年以内のビジョンづくりを表明していたが、当時はすぐ退陣してしまったので、このスケジュールはもはや存在しない。自民党の道州制調査会は、2007年の6月に、今後8－10年を目途に現行の都道府県制を廃止して道州制へ移行するという中間報告をまとめた。これによれば、2015年ぐらいの移行を目指す予定だった。福田元首相の下で谷垣政調会長を本部長とする道州制推進本部は、2008年の5月に道州の区割り案の選択肢を提示した。自民党は2008年7月には、道州制をめぐる「中間報告」を発表し、基本法制定を掲げた。保利耕輔氏を本部長とする自民党の道州制推進本部は、2009年6月に道州制基本法案の骨子をまとめた。2010年の通常国会に法案を提出、法制定から6〜8年後の道州制導入を目指したのである。自民党はこれに従って、衆院選のマニフェストにも、道州制基本法の早期制定と共に、基本法制定後6－8年を目途に道州制に移行することを明記していた。しかし、衆院選で敗れて政権が民主党に交代したため、このスケジュールも、もはや存在しないものと考えられる。

　かつてPHP総合研究所の江口社長（当時）を座長とする政府の道州制ビジョン懇談会は、2018年までの10年で道州制に完全移行すべきだという内容の中間報告を2008年3月24日に増田総務大臣に提出し、理念や工程を定める道州制基本法を2011年の通常国会に提出するように求めた。これも今では昔の話になってしまい、江口氏はみんなの党を経て石原慎太郎氏の次世代の党の参議員になってしまった。

　日本ではシャープ勧告以来、地方自治については、市町村優先の原則が打ち出されている。道州制を導入する前提として、小さな市町村は統合し、20－30万人の人口を持つ基礎自治体をつくることが考えられた。基礎自治体は、広域自治体と違って、住民に最も近い自治体として、社会福祉サービスや義務教育サービス等を担うことが期待されている。水道や下水道も現在は市町村ごとに行っているが、市町村ごとに分離した運営は明らかに非効率である。政令指定

都市ならともかく、5万人もいないような市町村は、道州制が成立しないとしても事業ごとの広域化を考える必要がある。

総務省は小さ過ぎる自治体を合併せよということで、平成の大合併を促進した。合併特例法で、2005年3月末までに合併した合併自治体を財政面から支援したのである。合併すると、合併特例債を発行できるが、この債券の元利償還の7割は地方交付税で払われることになっている。合併に伴うインフラや施設整備のほか、地域振興目的の基金を積み立てる場合、事業費の95％を特例債で賄えるので、財政力の乏しい自治体としては合併特例債を発行して、70％を交付税でもらえばインフラや施設整備ができるわけである。政府は、市町村を再編するため、1000市町村を目標にすることを2000年に閣議決定した。この結果、1999年に3232あった地方自治体は2007年の3月までに1804に減った。しかし、1000にはなっていないし、財政基盤の弱い小規模自治体はまだ多い。1億2千万人の人口を10の道州で割れば1200万人で、30万人の基礎自治体にするためには、1道州あたり40の基礎自治体しかいらないことになる。日本全体では40自治体／道州×10道州で400自治体である。この数は1800に比べれば6分の1で、まだまだ合併が必要だ。しかし、総務省の支援措置終了後は再編の動きは停滞している。

九州は1つの島なので地理的にまとまりが明らかなのに加えて、経済的にまとまっており、統合の効果が見えやすい。経済産業局や、国土交通省の地方整備局や地方運輸局、農水省の地方農政局、環境省の地方環境事務所等は広域自治体としての九州に統合すべきであると思う。経済産業局が九州政府に入ってくることで、九州企業の産業政策を企画してもらえばいいだろう。国土交通省が九州政府に入ってくることで、九州としての空港、港湾、高速道路などのインフラ整備をしてもらえばよい。県は国の出先の統合を嫌がっているようだが、住民のために必要な話なので我慢してもらうしかない。

福岡銀行や西日本シティーは、過去の地銀からスーパーリージョナルバンクに脱皮する必要がある。これまでの預金や貸出だけではなく、M＆Aやアジア進出などのアドバイザリー業務、金利、為替、デリバティブなどのリスク管理支援業務、顧客企業の業界の将来を見通するリサーチ業務を充実していく必

要がある。一時は不良債権処理のために海外から撤退して4％銀行になったが、8％銀行としてアジアの駐在員事務所を支店に変更して、九州企業の東北アジアにおける競争を支援しなければならない。

　私としては、道州制の導入に合わせて、福岡に大企業の東北アジア持株会社を持ってくることを提唱したい。九州が日本の10％経済といっても、現在は九州支店、九州支社、九州工場が中心の経済である。情報と意思決定を福岡に持ってこない限り、福岡や九州の真の発展はあり得ない。そのために、東京本社のアジア戦略部門を福岡に移し、東北アジアホールディングとするのである。中国や韓国など、東北アジアのオペレーションはこの持株会社を通じて保有し、東北アジアのグループ会社の経営陣は福岡にやってきて経営会議を行う。経営会議の後は中洲で一杯やるわけである。

　これを促進するために、福岡は東京の中央政府と交渉し、道州制の先行導入というリスクを取ることと引き換えに、福岡における法人税の低減と、ワーキングビザの発行緩和を行ってほしい。法人税の低減で、日本企業や、外国企業が福岡に東北アジアホールディングを置きやすくする。持株会社の従業員や、アジアからの働き手を確保するためにワーキングビザを緩和して福岡をアジア人が多い国際的な都市にする。各道州の中心における法人税の軽減は東京からのアジア本社機能の分割移転を促進するはずである。東京から道州の中心に本社機能の移転を促進するためには、道州の中心地における法人税の軽減が必要だと思う。

E 家計セクター

i 家計のバランスシートと時価主義

　家計は、その担い手が事業会社、金融機関、政府で働いたり、自分で自営業を営んだりして収入を得ている。女性も主婦として家の中で働くほか、男性と変わらず企業や政府で働いて収入を得ている者も多い。子供たちは勤労を始めるまでは学校に通い、収入はないが消費する。高齢者は定年退職後に年金や金

Ⅰ. 日本の財務諸表分析と将来予測

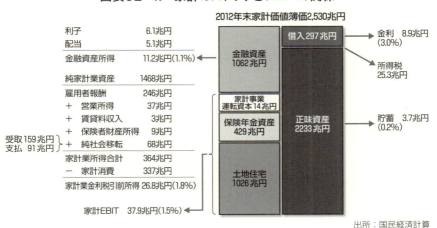

図表ⅠE−1. 家計のストックとフローの関係

出所：国民経済計算

融資産の運用しか収入がなくても消費する。このような構成員を持つ家計は、その本業を行うために、土地・住宅に住み、保険・年金に加入する。自営の場合には、自分の不動産だけでなく運転資本も持つ。家計はお金が余れば金融資産を保有し、お金が足りなければ銀行や消費者金融会社などから借入を行う。このように家計は資産と負債を持つが、企業の企業価値や、政府の政府価値と同様に、家計の保有する純家計業資産と金融資産を含む価値の総体を家計価値と呼び、有利子負債や正味資産で支えることにする。

　2012年末の日本の家計価値2530兆円は、金融資産1062兆円と純家計業資産1468兆円に分けられる（図表ⅠE−1. 家計のストックとフローの関係）。純家計業資産とは、家計の本業を行う上で必要になる金融資産を除く純資産である。純家計業資産の中には、土地住宅、自営業のための運転資本だけでなく、保険・年金資産も含めることにした。保険・年金資産は、人生の各種リスクに対応するものだったり、高齢化した場合に年金としてもらったりするもので、現預金やその他の投融資のように、毎年フローとしての金融収益が見込めるものというよりは、家計構成員の人生を支える本業資産とみなすべきだと思うからである。

　2012年の場合、家計の金融資産は金融危機や東日本大震災のショックから多

少回復してきて1062兆円あった。これは、現預金854兆円と株式以外の証券である公社債94兆円を含む有利子資産948兆円と株式・出資金114兆円を含む。有利子資産948兆円から利子が6.1兆円、株式出資金114兆円から配当等11.2兆円が生み出された。金融資産合計1062兆円から約1％利回りである金融資産所得11.2兆円が生み出されたことになる。

　一方で、家計の土地住宅1026兆円、保険年金資産429兆円や家計事業運転資本14兆円を合計した純家計業資産は1468兆円だった。これを基礎に、雇用者報酬246兆円、政府の純所得移転68兆円、営業所得37兆円を中心とする家計業所得364兆円が生み出された。家計業所得364兆円から家計消費337兆円を控除すれば、純家計業資産から生み出されるフローのボトムラインとしての家計業の金利税引前所得は26.8兆円だった。これは純家計業資産1468兆円の1.8％にあたる。

　金融資産収入11.2兆円と家計業金利税引前所得26.8兆円を合計した37.9兆円が家計価値の統計上の帳簿価格2530兆円から生み出されたことになる。この家計業金利税引前所得を事業会社のEBITと同様に、家計EBITと呼びたい。事業会社の企業価値がEBITを生むように、2012年には家計価値2530兆円は約1.5％にあたる家計EBIT37.9兆円を生んだわけである。さて、家計EBIT37.9兆円から借入に対応する金利8.9兆円と所得税25.3兆円を控除すれば、貯蓄が3.7兆円となる。すなわち、家計の貯蓄3.7兆円は正味資産2233兆円に対応するフローである。これは事業会社の場合の純利益が正味資産である自己資本に対応するフローであるのと同様である。ただ、事業会社の自己資本は自己資本を保有する株主のものだが、家計の正味資産は家計のものである。家計の持つ統計上の正味資産2233兆円は大変に巨額であり、これを見て政府が自分の財政を家計の正味資産から政府への所得移転で再建したいと思うのは無理がないようにも思える。家計の正味資産から政府への所得移転は、たとえば消費税の引き上げによって行われる。海外の学者や日本の財務省には、消費税を10％でなく20％から30％に上げろという意見がある。確かに5％値上げで政府の財務を再建することはできないが、消費税を無制限に上げろというのは、家計の正味資産の時価を無視した大変乱暴な意見であると思う。

　そもそも、2012年の家計の正味資産というストックから生ずる最終フローで

ある貯蓄が3.7兆円だったということはどういうことだろうか。家計の貯蓄が3.7兆円しかないということであれば、2014－17年に消費税が5％上がれば、消費税1％を2.6兆円と仮定して、消費が13兆円程度増加して家計業金利税引前所得が同額下がる形で貯蓄がマイナスに転落することになることがわかる。マイナスのフローしか生み出さないストックの価値はマイナスであるというのが企業財務の理論であり、家計の正味資産時価はマイナスの債務超過になってしまう。

　ここで1つ注意しなければならないことがある。全てのストックからストックの価値に見合ったフローが生み出されるとすれば、確かにマイナスのフローを生むストックの価値はマイナスである。しかし、家計には自宅の土地・家屋のように実際には何のフローをも生まない大きな資産がある。国民経済計算はこの問題を回避するために「自宅の帰属家賃」を計算し、これを考慮に入れている。だが、この金額は大変小さく、ストックの価値を十分に考慮に入れているとも言いがたい。すなわち、ストックの価値を考慮すれば十分なフローが想定されていないストックがあるので、フローの価値もストックの価値も過小評価されていると言える。この点を考えれば、家計がマイナスのフローを生むので債務超過であるというのは言い過ぎかもしれない。しかし、家族は自宅に住んでおり、必要に迫られない限り自宅を処分したくはないのが通常である。この意味では、家計の貯蓄がマイナスに転換するということは金融資産を積み上げるのではなく取り崩さなければならないということになり、大変に困ったことであることは間違いない。日本の家計のフローは消費税10％で既に限界にきており、統計上の2233兆円の金額を一見して家計に余裕があると思うのは大きな間違いである。家計の体力は既に弱まっており、家計からこれ以上税金を取るべきではない。さて、この家計の正味資産の時価と統計上の帳簿価格のギャップは2千兆円以上と大変に大きいので、なぜこのようなギャップが生じるのか理解する必要がある。

　家計の正味資産からどの程度の貯蓄が生み出されるかは、家計の本業利回り、金融資産の利回り、有利子負債の利子によって決まる（図表ⅠE－2．家計の利回り推移）。

　家計業純所得の家計業純資産に対する家計の本業利回りは、1986年に4.1％

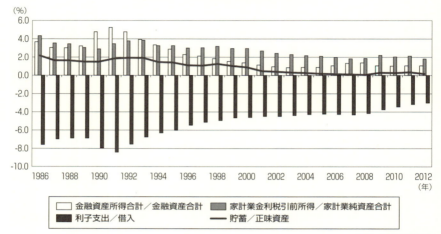

図表ⅠE-2. 家計の利回り推移

だったものが、バブル期の1990年に2.8％まで落ち、1998年に3.7％まで上昇したものの、2007年には1.8％まで落ち2012年も1.8％である。金融資産利回りよりは多少ましだが、家計の本業は大した利回りを生んでいない。事業会社は雇用者報酬を上げて自分の4－5％の事業利回りと同様の4－5％の利回りを家計に提供すべきだと思う。その結果、事業利回りが下がるというのならば、成長するアジア市場で国際競争力を強化して営業利益をもっと稼ぎ、従業員の年収を上げるのが企業の役割であろう。

金融資産利回りは金融市場の利回りの状況に応じて変動する。1986年に3.6％だったものが1991年のピークには5.4％まで上昇したが、1994年から本業利回りを下回って2003年には0.8％まで落ちた。その後、多少回復したものの世界の金融危機もあり、2012年には1.1％である。一方で、有利子負債の金利も1991年の8.3％から市場の金利低下に応じて下落したものの、2012年にまだ3.0％支払っている。家計セクターの支払金利は必ず本業利回りや金融資産利回りに比べて大幅に高いことに注目してほしい。家計は銀行に預ければあまり金利をもらえず、銀行に借りればかなりの金利を支払わなければならない。また金利だけでなく所得税も支払わなければならない。

上記のように、家計の資産には自宅の土地家屋をはじめとして十分なフローを生み出すような構造になっていない資産も多い。この結果、貯蓄の正味資産に対する利回りは、かなり低いことになる。また、家計は金融セクターにとって預金を持ってきてくれる一方で、住宅ローンを融資する顧客でもある。この結果、金融機関は家計に対して含み益を持つが、家計は金融機関に対して含み損を持つことになる。家計の正味資産の時価は、金融資産と有利子負債に存在する金融セクターに対する含み損と、フローを生まない家計資産のために、構造的に正味資産の帳簿価格より小さい。家計のボトムライン・フローである貯蓄から計算される時価は家計の正味資産簿価よりも大幅に小さく、家計の帳簿価格正味資産利回りは低く抑えられる。家計の正味資産に対する貯蓄の利回りは2001年には0.5％、2008年には0.1％まで落ち、2012年には0.2％である。困ったことに、この値は、2014－17年の消費税5％アップで、マイナス転落が見込まれる。日本政府の政策企画者は、家計の正味資産の時価や貯蓄の金額を考えてほしい。

ii　財務上の問題点

(a)　ストックの問題
1．家計価値推移
　日本の家計セクターの家計価値を見ると、土地、現預金が2大資産で、保険年金資産が住宅等の固定資産より大きい。株式や債券等の保有はわずかである（図表ⅠE－3．家計価値推移）。
　土地は、1986年の840兆円からバブルの波に乗って1990年の1485兆円まで645兆円増大したが、バブル崩壊で2012年末の686兆円まで半減し、1980年代後半のバブル発生で得た価値を全て失った。家計は日本の土地の約6割を保有しており、土地バブルの発生と崩壊で一番影響を受けたのは家計である。
　現預金は1986年の353兆円から2012年の854兆円まで順調に増加し、2004年から土地総額を追い越している。毎年のフロー貯蓄減少を背景に有利な投資対象はなく、とりあえず流動性が確保できる現預金が増加したわけだ。
　保険年金資産は、1986年の119兆円から1990年末には207兆円とバブル発生期

図表ⅠE-3. 家計価値推移

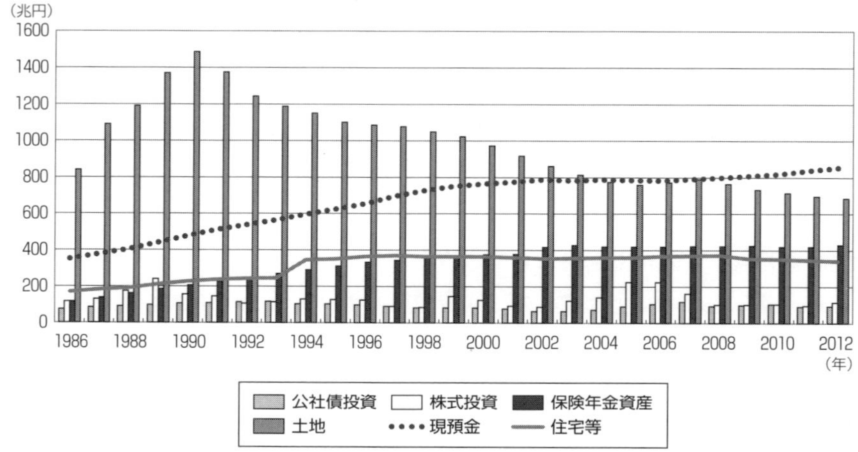

(兆円)

凡例：公社債投資　株式投資　保険年金資産　土地　現預金　住宅等

出所：国民経済計算

に倍増し、2012年には429兆円とバブル崩壊後にさらに倍増した。バブル崩壊後市場金利が低下する中で生命保険、年金の予定利率がなかなか下がらず、家計としては生命保険や年金に資金を振り向けることが有利だった。

　家計の株式保有はピークの1989年末には252兆円で家計の金融資産の32％を占めたが、1998年には83兆円で金融資産の9％に落ち、金融危機や東日本大震災を経て2012年末には114兆円である。日本では株式はリスクがあるのに大したリターンをもたらさなかった。このため、日本の家計は大して株式を持っていない。

　家計の公社債保有は、1986年の80兆円から1995年の117兆円まで順調に増加したが、その後、2003年の68兆まで減少し、2012年で94兆円と株より少ない。家計は公社債等の保有をバブル発生期に増やし、1995年までは金利が低下しても持ち続けたが、1990年代後半以降、金利上昇リスクに見合ったリターンがないと見て公社債保有を止め、流動性の高い現預金で持つことにした。2005-07年は毎年10兆円余り国債を買った。

　家計の住宅を中心とする固定資産は1986年の173兆円から1997年の267兆円まで増加し、2012年には340兆円である。固定資産が1993年から1994年にかけて

突然100兆円ほどジャンプしているのは、これまでの1970年を基準として投資や償却を加減するベンチマークイヤー法から毎年の時価評価を行う恒久棚卸法に推計方法を変更したからである。

　家計は家計資産のポートフォリオをどのように最適化すべきだろうか。あまりリターンを生まない現預金が大き過ぎるのが気にかかると言わざるを得ない。全体のバランスとしては、経済や消費活性化のため、家計の現預金を、株式、社債や住宅に振り向ける必要があるのではないか。また、国債も民間銀行や郵政公社等から出てくるものを家計に相当持ってもらわないと、インフレや金利上昇要因になり得る。ただ、家計がそれほど株や公社債を持たないのは、リスクに見合ったリターンが期待できないからでもある。事業会社や金融機関が政府の支援も得て国際競争力を強化し、リスクに見合ったリターンを稼いで家計に還元する必要がある。

2．家計価値と資本構成推移

　帳簿上の家計価値は土地・株バブルの波に乗って1986の1699兆から1990年の2678兆円まで増加した。バブル崩壊後は土地価格が1990年の1485兆円から2012年の686兆円まで約800兆円下落する一方で現預金や保険年金準備金等の増加があったため、家計価値は2012年末でも2530兆円程度あるように見える（図表ⅠE－4．家計価値と資本構成推移）。現預金は1986年の350兆円から2012の854兆円まで500兆円あまり増加したし、保険年金等も1986年の116兆円から429兆円まで300兆円ほど増加した。また、この家計価値は300兆円余りの借入を除けば、統計帳簿上はほとんど正味資産であるように見える。

　家計の借入は住宅ローンが中心で、86年の158兆円から97年の354兆円まで増加した。その後、金融危機と、公的金融機関の縮小によって若干縮小し、2012年で297兆円である。

　家計の帳簿上の正味資産は、1986年の1542兆円から1990年の2418兆円まで土地株バブルの波に乗って、たった4年で876兆円激増した。その後、土地・株バブルは崩壊し、経済不況、リストラによる失業率の増大等を受けて1990年末から19年間で363兆円ほど減少した。しかし、それでもまだ、2012年末に家計の正味資産は2233兆円もあるように見える。政府が正味資産を喪失し、事業会

図表ⅠE-4. 家計価値と資本構成推移

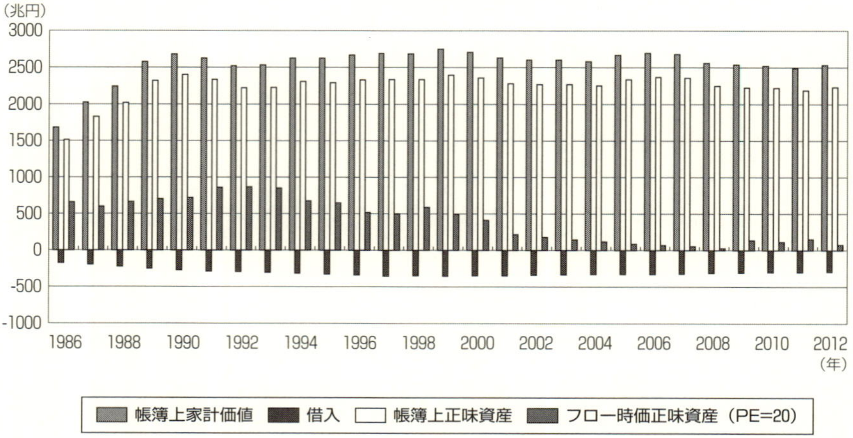

凡例: 帳簿上家計価値 ■ 借入 □ 帳簿上正味資産 ■ フロー時価正味資産（PE=20）

出所：国民経済計算

社が苦しい一方で、日本の家計はまだ巨額の正味資産を持っているかのように見えている。しかし、家計は金融機関との関係で大きな逆鞘を負担するし、家計が約60％を保有する日本の土地は下がり続けている。仮に、5％利回りを前提にフロー貯蓄の20倍を、フローを生む資産の時価価値と考えれば、家計のフロー時価価値は2012年末時点で74兆円程度しかないことになる。実際のところは、家計は、自宅の土地・家屋などのフローをそれほど生まない資産を持つので時価正味資産を計算するには貯蓄から計算される時価にフローを生まない資産の時価を足さなければならないが、正味資産帳簿価格2233兆円は明らかに過大評価で、家計に余裕はなくなっている。

(b) フローの問題

1. 所得支出勘定推移

家計の貯蓄は、家計業金利税引前所得に金融資産所得を足し、利子支出と所得税を引いたものである（図表ⅠE-5. 家計の所得支出勘定推移）。日本の家計の貯蓄はバブル発生期に30兆円から40兆円を超えたが、金融資産収入の低下を主因として2001年には9兆円まで減少した。その後、賃金俸給の減少を主

Ⅰ．日本の財務諸表分析と将来予測

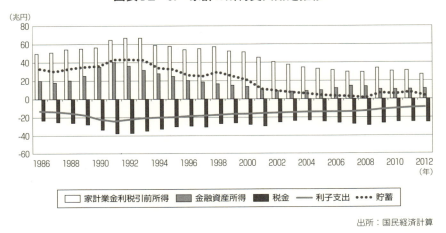

図表ⅠE-5．家計の所得支出勘定推移

出所：国民経済計算

因として2008年には1兆円と0に近づいた。以降、社会移転が増えたものの、雇用者報酬は継続して減少し、消費が減らされたため、2012年の貯蓄は4兆円程度である。すなわち、消費税値上げ前の2012年段階でかろうじてプラスであった。

家計業の本業利益を計測する「家計業金利税引前所得」は、1986年の47兆円から、1993年の65兆円まで増加したが、その後2012年の27兆円まで落ちた。社会移転負担を上回る社会保障収入の増大があったものの、賃金俸給が落ち、自営業の営業所得が落ちた一方で、消費が増加したために家計業金利税引前所得が減少してきたのである。2002-07年の政府に長期好景気と言われていたとき、家計業金利税引前所得はむしろ落ちており、家計に好景気の実感はなかった。

家計の金融資産所得は、1986年の20兆円からバブルの波に乗って1991年のピークには41兆円まで倍増したものの、有利子資産上の金利低下に伴い激減し、2012年で11.1兆円とピークに比べると4分の1になってしまった。有利子資産利回りは、1991年の6.1％から2012年には0.6％に低下した。ここのところ、日本での有利子資産投資には大したリターンを期待できない状況が継続している。

家計の利子支出は、土地・株バブル発生期には1986年の13兆円から1991年の23兆円まで増加した。土地・株バブル崩壊後は、金利低下に伴い有利子資産上

の所得が低下しただけではなく、支払金利も2012年の8.9兆円まで減少した。家計の有利子負債上の支払金利利回りは1991年の8.4％から2012年の3.0％へと2.8分の1になった。家計は事業会社に比べると、金融機関から大きな利鞘を取られており、家計の逆鞘は、1991年は2.9％、2012年は2.4％である。大きな逆鞘の結果、金融所得の低下で1999年から2006年まで、たった330－350兆円程度しかなかった有利子負債上の利子支出が1000－1100兆円あった金融資産上の金融所得を上回った。この間、金融資産と有利子負債だけを見れば、純資産が帳簿上700兆円ほどあるように見えるのだが、生じるフローはマイナスなので、金融純資産の時価はマイナスだったということである。ここでも、統計上の帳簿価格とフローから計算される市場価格の間に大きなギャップがあることを認識してほしい。

　2007年以降も金融所得と利子支出は同程度なので、家計の貯蓄の源泉は、日本では純金融資産ではなく、家計業純所得である。2002年以降、家計業純所得が少ないので消費や所得税支払後の貯蓄は一桁である。2012年の貯蓄も3.7兆円しかなく、1％あたり2.6兆円の消費税が2014年から2017年にかけて5％増加すれば、国民経済計算上の家計の貯蓄はマイナスに転落することになるだろう。

　さて、家計業金利税引前所得は家計の本業が生み出すフローなので、とても重要である。したがって、これをもう少し詳細に分析してみよう（図表ⅠE－6．家計の所得支出勘定推移：家計業金利税引前所得内訳推移）。家計業金利税引前所得は、雇用者報酬合計、営業所得合計、保険者財産所得受取、社会移転受取、経常移転支払より構成される家計業所得から家計消費を引いたものである。

　家計業所得合計は、雇用者報酬と社会移転受取の増加を主因として、1986年の260兆円から97年の390兆円まで5割（130兆円）増加してから少々減少し、2012年で364兆円である。

　雇用者報酬は、1986年の179兆円から1997年の279兆円まで順調に100兆円増加した後、困ったことに2012年の246兆円まで33兆円下落した。1997年がピークで、その15年後の2012年末にピークから33兆円下落したということは大きな問題である。背景としては、賃金俸給が1986年の157兆円から1997年の241兆円

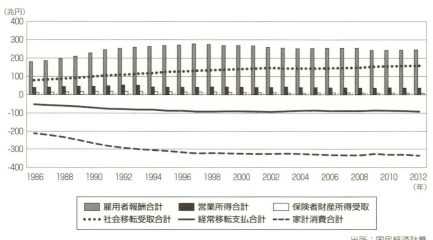

図表ⅠE-6. 家計の所得支出勘定推移：家計業金利税引前所得内訳推移

出所：国民経済計算

までは増加したものの、日本の金融危機、連結主義や時価主義等の新会計基準導入等を原因とするリストラ、勤労者数の減少等で、2012年の206兆円まで35兆円落ち込んだからである。バブル崩壊後、ショックに耐えようとしてきた日本企業は、1990年代の末になってついに新会計基準で実態を突きつけられ、リストラや、賃金俸給の削減に手をつけざるを得なかったと言えるかもしれない。自営業の営業所得合計は、1986年の37兆円から1992年の53兆円まで増加し、不況による混合所得低迷を主因として2012年の37兆円まで低下した。

　企業からの賃金俸給を中心とする雇用者報酬が1997年以降削減された一方で、政府からの社会移転の伸びは著しい。バブル崩壊以降に公的金融機関が民間金融機関に代わって融資を提供したように、民間企業が減少させた収入を政府が家計に補填したのである。社会移転の受取は、1986年の78兆円から2012年の159兆円まで倍増した。年金や雇用保険を中心とする社会保障収入が1986年の33兆円から2012年の82兆円、健康保険や教育の現物社会移転受取も1986年の29兆円から2012年の64兆円と共に倍増したからである。所得税を除き、家計の社会保障負担のみを表示した経常移転支払合計は1986年の53兆円からいったん2002年の93兆円まで増加してから、2012年の91兆円と頭打ちとなった。企業か

らの雇用者報酬が伸びない一方で、政府からの社会保障受取の伸びは家計の社会保障負担の伸びをはるかに上回って伸びた。税金や社会保障負担で可能な限度をはるかに上回って家計に社会福祉サービスを提供していることが日本政府の財務が破綻しかけている最大の要因である。

家計の消費は1986年の211兆円からバブル発生の影響でバブル崩壊後まで拡大し、1997年には320兆円台に乗った。その後、賃金俸給を中心とする雇用者報酬が減らされたため頭打ちになり、2012年は337兆円である。ただ頭打ちとは言っても、雇用者報酬は減らされたのに消費はわずかながら増えた。そこで貯蓄が減少したのである。

2．資本調達勘定推移

家計の資本調達勘定は、主として経常キャッシュフロー、借入、住宅投資、保険年金投資に金融資産投資で構成される（図表ＩＥ－7．家計の資本調達勘定推移）。

家計の貯蓄に固定資産減耗を足して純経常移転を引いた経常キャッシュフローは、1986年の46兆円から1991－93年の60兆円まで上昇したが、その後貯蓄の減少に連れて、2012年の23兆円とバブル発生前の半分になった。当然だが家計の貯蓄の減少は家計の経常キャッシュフローの減少を招いた。

家計の非金融資産に対する投資勘定は、土地の購入・売却と住宅投資により構成される。家計は、バブルの発生期に購入した土地よりも売却した土地のほうが大きかった。どちらかと言えば、土地を売っていたのである。この結果、家計のネットの土地売却収入は、1986年の10兆円から1991年のピークには25兆円に達した。この間住宅にネットで22兆円から32兆円投資していたため、双方を合わせると、不動産に資金を使っていたことになるが、内訳としては家計が土地を売って住宅を買っていたことに注意すべきである。家計は、2002年の3兆円の土地購入を除けば、1992年以降も2010年までネットで見れば土地の売り手だった。一方、住宅は、1990年代の前半から1996年まで32－33兆円レベルでずっと買い続けた。ただし、雇用者報酬がピークをつけた1997年以降、住宅の購入は減少し、2011年の16兆円まで落ち込んだ。家計は保守的で、雇用者報酬が減少するときには住宅投資を控えるのであろう。家計は1986年から2012年の

図表 I E-7. 家計の資本調達勘定推移

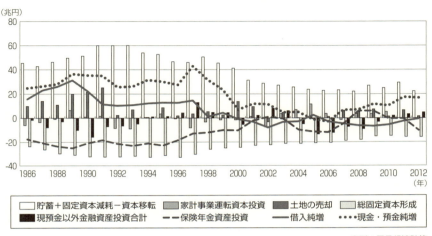

出所：国民経済計算

27年間で、668兆円（年平均25兆円）住宅に投資し、一方で192兆円の土地を売却した。

家計の金融資産は、現預金、株式、公社債のような金融収益を生む金融資産と、リスクのため、あるいは老後のための保険・年金資産により構成される。1986年以降の家計の投資先はほとんど現預金と保険年金資産であった。現預金は、1986年の年間26兆円から1990年の年間35兆円まで現預金積み上げを増加させ、その後も1997年に年間43兆円積み上げるまで現預金を増加させた。しかし、その後現預金の積み上げ速度は減少し、2005－06年はついに現預金を取り崩した。最近はまた積み増し始めており、2011－12年は17－18兆円積み増した。保険年金資産には、1986年から1995年まで毎年20兆円程度積み増し、その後減少させたが、2012年にはまた10兆円積み増した。株式は年によって3－8兆円程度売ったり買ったりしている程度で大きな動きはない。公社債は金利が高かったバブル発生期には、毎年10－14兆円買っていたが、1994年に金利が2％台に落ちてから保有の意味を感じなくなったためか売却を始めた。2004－07年にかけては買い増したが2008－12年にかけて大きな動きはない。

有利子負債は1986年の14兆円から1989年の37兆円まで借入を増加させたが、

その後減少して2000-12年の間に44兆円返済した。家計は生活に必要な住宅、保険・年金に資金を出し、余裕資金は金利が低くなってからは流動性の高い現預金として維持してきた。リスクが高い土地、株式、公社債の購入や借入には慎重に対応してきた。日本の家計は保守的で、全体としては経済環境の変化にそれなりに賢く対応してきたように見える。

iii 財務再構築の方向性と業績評価

(a) 将来予測

1．人口減少と少子高齢化

　図表ⅠE-8に示した日本の長期的人口推移は、歴史人口学者の鬼頭宏氏が推計したものである。どうやって推計したのか素人の私には見当も付かないが、日本の人口は、関ヶ原の戦い時には1227万人、弥生時代には59万人、縄文早期（8100年前）には2万人となっている。関ヶ原の戦い時には現在の10分の1しかおらず、弥生時代にはその20分の1しかいなかった。縄文早期にはなんと日本全体で2万人しかいなかったというのである。タイムマシンで縄文早期に戻っても当時の日本人に会うことは難しいようである。

　鬼頭氏によれば、19世紀末に明治維新が始まったときに日本の人口は3330万人だったというから、2010年のピークに1億2800万人程度までに約4倍となったわけである。19世紀末にはちょうど産業革命が始まっているが、最近亡くなったイギリスのアンガス・マディソン教授によれば世界のGDPは産業革命時のUS＄1兆ドルから2008年までにUS＄50兆ドルと50倍になったそうである。日本人は10倍で世界経済は50倍だということで、実は世界の人口や経済は人類の長い歴史の間ずっと増え続けてきたというより、最近爆発していることがわかる。

　日本の人口は、戦後の第一次ベビーブームや、1970年代前半の第二次ベビーブームを経て、過去80年で倍増し、2010年のピークに1億2800万人程度となった。出生率は1.2程度で、このままいけば2040年までに人口は2割減少し、2100年までに半減する予定と言われている（図表ⅠE-9．人口減少と少子高齢化）。一方、年齢別の人口内訳は、これまで労働人口が増加してきたものが

I. 日本の財務諸表分析と将来予測

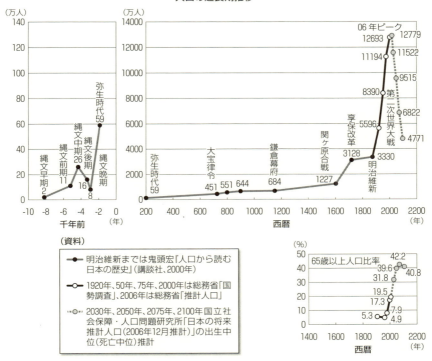

図表ⅠE-8. 日本の長期的人口推移

人口の超長期推移

今後子供の減少と共に減少し、65歳以上の高齢者が増加を継続する。1920年に全体の5％しかいなかった高齢者は2005年現在で20％（2560万人）に達し、2050年までには35％に達する見込みである。国立社会保障・人口問題研究所によれば、15歳から64歳の生産年齢人口も2010年の8174万人から2040年には5787万人に30年で3割方減少するという。

　今後の社会福祉政策は、日本全体の人口推移と、年齢別の人口推移を前提として考える必要がある。人口が減少する中で、徐々に高齢者が増加し、生産年齢人口が減少するのである。自分で自分の分を準備することはできても、若年者が高齢者を支援する年金や健康保険制度は成立し得なくなる。もう、過去の日本がこだわった政府が運営する全員加入の国民皆年金制度や国民皆健康保険

◆127◆

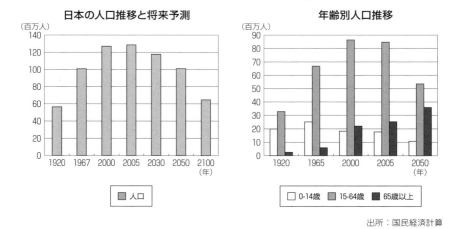

図表ⅠE-9. 人口減少と少子高齢化

出所：国民経済計算

制度は不可能になった。厚生年金は民営化せざるを得ないし、後期高齢者医療制度や市町村国保も今のままでは存続し得ないと思う。

2．成長のための労働力の補填

人口が減少し、少子高齢化で働き手が減少する以上、これまで十分に活用されてきたとは言えない女性、外国人、高齢者などの労働力をどうやって確保するかが経済成長の前提となる。2014年春段階で、日本の失業率は4％前後まで下がったが、このうち、ほとんどの3％台後半が、求人企業と求職者の条件が合わない雇用のミスマッチ失業であると言われる。すなわち、ほとんどが構造的失業者で、無条件に働きたい人はほとんど働けていることになる。

労働力不足の話をするときにまず問題になるのが、どうやって女性に家庭から出て家庭の外で活躍してもらうかということである。日本女性の家庭外における活躍実態は、先進国の中で最低水準にある。日本では女性は、2014年春現在で役員の18.5％、課長以上の9.4％に過ぎない。5千人以上の大企業を見た場合、状況はさらにひどい。役員の女性比率は1.7％、課長以上比率は2.9％に過ぎない。安倍首相は女性の活躍を成長戦略の中核と位置づけた。「上場企業役員の1人は女性にする」とか、「待機児童を解消する」とかは結構なことだと

思う。しかし、自由競争社会で「男性に子育て参加させる」ことが本当にできるのだろうか。「育児休業期間を3年に延長する」とも言われるが、3年も休んで企業に戻れるのかどうかも怪しい。子育て後の再就職や起業を支援することも問題である。配偶者控除、年金や健康保険加入など、外で働かない主婦を優遇し、配偶者の年収を制限するこれまでの対応は見直しされる方向である。そもそも、日本的雇用慣行として、新卒採用で終身雇用制が行われてきた。しかし、女性は出産を機に退職したり、子育て介護で離職したり、夫の転勤で退職することが多い。これに対して、日本企業は離職した女性を中途採用しないので、一度離職すると正社員として再就職しにくいというのである。これに対して、仕事と家庭の両立を支援して離職しないで済むようにする一方で、離職しても再就職できるようにする中途採用を促進することが望ましい。

外国人の活用も必要である。製造業や農漁業などで外国人労働者を受け入れる技能実習制度は現在最長3年になっている。これを延長することや再入国を認めることが検討されている。このためには、出入国管理法や難民認定法の改正や関連省令の改正が必要になる。また、発展途上国への技術移転のために現在68業種で受入れを認めているが、対象業界に介護を加えることも検討されているようだ。現在、外国人在留者は15万人程度で、外国人が人手の足りない現場を支えている。現在でも介護福祉士の資格を取れば日本で働けるが、日本語を学ばなければならない外国人に国家試験の合格は難しいと言われる。東日本大震災からの復興や2020年オリンピックに向けたインフラ整備で、建設業界では特に人手不足になっているようだ。ただし、外国人労働者の受入れをめぐっては、不法就労など社会的な影響を懸念する声もある。法務省によると、2013年の不法残留外国人は約6万2千人で、2010年までの22万人からはずいぶん減少したが、まだかなり多い。外国人労働者を増やそうとすれば、外国人労働者が暮らしやすい生活環境の整備や不法就労対策も必要になると考えられる。

(b) 今後の方向性

1. 自由と自己責任の原則

日本国憲法第13条は国民が自由に幸福を追求する権利を認めている。しかし、日本では共同体におけるチームワークが重視され、個人主義や自由主義という

言葉が格差をもたらすものとして悪く使われることが多い。私は日本においても個人主義や自由主義を再評価すべきであると思う。

　個人の自由が尊重されるようになれば、自分の価値観に基づいて自由に意思決定した結果の責任が問われることになる。日本では意思決定をしていないトップが部下の責任を問われることが常識であり、トップの役割であると思われている。しかし、自分の価値観に基づいて行った意思決定の結果を評価されるのなら責任の取りようがあるが、何の関与もしていないトップがトップにあるからという理由で責任を取るのはおかしいと思う。これは稟議制による集団意思決定主義が生んだ日本のおかしな慣習であって、そもそも企業における最終決定者は多くの場合社長ではなく、事業部長や機能部門の長にして意思決定を迅速にすべきであろう。その場合の責任者は、社長でなく自分の価値観に基づいて意思決定をした意思決定者であるべきだと思う。

　これまで述べてきたように、日本政府は大きな債務超過状態で、家計の正味資産を大きいものと勘違いして家計から所得移転をしたり、家計に負債を押し付けにきたりする可能性が高い。このような場合、個人にできることは自分と自分の家計を守ることである。政府が何をしてくるかはわからないが、とりあえず自分と自分の家族の幸福を守らなければならない。他の人に合わせ、一緒に行動していては、共に破綻の道を歩むことになりかねない。自由主義者の人生においては幸福になるか不幸になるかは自分の意思決定にかかっている。結果は、自分の意思決定の当然の結果として受け入れなければならない。これが自己責任の原則というものである。

2．教育の方向性

　日本でも、今後の人生に個人の自由や自己責任の原則がさらに重要になってくるとすれば、これを学ぶことが重要である。日本では、皆同じことを学ぶのが良いこととされるが、皆金太郎飴のようになる教育が良いものだとは思えない。文部科学省は教科書検定で教育内容を統一するのでなく、多様な教育を認めるべきである。個人主義の欧米では他人と違うことをするように教えられる。日本人のチームワークが悪化することが良いわけでもないだろうが、突出した人の足を引っ張ることが良いわけでもないだろう。日本では良いことをしても

褒められないが、失敗をすると非難される。欧米では良いことをすると褒められ、失敗をしても許してもらえることがある。日本では低所得の人は助けてもらえるが、お金持ちは悪いことをしていると思われることさえある。アメリカでは貧乏人が見捨てられることがないとは言えないが、自由競争に勝ち残ってお金持ちになった人は敬意を持たれる。日本が先進国として勝ち残るためには、研究開発が需要で、イノベーションは個人の自由の尊重がとても大切である。日本でも今後は突出した人の足を引っ張るのでなく尊重する文化を育てたいものである。

　日本企業にとって日本の国内市場は多くの場合、成熟して成長が望めなくなってしまった。現在の成長市場は中国やASEANをはじめとするアジアにあり、長期的成長はインドやアフリカに広がっていく。日本企業にとっての市場は日本だけでなく、日本の国外に広がっているわけである。そこでは外国人が顧客になり、外国人が主たる従業員である。したがって、日本だけでなく外国人の視点を理解しなければ、問題は解決できない。日本の国内でのみしか通用しない考え方を持っていては、海外で問題の解決はできない。小学生から英語を勉強することがやっと始まったが、私は大変良いことだと思う。私が勤務しているビジネススクールでは、海外からの留学生を受け入れるために後期に多くの英語科目を設置している。しかし、英語だけでMBAを取得することができないので、世界のトップスクールと競争してランク入りすることができない。将来は、英語だけでＭＢＡの学位を取れるようなビジネススクールにしてアジアや世界のランキング入りを目指したいものである。今後は英語だけでなく中国語も重要になる。中国大陸ではタクシーに乗り、レストランで注文することさえ英語ではろくにできない。日本企業や日本人にとって、どうやって中国語を早く身につけるかはとても大切な問題である。

II.

アメリカの財務諸表分析と日本との比較

総論

i 統計データ

　アメリカの国民経済計算は、商務省（Department of Commerce）の経済分析局（BEA：Bureau of Economic Analysis）のホームページに開示されている。このSNA統計は日本のものとはかなり違う部分もあるが、貸借対照表、所得支出勘定、資本調達勘定がセクター別にあることは同じである。セクターとしては、アメリカが連邦制をとっているため一般政府セクターが2つに分かれており、連邦政府と州・地方政府の統計が別々に開示されている。

　データはエクセルファイルでダウンロードすることができる。私はこのデータを日本のバブル発生期の1986年から最近の2012年にかけて日本の国民経済計算データと同様に、分析しやすい財務諸表に組み替えて分析してみた。日本もアメリカも2012年までになっているのは、2014年春段階でそれが最新データであるからだ。

　もともとアメリカと日本では国の構造が違うので、財務も違うが、セクター別に日本と比較して見るとどこがどう違うかがわかって面白い。比較の上、日本がアメリカに見習うべき部分もあるし、見習う必要のない部分もある。

ii アメリカの幸福曲線

　幸福曲線とは、縦軸に幸福、横軸に時間をとって特定意思主体の幸福の推移を眺めるものである。私が1982年頃に東京大学の本郷の図書館で思いついてから、多くの国の多くの人に幸福曲線を描いてもらった。九州大学ビジネススクールにおける私のゼミでも、ここのところ夏休みに幸福曲線合宿を行い、参加者の興味を集めている。

　さて、幸福曲線は個人についてだけでなく、企業や国についても表すことができる。横軸は個人の場合は年を単位にすることが多いのだが、国の場合はもうちょっと長めの期間を単位にしたほうがよいだろう。アメリカは18世紀の末

Ⅱ．アメリカの財務諸表分析と日本との比較

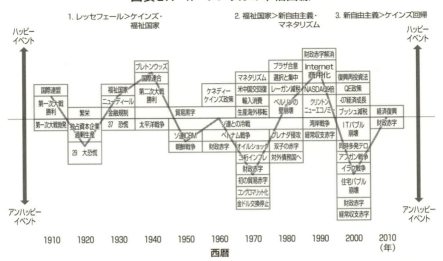

図表ⅡA-1．アメリカの幸福曲線

出所：中本悟／宮崎礼二編『現代アメリカ経済分析』（日本評論社）を参考に村藤作成

にできたわけだが、今回は現代の話なので20世紀以降を見ることにする。国民経済計算は1986年以降を年単位で見ているわけだが、アメリカの経済理念を理解するためにはもう少し遡らなければならない。18世紀の建国まで遡る必要はないが、1929年の大恐慌くらいは入っていないとアメリカの経済理念の推移がわからない。そこで、20世紀以降を10年刻みで見てみた（図表ⅡA-1．アメリカの幸福曲線）。

縦軸は幸福で、上がハッピー・イベント、下がアンハッピー・イベントである。それぞれの事件は、私の主観によって、1ボックス分、または2ボックス分のハッピーまたはアンハッピー・ボックスが割り当てられている。それぞれの10年ごとにハッピー・イベント合計からアンハッピー・イベント合計を差し引いてネット・ハッピネス・ポイントとしてプロットされ、これが推移する形でアメリカの幸福曲線を形成することにした。

20世紀のアメリカの幸福曲線は、第一次世界大戦の勝利で始まり、1929年の大恐慌で転落する。レッセ・フェールに基づいた経済運営は大恐慌で破綻したため、アメリカは1930年代以降ニューディール政策を導入し、社会福祉のため

に自由を規制する大きな国家の方向に舵を切り替えた。その後、太平洋戦争を経て第二次世界大戦に勝利したわけだが、ソ連との冷戦が始まり、ソ連が大陸間弾道ミサイルを開発するにいたって、朝鮮戦争や、ベトナム戦争という泥沼の戦いにはまり込むことになった。ケネディーは、ケインズ政策を用いて財政出動で経済をコントロールし始めるが凶弾に倒れた。ケインズ政策の財政出動とソ連との冷戦を背景にしたベトナム戦争でアメリカ財政は赤字に陥り、オイルショックがインフレに火を注いで、経済運営はケインズ流からマネタリズムに切り替わった。アメリカの多国籍企業が海外に生産を移転し、アメリカの家計が輸入により消費を拡大したのもこの頃である。戦後を支配したドルを金と交換するブレトンウッズ体制がニクソンショックによって破綻したのも1971年だった。このとき、アメリカはドルと交換する金がなくなり、固定相場制から変動相場制に移行するほかなかった。

　インフレの悪化に対してレーガン大統領（当時）は福祉国家化が悪の元凶であるとし、新自由主義とマネタリズム管理に舵を切った。海外への生産移転と日本やドイツからの輸入は貿易赤字を生んでいたが、レーガン大統領は減税と共に軍事攻勢を拡大し、アメリカは貿易収支の赤字と財政赤字の双方を抱え始めた。日本やドイツとの競争にさらされて国際競争力を失ったアメリカの事業会社は、1970年代にはコングロマリット化を図ったが、各事業の競争力の衰退はコングロマリット化では解決できず、1980年代には国際競争力を回復するために事業ポートフォリオの選択と集中を行った。1985年のプラザ合意で円安ドル高を食い止めたことは、アメリカの貿易収支の改善に多少は貢献したが、対外純資産は急速に減少し、1986年にはアメリカは対外純債務国になって、経常収支も赤字になった。政府の財政赤字と対外経常赤字の双子の赤字の時代が始まったのである。

　1990年代に入って1993年にクリントンが大統領になった。1990年代前半には既に日本的生産システムの導入、リエンジニアリング、サプライチェーンマネジメント等の事業の効率化が始まっていたが、インターネットが商用化されたことでサプライサイドの効率化が加速した。IT革命は株価を押し上げ、NASDAQの株式指数は1990年代に9倍になり、財政赤字は消えて財政が黒字になった。この時代にアメリカの幸福曲線は1つのピークを迎えたが、対外経

Ⅱ．アメリカの財務諸表分析と日本との比較

常収支の赤字は継続していたし、事業の中身の変更を伴わないインターネットによる事業可能性はあまりに過大評価されていた。このため、クリントン政権時代の終わりに早くもITバブルは崩壊してしまった。

　2001年1月に大統領に就任したばかりのブッシュ大統領（当時）の下で9月11日に同時多発テロが起きた。私がパートナーになったアーサー・アンダーセンが、2001年12月に発覚したエンロン問題で破綻したのは2002年だった。ブッシュ大統領の率いるアメリカは、同時多発テロに対する復讐としてアフガン戦争やイラク戦争を起こした。ブッシュ大統領はクリントン政権期にできた財政黒字を国民に返すため、減税を行った。減税とアフガン戦争やイラク戦争で財政は悪化した。ブッシュ大統領は、再び始まった財政赤字額を削減してコントロールするためには政府の裁量的経費だけでなく公的高齢者年金、メディケア・メディケードなどの義務的経費にまで手をつけなければならないと主張した。一方で、不動産と株は上がり続け、サブプライムローンの不良債権化が始まった。住宅ローンを証券化した証券化商品が暴落し、その証券化商品を抱えた欧米銀行は資金不足で窮地に陥った。2008年には住宅バブルの崩壊でリーマンショックが起こり、アメリカの幸福曲線はボトムを見ることになった。

　このとき、タイミング悪く就任したオバマ大統領は、オバマケアを導入したかっただけなのに、リーマンショック対応に巨額の政府資金をつぎ込むことになった。レーガンからクリントン、ブッシュと続いた新自由主義から再び大きな政府に舵を切ったのである。FRBによる金融緩和がなされ、オバマは政府資金を大量につぎ込むアメリカ復興再投資法を成立させた。世界の株価はリーマンショック前に約6千兆円あったが、リーマンショックで半分になり、これが元に戻るのに5年かかった。2013年になって経済は漸く回復し、アメリカは2014年から金融緩和を徐々に中止し、2015年からリーマンショック時に世界中にばら撒いたドルの回収に入るところである。ただし、リーマンショック対応のためにアメリカ連邦政府の貸借対照表は大きな債務超過に陥り、中東から撤退しても簡単に元に戻りそうには見えない。ウクライナ問題に続くイスラム国問題で、中間選挙を控えてオバマ大統領はイラクからシリアへと空爆を行わざるを得なくなった。これまでは中国と日本がアメリカドル債を大量に買い、ドルの社債や株がユーロ市場で海外投資家に大量に買われる状況がドルの安定を

生んできた。しかし、中国が台頭し、アメリカの圧倒的な力が相対的になってきた中で、これ以上双子の赤字を継続することが望ましいわけではないと思われる。

iii アメリカの対外財務状況

国としてのアメリカの貸借対照表の資産は現預金、投融資とその他の資産からなるが、ほとんどは投融資である（図表ⅡA-2．アメリカの対外貸借対照表）。海外資産合計は1986年の1.2兆ドルから2012年までの26年で16.3兆ドルと13.6倍になった。投融資は1986年の9千億ドルから2012年の14.3兆ドルまで約16倍になった。2007年から2008年にかけてリーマンショックで9兆ドルから6.6兆ドルまで2.4兆ドル減少したが、2011年には9.4兆ドルとリーマンショック以前を越えてきている。外国人のアメリカに対する対内投資は、アメリカの政府や企業が発行する公社債への外国人による投資と、アメリカ企業が発行する株式への外国人の投資によって構成される。2012年時点でアメリカ国債を中心とするアメリカの公社債による海外からの資金調達残高は9.5兆ドルにのぼっ

図表ⅡA-2．アメリカの対外貸借対照表

凡例：対外資産　対外借入　対内投資　対外純資産

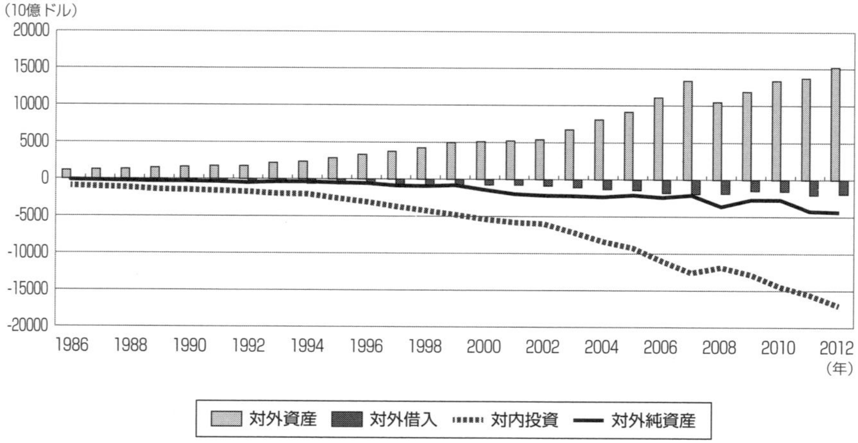

出所：アメリカの国民経済計算

ている。外国からの借入は大したことはない。巨額の対内投資の結果、アメリカの対外純資産はマイナスである。マイナスの金額も1986年の1300億ドルから2012年には4.4兆ドルに膨らんだ。アメリカは1980年には3603億ドルの対外純資産を持っていたのに、貿易赤字の拡大と有利子負債に対する金利の支払で、わずか6年後の1986年には債務国に転落した。

アメリカは1970年代までは輸出が輸入を上回る貿易黒字国だった。しかし、1970年代にオイルショックやインフレを受けて生産を海外に移転し、輸入して消費する国になった。この結果、1980年代以降は輸入が輸出をはるかに上回る輸入消費国である。輸入が輸出を上回っても初めは巨額の海外純資産を抱えていたため、海外からの財産所得が海外への支払をはるかに上回り、純財産所得が純輸入額を上回っていたために、経常収支は黒字だった。しかし、1980年代に貿易赤字が純財産所得を超えて経常収支が赤字化し、政府の財政赤字と共に双子の赤字と言われるようになった。国民経常余剰は1986年の1430億ドルの赤字から2006年には8000億ドルの赤字に拡大し、2012年にはずいぶん減ってきたが、それでも4390億ドルの赤字になっている（図表ⅡA-3．アメリカの対外経常収支推移）。

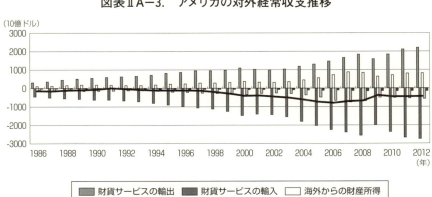

図表ⅡA-3．アメリカの対外経常収支推移

出所：アメリカの国民経済計算

iv　日米の金融機能の違い

　アメリカの事業会社や金融機関は、その多くが1970年代に海外へ進出して国際競争力を持つようになった。アメリカの家計も1970年代からアメリカの金融業界の支援を得て、アメリカの事業会社や金融機関に対して投融資を提供するようになった。この結果、アメリカの家計は、本業収益に加えて、高い金融収益が期待でき、これを考慮に入れた上で消費をしている。したがって、アメリカ家計の消費は家計の本業金利税引前利益よりはるかに大きいが、家計の金利税引前利益はプラスである。さらに言えば、住宅の自己資本部分を担保に資金調達できるホーム・エクイティーローンの存在もあり、アメリカ家計はフローに束縛されない大きな消費が可能なのである。日本企業はプラザ合意やリーマンショックなどの円高局面に海外に進出したため、アメリカ企業に比べれば出遅れていて、まだまだ国際競争力を持たない企業が多い。しかし、主要日本企業も後発とはいえ、徐々にアメリカ企業のような国際競争力を身につけて高い投融資収益を家計に提供すべきだし、政府はこれを支援すべきである。現在は日本企業へ投融資を提供したとしても、大したリターンがないし、日本政府も企業に大した支援を提供しているわけではない。このため、日本の家計がその金融資産の大半を企業に対する投融資でなく、現預金としているのは現時点では当たり前である。

　そもそも、日本の国内金融は銀行の預金や貸出に頼る間接金融によるものが多い。一方で、アメリカに銀行による間接金融がないわけではないが、アメリカの金融は投資家が直接株式や社債等に投資する直接金融の割合が高い。直接金融と言っても、必ずしも家計が直接企業に投融資を提供しているわけではなく、投資信託、生命保険や信託銀行などの機関投資家が株や公社債を持つ形になっている。家計は投融資のリスクとリターンを取るが、直接金融を支援する投資銀行などの金融機関の支援を得ているのである。直接金融は情報がしっかりと開示されれば、間接金融に対して効率性が高い。間接金融はそもそも情報開示が守られないときに銀行が預金者に代わって事業会社の情報をチェックし、資金を配分するものである。日本では情報開示が進む一方で、間接金融の直接化が英米に比べて遅れた。間接金融を担う銀行がちゃんと事業会社の審査をし

て資金を配分すればまだ良いが、日本の場合はもともと中小企業金融において不動産担保や経営者保証に頼り過ぎてきた。さらに政府が中小企業を守るためと言いながら、信用保証協会の保証機能を強化し過ぎて、地域金融機関はろくな審査もせずに信用保証協会の保証付きで資金提供を行っている。バブル崩壊後の不況の中で中小企業を守り、社会の安定性を守ろうとした意図は理解できないこともないが、この20－30年は日本以外のアジアが高度成長を遂げた時期でもあった。日本以外のアジアの高度成長は、2000年に中国・ASEAN・インドを合わせて日本より小さかったGDPが2013年には日本の3倍を超え、10年後には日本の5倍を超えようとする勢いである。

金融の役割は、単に家計の資金を事業会社や政府に提供するだけではない。経営環境の変化に合わせて事業会社セクターが最適化するのを支援するためのアドバイザリー機能や、金利リスクや為替リスクに対処するためのリスク管理機能も欠かせない。家計に対しては、銀行として預金を預かるだけでなく、株式や公社債に対する投資を仲介して家計にリスクに見合ったリターンを提供することも重要である。日本の金融市場はまだまだ発展途上であり、直接金融市場の強化、アドバイザリー機能・リスク管理機能の強化、資金運用機能の強化が必要である。日本の地域金融機関は金融庁の手離れが遅れ、アジアに進出する事業会社の支援もろくにできていない。今後はメガバンクだけでなく地域金融機関も機能強化の上、海外支店を出して地域の企業を支援していかなければならない。

日本では、2％インフレターゲットで金利が上がり、公社債の発行が増加すると考えられる。これまでのゼロ金利環境と違って、アセット・ライアビリティー管理など、金利リスク管理の重要性が高まらざるを得ない。日本政府は国内の中小企業の破綻を回避するという観点だけでなく、日本企業全体がアジア市場の成長や金利の上昇をはじめとする経営環境の変化に対応することを支援するという観点から金融機関の機能強化に取り組んでいただきたい。

V 社会保障の理念の違い

日本評論社の『現代アメリカ経済分析』（中本悟／宮﨑礼二編、2013年）の

中で、駒澤大学経済学部の瀬戸岡教授は、アメリカは大航海と宗教改革がつくり出したと述べている。宗教改革はカトリック教会の築き上げた上下関係の社会秩序に対して個々の自由な市民が緩やかに結合すべきという考え方を正当化させる闘争だった。宗教改革の影響を受けて、アメリカは日本のような民族国家でなく、自立した自由な市民がつくる緩やかな共同社会となった。アメリカの保守主義は個人主義とプロテスタンティズムを厳格に運用しようというもので、リベラリズムは個人主義とプロテスタンティズムを緩やかに運用しようというものである。

よく知られているように、日本の社会保障制度である年金や健康保険は、皆保険で全員加入の仕組みである。これは日本が民族国家であり、個人の自由を求める市民革命が起きていないことと関係しているのではないか。アメリカは401Kで自分が自分で老後の自分の生活資金を貯蓄する仕組みになっている。これは自由な個人の自立と幸福追求が前提であるためであると考えられる。社会は困っている人だけ助ければよく、富裕層や普通の自立した個人はその自由な活動を尊重すればよいだけで、無理に関わる必要はないという考え方に基づいているのであろう。

それでは、個人の自由主義が成立しているとは言いがたい日本で、社会保障制度をアメリカのように国民全員加入から、困った人だけを助けるものに変化させることはできないのだろうか。財務的に言えば、日本政府は国民全体に社会保証サービスを提供する余裕はなくなっている。日本国憲法第13条には自由な個人の幸福追求権が定められており、自由主義や個人主義も、アメリカほどではないが、だんだん浸透してきている。私は、長期的には日本の全員加入の社会保障制度は、自由で自立した個人を前提とするアメリカのような困窮者支援型に移行せざるを得ないだろうと思う。その場合、公的社会保障で対応できない富裕層や一般国民への社会保障は規制緩和をした上で、民間企業に頼らざるを得ない。

ただ、社会保障サービスの個別論を考えるときには注意が必要である。たとえば、全員加入の健康保険は日本にありアメリカにない仕組みだが、国民全員が健康保険に加入していることは国民の健康のために必要なことだと思う。アメリカには多くの健康保険無保険者がいて、必要な医療サービスを受けられず

にいるのも事実である。私はアメリカの制度を全て正しいものとみなして、全員加入の制度を止める必要はないと思っている。ただし、組合保険や共済組合が放置しても自分でやっていけるものである一方で、後期高齢者医療制度や市町村国民健康保険が政府に巨額の資金を入れてもらわないとやっていけない仕組みになっていることは問題である。私は、富裕層と普通の人を政府運営の健康保険制度から切り離して、組合保険や共済保険への政府介入を回避する形で健康保険の全員加入を守るべきであると思っている。

vi 連邦政府の債務超過

　アメリカも連邦政府セクターが日本の一般政府セクターと同様に大変な債務超過になっているところは日本に似ている。政府の正味資産の国民経済計算上の帳簿価格とフローから推計される時価が大きく食い違うところも日本とアメリカは同じである。

　債務超過の原因は少々違う。日本は平和憲法を持ち大きな軍事費を負担しているわけではないし、中国のようにインフラ建設にいそしんでいるわけでもない。日本政府の財政困難は、社会保障費の拡大と社会保障を国民全員加入の公的社会保障にしていることが原因である。アメリカの場合は、大恐慌以降の福祉国家化や、リーマンショック以降のオバマケアなど、社会福祉の影響がないわけではないが、大きいのは軍事費である。第一次世界大戦と第二次世界大戦で勝利し、ソ連との冷戦に勝利してアメリカは世界の最強国となり、世界の警察の役割を果たしてきた。しかし、ベトナム戦争、グレナダ侵攻、湾岸戦争に留まらず、同時多発テロ以降にアフガン戦争やイラク戦争を戦ったために、アメリカの連邦政府財政は危機に瀕している。ロシアのウクライナへの手出しに腹が立っても、アメリカにはもはやウクライナに軍隊を送る財政的余裕はない。

　しかし、アメリカは世界各国でドルを使ってもらっている世界最強の政治力や軍事力を持つ国家である。アメリカは政府財政が赤字になり、経常収支が赤字になっても、発行するドルの国債を海外政府にいざというときのための準備金として保有してもらえる。もはや簡単に海外で戦争を行えるわけではないが、他国は誰しもアメリカを相手に戦争することを望んでいない。一方、日本は海

外でそれほど円を使ってもらえず、政府国債を海外の国家に大きく保有してもらうことは望めない。もちろん、平和憲法があるので、怪しからんと言って戦争をするわけにもいかない。日本はアメリカの真似をして財政赤字を長期化させたり、経常収支の赤字を放置したりできるような国ではないのである。日本はアメリカ連邦政府が債務超過だからといって安心してはいけない。ネットの政府化による財務の再建を急ぐべきである。

さて、政府の財政赤字はないに越したことはないが、経済が成長している場合、政府債務／GDPは政府債務が多少増えても、変わらないことがあり得る。GDPが2％成長で10兆円成長するなら、政府の財政赤字が20兆円で政府債務が20兆円膨らんでも政府債務／GDP比率は2倍で変わらないわけだ。しかし、日本の場合は500兆円のGDPに対して1000兆円の政府債務と既に2倍の政府債務／GDP比率になっている。この比率は単に維持すればよいというものではなく、早急に縮小しなければならないものである。

vii　リーマンショック

さて、土地・株バブルが発生して崩壊したのは日本だけではない。アメリカ

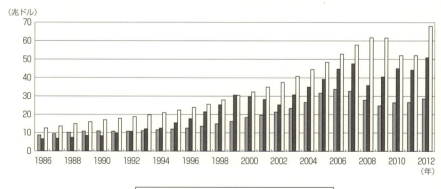

図表ⅡA-4．アメリカのバブル発生、崩壊と有利子負債の拡大

出所：アメリカの国民経済計算データから村藤作成

Ⅱ．アメリカの財務諸表分析と日本との比較

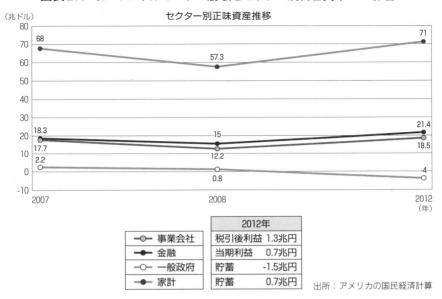

図表ⅡA-5．アメリカのバブル崩壊とセクター別自己資本への影響

出所：アメリカの国民経済計算

のリーマンショックも、土地・株バブルの崩壊である（図表ⅡA-4．アメリカのバブル発生、崩壊と有利子負債の拡大）。アメリカでも不動産や株式バブルが発生して崩壊した。アメリカの不動産は事業会社と家計でしか国民経済計算統計が取られていないので、政府や金融セクターの不動産はわからないが、アメリカの不動産のほとんどが家計や事業会社によって保有されていることは間違いない。

アメリカでは、1990年に10兆ドル程度だった不動産が2002年には29兆ドルを超え、2006年にはピークの34兆ドルをつけた。そこから、2009年の25兆ドルまで9兆ドル落ち、2012年に29兆ドルまで戻してきた。株式は、2002年に25兆ドルだったものが、2007年のピークには48兆ドルとなり、23兆ドルも上昇した。しかし、リーマンショックで2008年末には36兆ドルまで落ち、その後、復活して2012年末には51兆ドルとなって、2007年のピークを超えてきている。有利子負債は1993年に20兆ドル程度だったものが2008-09年には60兆ドルを超えた。2010-11年に借金の返済に入ったものの、2012年には再び増加基調に入り合計

◆145◆

68兆ドルと、70兆ドルに近づいている。

　さて、バブルの崩壊がセクター別自己資本にどう影響を与えたのか見てみよう（図表ⅡA－5．アメリカのバブル崩壊とセクター別自己資本への影響）。事業会社セクターの株価総額は、2007年の17.7兆ドルから2008年の12.2兆ドルまで1年で5.5兆ドル落ちた。その後、2012年にはバブル崩壊前を越えて18.5兆ドルまで伸びてきた。ここから税引き後利益1.3兆ドルが生み出された。金融セクターの株価総額は、2007年に18.3兆ドルだったものが2008年には15兆ドルまで3.3兆ドル落ちたが、2012年には21.4兆ドルまで伸びてきた。アメリカの場合、日本と異なり、金融セクターの株価総額が事業会社セクターの株価総額より大きいのはちょっと驚きである。この株価総額は、銀行だけでなく、投資信託、企業年金、生命保険等の自己資本等も含み、アメリカの場合、これが大きいためである。ここから出てくるフローの当期利益は0.7兆ドルだった。連邦政府・州・地方政府を含む一般政府セクターの正味資産は、2007年に2.2兆ドルだったものが2008年には0.8兆ドルに1.4兆ドル落ち、2012年にはマイナス4兆ドルになった。ただ、2012年の一般政府貯蓄はマイナス1.5兆ドルなので、フローから推計される時価正味資産はマイナスの20－30兆ドルである。マイナス4兆ドルという帳簿価格は統計的には正しいかもしれないが、経済的実態としては大変な過小評価である。アメリカの連邦政府セクターは日本の中央政府と同様に大変な債務超過で、早急な財政再建が必要である。なお、アメリカ家計の正味資産は2007年の68兆ドルから2008年の57.3兆ドルまで1年で10兆ドルほど落ちた。2012年末には71兆ドルまで増加したが、フローで0.7兆ドルの貯蓄しか生み出さない正味資産が71兆ドルの価値を持つわけがない。アメリカの家計の国民経済計算上の正味資産帳簿価格も、日本の家計と同様に数十兆ドル過大評価されていると言わざるを得ない。

　不動産のバブルのピークは2006年、株式バブルのピークは2007年だった。日本のバブルのピークが株式で1989年、土地で1990年だったのと順番が逆になっている。

　1990年のアメリカの不動産は土地・住宅を合わせて10兆ドル程度だったが、土地はその半分の5兆ドル程度だった。日本の土地総額はアメリカの25分の1の面積で1990年のピークに2400兆円だったので、円／ドルレートを100円くら

Ⅱ．アメリカの財務諸表分析と日本との比較

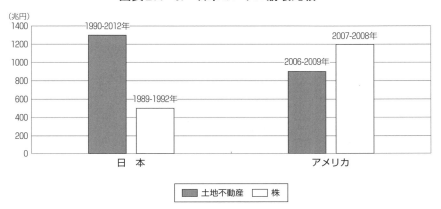

図表ⅡA－6． 日米のバブル崩壊比較

出所：日米の国民経済計算から100円／ドルを前提に村藤作成

いで考えて、1990年には面積あたり、日本では土地にアメリカの100倍以上の値段が付いていたことになる。その後、アメリカの土地が3倍になり日本の土地が半分になったとしても、日本の土地は面積あたりアメリカの15倍くらい高い。日本は土地バブル崩壊後20年以上下がり続けたが、アメリカは3年ほど下がっただけでまた上がり始めた。アメリカで土地の価格が下がったと言っても日本の土地バブルの崩壊のようなものではない。人口の増加を考えればアメリカの土地の価格はまだまだ上がる可能性があるし、人口の減少を考えれば、日本の土地の価格はまだまだ下がる可能性がある。

一方で、アメリカの株式バブルの崩壊では、2007年の48兆ドルから2008年の36兆ドルまで1年で12兆ドルのマイナスであった。これは、日本の株式バブルの崩壊のマグニチュードをはるかに超えている。日本では土地バブルの崩壊であったのに対し、アメリカでは不動産バブルの崩壊というよりも株式バブル崩壊の金額が大きかった（図表ⅡA－6．日米のバブル崩壊比較）。

viii 国際資金循環

アメリカは、対外経常収支の赤字を継続してきたが、その結果により、ドル

が下がり続けたわけではない。米ドルは1971年にニクソンショックで金との交換を停止した後にも、価値は維持され、依然として世界の準備通貨や決済通貨の地位を維持している。

　ドルは海外では主に国債や株の形で持たれている。アメリカドル国債の場合、海外流通分の半分近くを、貿易収支を中心に経常黒字を累積した中国と日本で持たれている（図表ⅡA－7．国際資金循環）。ドル株保有は多くの海外投資家に分散しているが、トップ3はケイマン、カナダ、イギリスで、それぞれ50兆円程度持っている。ケイマンの裏の最大投資家はアメリカであると推定される。ドル株はドル国債よりハイリスクなので、英語を標準語とする国が購入していることが多い。FRBが発行してアメリカの経常収支赤字で世界中にばら撒かれたドルは、海外投資家のドル公社債やドル株購入の形でアメリカに戻ってくる。ドル社債の場合はユーロ市場を経由して投資家が多国籍企業のドル調達を支援する。イギリスはロンドンを国際金融市場として提供し、ルクセンブ

図表ⅡA－7．　国際資金循環

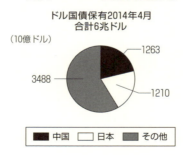

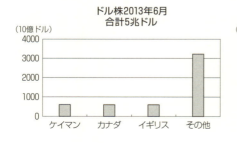

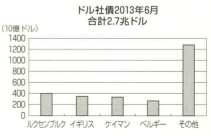

出所：アメリカ財務省　国際資本動向統計

ルグ、ベルギーは、貿易黒字国としてドルを貯めているわけではないが、アメリカ国外の非居住者が抱えたドル投資資金がこれらの国々を通じて公社債や株を保有することになる。アメリカは経常赤字が継続して累積しても、ドルの公社債、株式が売られてドルが使われるため、ドルの価値を下げずに維持することができている。日本や中国の経常黒字の累積は、結局ドル国債保有の増加となってアメリカ連邦政府の資金調達とドル価値の維持を助けてきた。リーマンショック時には、証券化商品の暴落でドル資金が不足し、欧州銀行在米支店による本国へのドル貸出だけでなく、FRBは海外中央銀行に対してスワップ協定によりドル資金を供給した。

B 事業会社セクター

i 日米の事業会社セクターのストックとフローの違い

2012年のアメリカの事業会社セクターがどの程度稼いだかを見てみよう（図表ⅡB－1．アメリカ事業会社セクターの2012年のストックとフロー）。事業価値23.5兆ドルから1.44兆ドル（6.1％）のリターン、投融資5.1兆ドルからフローは0.58兆ドル（11.4％）のリターンを得たため、事業会社セクターは企業価値28.6兆ドルからEBIT2.02兆ドルと、フローは7.1％のリターンを稼いだことになる。これに対して、有利子負債7.7兆ドルに平均金利5.8％で0.45兆ドルの金利を払ったため経常利益は1.57兆ドルで、平均16.6％の税金0.26兆ドルを引いた税引後利益は1.31兆ドルだった。これは、株価総額18.6兆ドルに対して7.0％の利回りにあたる。1.31兆ドルの利益から0.58兆ドルの配当を払って、海外留保利益を含む貯蓄は0.73兆ドルになる。これは、アメリカ事業会社の本業利益であるEBITの36％にあたる。

これに対して、日本の事業会社セクターはどうだったか（図表ⅡB－2．事業会社ストックとフローの日米比較）。日本の事業会社セクターの場合、2012年は、事業価値1129兆円から49.6兆円（4.4％）のリターン、投融資242兆円からフローは10.7兆円（同じく4.4％のリターン）を得た。これは、事業会社セク

図表ⅡB-1. アメリカ事業会社セクターの2012年のストックとフロー

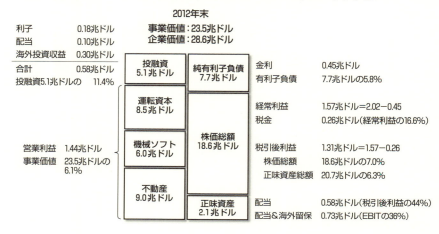

出所：アメリカの国民経済計算データから村藤作成

ターが企業価値1371兆円からEBIT60.3兆円のフロー（4.4％リターン）を稼いだということである。また、純有利子負債264兆円に平均金利2.1％で5.6兆円の金利を払ったため経常利益は54.6兆円で、平均22.3％の税金12.2兆円を引いた税引後利益は42.5兆円だった。これは、株価総額457兆円に対して9.3％の利回りにあたる。42.5兆円の利益からその32％である配当を払うと、海外留保利益を含む貯蓄は28.7兆円になる。これは本業利益であるEBITの48％である。統計差額として、株価総額を超える正味資産650兆円が存在することになっているが、現実には株価総額を超える価値が事業会社の自己資本に存在するとは思えないので、資産サイドが過大評価されているのであろう。

　さて、日米の事業会社セクターのストックとフローを比較すると、何が大きく違うだろうか。まず、アメリカ事業会社セクターの事業価値や企業価値が日本の2倍くらいあるが、アメリカ国民は3億人以上で日本の2倍以上いるから、事業価値や企業価値の規模自体は驚くに値しない。しかし、日本の投融資のリターン4.4％に対してアメリカが10.2％と2倍以上であることには多少驚かされる。2012年のインフレは、日本がほぼ0％、アメリカが2％だから、インフレの2％を考慮に入れても違い過ぎる。アメリカの事業会社セクターの投融資は

Ⅱ．アメリカの財務諸表分析と日本との比較

図表ⅡB−2. 事業会社ストックとフローの日米比較

注：事業会社の現預金金利を0.5％と仮定し、現預金221兆円の0.5％で現預金利息は1.1兆円とした。

出所：日米の国民経済計算データから村藤作成

日本の事業会社の投融資よりも儲けている。事業リターンは日本の事業会社セクターの4.5％に対し、アメリカの事業会社セクターは6.1％であるから、ほぼインフレ差と言っていいだろう。企業価値利回りを見ると、日本が4.5％でアメリカが6.9％となる違いは、投融資利回りの差から出ているのである。日本の事業会社セクターが2.1％の金利しか払っていないのにアメリカの事業会社セクターは5.8％の金利を払っており、3.75％の利回り差がある。これもインフレ差よりもはるかに大きく、アメリカでは日本より金融コストが高いことを示している。資本構成内訳を見ると、純有利子負債÷時価総額は日本で264兆円／457兆円＝0.57倍であるのに対し、アメリカは7.7兆ドル／18.6兆ドル＝0.41倍であり、日本の事業会社のほうが純有利子負債が大きく、アメリカのほうが自己資本が大きい。有利子負債の中の銀行借入と社債の比率も大きく違う。日本の

事業会社セクターは2012年末で402兆円の銀行借入と83兆円の社債がある。銀行借入は2012年末段階で社債の4.8倍あった。一方で、アメリカの事業会社セクターは、2.3兆ドルの銀行借入と6.4兆ドルの社債がある。日本の借入は直接金融を使わない銀行借入が圧倒的だがアメリカでは社債による調達が銀行借入の2.8倍もあるのだ。日本は間接金融が多いがアメリカは直接金融が多いことはよく知られている。アメリカで社債市場が発達し、効率化されたことが銀行貸出の金利を高止まりさせている面があるのではないだろうか。日本で社債市場があまり発達していないことは銀行間の貸出競争を生んで貸出金利を引き下げているような気がする。アメリカでは社債を発行すれば銀行借入よりかなり安くなるが、日本ではこの差があまりない。日本の事業会社がもっと社債や株式の発行という資本市場を利用することが市場の効率化と銀行貸出金利の適正化を生むように思う。

ii 財務上の問題点

(a) ストックの問題

1．企業価値推移

アメリカの事業会社セクターの企業価値は、投融資、運転資本、不動産、機械ソフトから構成されている（図表ⅡB－3．アメリカ事業会社セクターの企業価値推移）。

日本と違ってアメリカでは事業会社セクターのほとんどは民間事業会社で公営事業会社は少ない。投融資は1986年に6320億ドルだったものが、25年経った2012年には5.1兆ドルまで8倍以上になった。株式出資金が4520億ドルから4.8兆ドルまで10.7倍に成長したことが大きい。アメリカの株式資産総額は、2007年から2008年にかけてリーマンショックの影響で48兆ドルから36兆ドルまで12兆ドル（25％）下落したが、事業会社セクターの保有する株式は3.7兆ドルから3.9兆ドルとなり、むしろ増えている。2008年に4270億ドル購入して買い支えたため、もともと保有していた分は下がっているのだが、それほど大きな影響を受けていないように見える。そもそも、アメリカの事業会社は全体の株式の11％くらいしか持っていないのである。これに対して、日本の事業会社は、

図表ⅡB－3. アメリカ事業会社セクターの企業価値推移

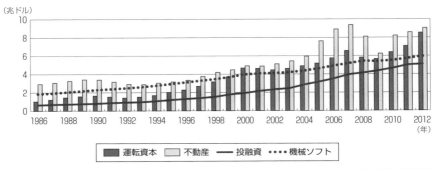

出所：アメリカの国民経済計算

　2012年末段階で全体522兆円分の158兆円を保有しており、これは約30％で、アメリカの事業会社よりも株式市場の変動の影響を受けやすい。

　事業会社セクターの不動産は1980年代の後半から1990年代の前半まで3兆ドル程度だったものが、2007年には9兆ドルを超え、不動産バブル崩壊で2009年には6兆ドルまで落ちた。アメリカの不動産バブルが家計を中心に2006年をピークとして2009年まで下落したのに対して、事業会社セクターの場合、2007年をピークとして2009年まで2年で落ちている。事業会社セクター保有の不動産は家計の場合と同様に2009年末を底として、その後、2012年には9兆ドルまで回復した。アメリカの国民経済計算において、不動産は事業会社と家計セクターでしか開示されておらず、政府と金融セクターがどれほど持っているかは不明である。ただし、2012年段階で全体のアメリカ不動産29兆ドルのうち事業会社が9兆ドル、家計が20兆ドル保有している。すなわち、アメリカの不動産の保有比率は事業会社と家計で大体3：7くらいの割合である。日本の場合は1986年から1990年まで土地バブルが発生してその後現在に至るまで延々と落ち続けた。一方で、アメリカの土地面積は日本の25倍という広大なもので、狭い日本の土地バブルのように大変な異常値がついたとまでは言えず、多少下落してもまた上がり続けるような性質のものである。

　事業会社セクターの運転資本は、1986年の1兆ドルが2007年には6兆ドルを超えるところまで増加したが、2008－09年は金融危機によって落ち込んだ。

2012年には8.5兆ドルとまた最高値を更新している。機械ソフトは、1986年の1.5兆ドルが2009年には5.4兆ドルまで伸び、2012年には6兆ドルに達した。

2．資本構成推移

アメリカにおける事業会社セクターの資本は、借入、証券市場からの社債、ＣＰ等有価証券による調達と、正味資産合計により構成されている（図表ⅡB－4．アメリカ事業会社セクターの資本構成推移）。

銀行借入合計は、1986年の9700億ドルが、2008年には3兆ドルまで増加したが、2011－12年には2.3兆ドルまで減少した。日本と違って資金調達は直接金融によるものが大きいため、銀行借入は資本構成の中で大した比重を占めるわけではない。

社債を中心とする有価証券発行残高は、1986年の8900億ドルから2011年末の5.6兆ドルまで借入に比べればより速く増加し、2012年で借入の3倍近くあるが、これも資本構成の中ではそれほど大した比重は占めていない。

アメリカの事業会社の資本構成のうち中心となるのは株式である。発行株式の時価は、1986年の2.5兆ドルから2012年末には18.6兆ドルまで激増したが、株式市場の変動の影響を受けた。

正味資産合計は発行株式の時価と一致するはずだが、国民経済計算統計上は、

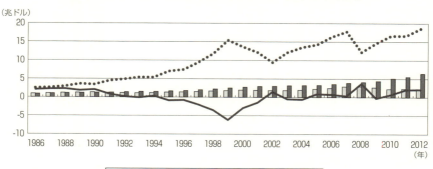

図表ⅡB－4．アメリカ事業会社セクターの資本構成推移

出所：アメリカの国民経済計算

発行株式の時価に加えて、資産の時価から負債と発行株式の時価を控除した正味資産を含む。ただ、この統計差額としての正味資産はアメリカの場合、日本に比べるととても小さい。

1999年には株価がITバブルで上がり過ぎたため、アメリカ事業会社セクターの正味資産がマイナスになっていることが注目される。株価が下がると共に、正味資産のマイナスは0に戻った。その後、リーマンショックで2008年には株価が下がり、これは下がり過ぎたせいか正味資産がプラスになり、株価の回復と共に正味資産が0に戻っていることが観察される。そもそも、アメリカの統計差額としての正味資産は1996－2001年頃とリーマンショック時の株価下落時を除けばほぼ0である。このことは、私が日本の国民経済計算分析における事業会社セクターのところで持った疑念である「正味資産」は統計差額を計算しているだけで存在しない価値であるということを裏づけているように思う。もう一度言うが、2012年末の日本の事業会社セクターの統計差額としての正味資産は650兆円だが、これは存在しない価値だと思える。正味資産が存在すると誤解してしまうと、現状認識を誤り、将来に向けた政策を誤ることになると思う。

(b) フローの問題
1．所得支出勘定推移

アメリカの事業会社セクターの所得支出勘定は、営業利益、投融資収益、金利費用、税金、配当と貯蓄に分類される（図表ⅡB－5．アメリカ事業会社セクターの所得支出勘定推移）。

営業利益合計は、1986年に3090億ドルだったものが2006年には1兆700億ドルまで3倍以上に膨れ上がった。不動産バブルの崩壊や金融危機があって2009年には8640億ドルまで落ちたが、2012年には1.4兆ドルと最高益を更新した。

投融資収益は、1986年には1820億ドルだったものが、2007年には6890億ドルまで伸びた。その後、金融危機で2009年には5260億ドルに落ちたが、2012年段階で5770億ドルである。金利支払は、1986年には2千億ドル程度だったものが、2007年には6千億ドルまで増加した。2012年段階で4500億ドル程度である。2012年において、日本の事業会社は、銀行借入中心に資本構成の37％が純有利

子負債なのだが、金利が2.1％と安いために、金利支払は本業利益（EBIT：金利税引前利益）の９％に過ぎない。これに対して、アメリカの事業会社は社債中心に資本構成の29％しか有利子負債がないのに、金利が5.8％と高いので、EBITの23％も金利を支払っている。日本の公社債ももっと高い金利を払えば家計やファンドが投資するはずなのだが、現状はゼロ金利に近いので、預金の流動性をあきらめる気にならないのである。

　事業会社にかかる法人税は、1986年の760億ドルから2007年には3000億ドルを超えたが、利益の低下に伴い、2009年には1700億ドルまで減少した。2012年には2570億ドル程度である。経常利益に対する法人税が日本で21.9％、アメリカが17.2％で、いずれも法人税率30％台後半に対して低いのは、いろいろな節税策を利用して税額を下げているからであろう。利益がマイナスであれば払わなくてよいことになり、利益が黒字の企業が税金を払うので多くの企業が赤字であることは利益に対する税率の低さとあまり関係ないものと思われる。

　アメリカの事業会社の配当は、1986年に１千億ドル程度だったものが2008年には６千億ドル近くまで激増し、金利と同程度になった。2008－12年まで配当は金利を上回っている。

　事業会社の貯蓄は当期利益から配当と海外留保利益を引いたもので、企業の

図表ⅡB-5. アメリカ事業会社セクターの所得支出勘定推移

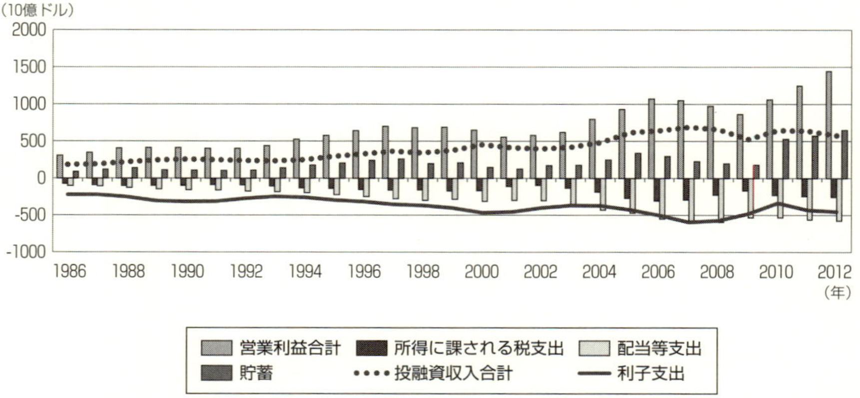

出所：アメリカの国民経済計算

Ⅱ．アメリカの財務諸表分析と日本との比較

国内における内部留保にあたる。貯蓄は、1986年の900億ドルから2005年には3390億ドルまで増加したが、これも金融危機に伴う利益の低下によって2009年には1780億ドルまで減少した。2010－12年は営業利益の増加に伴い、貯蓄が大きく伸びて、2012年は6480億ドルである。

 2．資本調達勘定推移

アメリカの事業会社セクターの資本調達勘定は経常キャッシュフロー、純営業資産投資、投融資純増、純有利子負債純増、株式・出資金発行から構成される（図表ⅡB－6．アメリカ事業会社セクターの資本調達勘定推移）。

貯蓄＋減価償却＋資本移転で定義される経常キャッシュフローは、景気変動に影響されながらも、1986年の3千億ドルから2005年には1兆ドルまで増加し、金融危機があっても2009年まで1兆ドルレベルを維持し、2012年には1.9兆ドル近くになった。

純営業資産投資とは、設備投資、運転資本の増加を含む事業会社セクターが生産活動を継続するのに必要なキャッシュの投資である。純営業資産投資は、

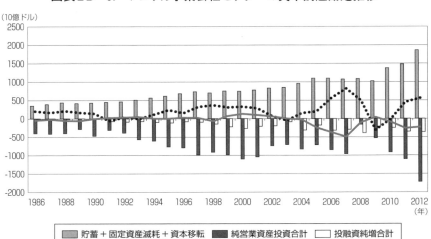

図表ⅡB－6．アメリカ事業会社セクターの資本調達勘定推移

出所：アメリカの国民経済計算

1986年の4千億ドルレベルが2000年には1兆1千億ドルのピークをつけたが、2008年末の金融危機時には売掛金を8200億ドル回収したため2千億ドルレベルに落ちた。その後、回復して2012年には1.7兆ドルまで伸ばしてきた。

　投融資純増は、1980年代後半には1年あたり200億ドル程度だったものが、2000年代には毎年2－3千億ドルレベルに爆発的に増えた。2012年段階で3660億ドル程度である。投融資のほとんどが株式出資である。上で述べたように、事業会社セクターはリーマンショックのあった2008年に4270億ドルの株式投資を行ったため、株式市場が2007年末から2008年末にかけて25％暴落する背景の下でも株式投資総額を3.7兆ドルから3.9兆ドルに増やした。

　純有利子負債の増加は、借入増加1千億円、社債発行増加1千億円程度のものが、1991－93年と2001－03年に借入が返済されたことで、この間有利子負債調達がなくなった。その後、アメリカ不動産バブル発生期に銀行借入や社債による資金調達が増え、2007年のピークには4200億ドルの銀行借入増加、3300億ドルの社債増加、630億ドルの現預金減少によって8100億ドルのキャッシュを純有利子負債で調達することになった。その後、社債調達は維持されたが銀行借入は縮小し、2009年には純有利子負債による調達は現預金積み上げ分の3千億ドル縮小になった。2011年、2012年には2009－10年の借入返済が止まり、4530億、6090億ドルの社債発行があった。株式による調達は1986－2004年まで大したことはなかったが、2005－07年の不動産バブル発生期や2011－12年に、自社株買いで毎年2－3千億ドルを株主に支払ったようだ。これは株式による調達というよりは株式による調達の返済である。

 C　金融セクター

> **ⅰ　日米の違い**

(a)　資産と資本構成構造

　日本の金融セクターの資産には貸出が多いが、アメリカの金融セクターの資産は株式出資金が多い（図表ⅡC－1．日米金融セクターの資産内訳比較）。

図表ⅡC-1. 日米金融セクターの資産内訳比較

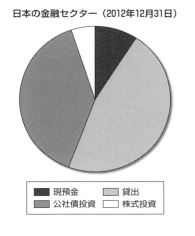
日本の金融セクター（2012年12月31日）

凡例：現預金／貸出／公社債投資／株式投資

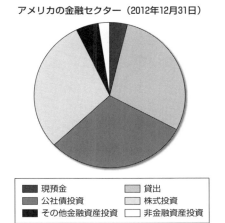
アメリカの金融セクター（2012年12月31日）

凡例：現預金／貸出／公社債投資／株式投資／その他金融資産投資／非金融資産投資

出所：日米の国民経済計算

　公社債の保有は日本において以前は大した金額でなかったが、政府の赤字国債の発行の激増でアメリカと変わらないくらい持つようになった。アメリカでは株式や公社債などのリスク資産を多く持つため、自己資本を大きくしてレバレッジを低くしている。

　そもそも、金融セクターといった場合は、銀行だけでなくて証券会社、保険会社、投資信託なども含む。保険会社、信託銀行、投資信託などは大きな株式保有高を持つが、日本の銀行は大きな株式保有高を持つことを禁じられている。2002年1月に施行された銀行等株式保有制限法は、銀行の株式保有をTier1自己資本の枠内に制限することを定めた。これは1990年以降の株式バブル崩壊の中で、銀行の株式保有は銀行経営に大きな影響を及ぼし、時には銀行を危機に陥れることがわかったからである。アメリカの金融セクターも商業銀行や投資銀行だけでなく、投資信託、企業年金や生命保険などを含むが、銀行が大量にリスク資産としての株式を持っているわけではなく、投資信託、企業年金、生命保険などが大量の株式や公社債を持っているのである。

　日米の金融セクターは資本構成の構造も大きく異なる（図表ⅡC-2. 日米金融セクターの資本構成内訳比較）。日本の金融機関は預金による調達が半分

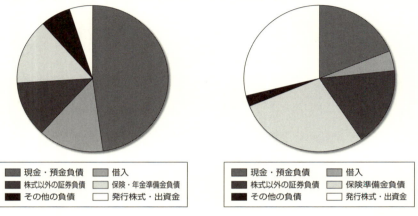

図表ⅡC-2. 日米金融セクターの資本構成内訳比較

出所：日米の国民経済計算

近くを占めるが、アメリカにおける預金は資本構成の4分の1もない。これは、そもそも金融セクターに占める銀行の割合が低く、株式や公社債などを保有する投資信託、企業年金、生命保険などが金融セクターの中で大きいからである。この結果、日本の金融セクターはほとんど自己資本がないが、アメリカの金融セクターは自己資本が4分の1以上ある。日米共に保険年金準備金はかなり大きいがアメリカのほうが大きい。日本は借入と社債発行が同じくらいだが、アメリカは借入が少なく、社債発行による資金調達が大きい。資産に株式が多いこともあって、アメリカの金融セクターは自己資本がかなりあるが、日本では自己資本が少ない。これは日本が銀行中心の間接金融を担う金融セクターであることに対して、アメリカは商業銀行というよりは、投資銀行、投資信託、企業年金、生命保険などの直接金融を担う金融機関が大きな比重を占める金融セクターであるからである。

　アメリカの資金調達市場は、銀行経由の間接金融が中心でなく公社債、CP、株式などの市場経由の直接金融が中心である。アメリカの投資信託、企業年金、生命保険のような金融機関は、自己資本を発行してレバレッジを下げリスクを低くし、貸出だけでなく株式や公社債のようなハイリスク金融商品を

Ⅱ．アメリカの財務諸表分析と日本との比較

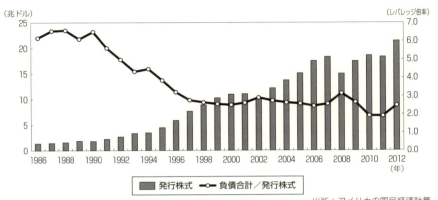

図表ⅡC-3．アメリカ金融セクターの発行株式時価総額とレバレッジ推移

出所：アメリカの国民経済計算

保有してきた（図表ⅡC-3．アメリカ金融セクターの発行株式時価総額とレバレッジ推移）。この結果、日米の金融セクター全体を比較すると、日本は銀行が中心でレバレッジが高く、アメリカは直接金融支援機関が中心でハイリスクな金融商品を持つため、レバレッジが低いことになる。

(b) アメリカにおける預貸金利差

アメリカの国民経済計算データは、市場運用金利が貸出金利として開示され、「貸出金利と市場運用金利の差」は金融セクターの付加価値として営業利益に含まれている。同様に、市場調達金利が預金金利として開示され、市場金利から預金金利を引いたものは金融セクターの付加価値として営業利益に含まれている。市場運用金利から貸出金利に引き上げたり、市場調達金利から預金金利に引き下げたりするのは銀行の商売なので、銀行の事業に対する付加価値として営業の結果としての営業利益に含めることにしたのである。

日本の国民経済計算と異なり、アメリカでは注記としても実際の貸出金利や預金金利は開示されていない。貸出金利が市場金利に引き下げられ、預金金利が市場金利に引き上げられているので、貸出金利から預金金利を引いたものを銀行の利鞘として見ることはできない。そもそも、アメリカでは金融のうち直接金融が大半なので金融セクターを構成する大半が日本のように銀行であると

いう事実がない。したがって、アメリカの金融セクターについて預貸金利差の計算をすること自体があまり意味のないものであると言える。

ii 財務上の問題点

(a) ストックの問題

1. 資産推移

　アメリカの金融セクターの資産は、融資、公社債・株式などの有価証券、その他の金融資産が大半で、現預金及び構築物や機械ソフトなどの非金融資産はわずかである。上記で構造上の問題として述べたように、アメリカは日本のように銀行中心の間接金融の国ではなく、市場中心の直接金融の国である。したがって、日本と比べると、融資が少なく、公社債や株式投資が多い（図表ⅡC－4．アメリカ金融セクターの資産推移）。

　アメリカの金融セクターの貸出は1986年の4.3兆ドルから2008年の24兆ドルまで増加し、金融危機で落ちて2012年でも20兆ドル程度しかない。これは、日本の金融セクターの貸出が1998年に1600兆円、2012年で1200兆円ほどあるのに比べて経済規模から見れば比較的小さい。

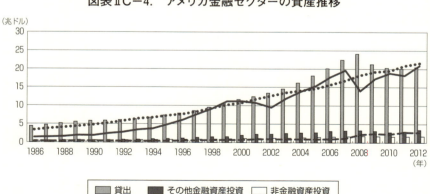

図表ⅡC－4．アメリカ金融セクターの資産推移

出所：アメリカの国民経済計算

Ⅱ．アメリカの財務諸表分析と日本との比較

　事業会社、金融機関、連邦・州・地方政府の資金調達を支援する債券投資は1986年の3.4兆ドルから2012年の22兆ドルまで増加し、2011年には融資を超えた。日本でも金融機関の公社債投資は2012年で1000兆円を超えたが、まだ貸出より小さい。

　株式投資は、日本では株式市場の変動に伴いリターンが大きく変動する金融機関にはリスクが高過ぎる投資と見られているが、アメリカでは融資や公社債投資と同じくらい金融機関の投資対象となっている。ただ、銀行というよりは、投資信託、企業年金、生命保険等の機関投資家が株式や公社債を持っている。アメリカの金融セクターの株式投資は、1986年の1.4兆ドルから2007年には20兆ドルまで増加し、金融危機で落ちたものの、その後また増えて2012年末にはこれも融資を超えて21兆ドルほどある。

2．資本構成推移

　アメリカの金融セクターの資本構成は、現預金、債券、保険・年金準備金、発行株式等が主要なものである（図表ⅡC－5．アメリカ金融セクターの資本構成推移）。

　日本のように銀行の間接金融が中心ではないので、資金調達ソースとして預金が金融債や保険年金準備金に対して圧倒的に大きいわけではない。金融セク

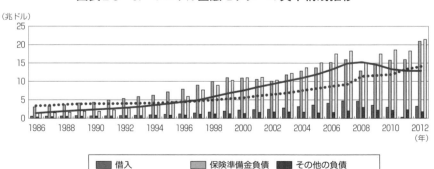

図表ⅡC－5．アメリカ金融セクターの資本構成推移

凡例：借入／保険準備金負債／その他の負債／発行株式・出資金／現金・預金負債／株式以外の証券負債

出所：アメリカの国民経済計算

ターの負債としての現預金は、86年末の3.4兆ドルから2012年末の14兆ドルまで増加した。

　金融債は1986年には1.4兆ドルしかなかったが、金融危機までは現預金より速いスピードで増加し、1996－97年にかけて預金を抜いて2008年には15兆ドルを超えた。しかし、金融危機で落ちて2012年には現預金を下回る13兆円程度になった。

　発行株式時価は、1986年の1.4兆ドルから2007年には18.3兆ドルまで成長し、金融危機で15兆ドルまで下げたものの、2012年には21.4兆ドルまで伸びてきた。保険準備金も1986年に3兆ドルしかなかったものが2007年には16兆ドル近くになり、金融危機で多少落ちたものの、2012年には21兆ドルまで伸びた。2012年末段階で、アメリカでは、金融機関の株式時価、保険準備金はいずれも銀行預金より多い。金融債も多少減っても現預金と同じくらいある。日本に比べて、直接金融を担う金融機関がリスク資産を多く持つため、借入よりも自己資本の割合が高い。

(b)　フローの問題
1．所得支出勘定推移
　アメリカの金融セクターでは国民経済計算上の利益が、アドバイザリー、トレーディング、デリバティブ等収入、融資や預金の付加価値部分から営業費用を引いた営業利益と、金利配当を含み投融資や預金・借入などの有利子負債金利の市場金利利鞘である資金損益に分けて計算される（図表ⅡC－6．アメリカ金融セクターの所得支出勘定推移）。

　営業利益は、1986年に640億ドルだったものが、2006年のピークには5.3倍の3390億ドルとなった。金融危機で2008年にはほとんど利益なしの10億ドルに落ち込んだものの、2009年には早くも2250億ドルに戻り、2012年も2090億ドル程度ある。

　一方で、貸出市場金利と預金市場金利の利鞘を含む、資金収入と資金費用の利鞘である純資金損益は1986年に310億ドル程度だったものが、2012年には6180億ドルと20倍になった。投融資収益に金利・配当などのカレント・インカムのみでキャピタル・ゲインやロスを含んでいないため、金融危機の影響もほ

Ⅱ. アメリカの財務諸表分析と日本との比較

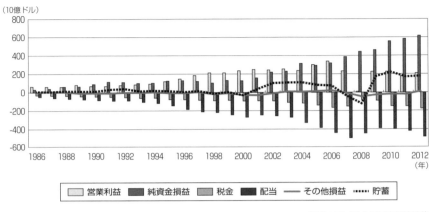

図表ⅡC-6. アメリカ金融セクターの所得支出勘定推移

出所：アメリカの国民経済計算

とんど受けていない。

アメリカの金融機関の株主に対する支払配当が大きいのには驚くばかりである。支払配当は1986年に520億ドルだったものが、2007年には4970億ドルに達し、金融危機で2009年には3910億ドルに下げたものの、2012年は4840億ドルと2007年のピークに近づいてきた。税金を除いた利益の大半を株主に配当しているように見えるのは、アメリカの金融機関が将来の成長を見込めないと考えるからだろうか。

2002-06年、2009-12年は1000-1800億ドルくらいの内部留保をしているが、1986-2001年、2008年はほとんど内部留保がない。

2. 資本調達勘定推移

アメリカの金融セクターの資金調達は、経常キャッシュフロー、預金負債・借入の増加、債券による調達、株式による調達、保険年金準備金の増加に分けられる（図表ⅡC-7．アメリカ金融セクターの資本調達勘定推移：資金調達内訳）。アメリカの金融セクターでも経常キャッシュフローである貯蓄＋減価償却＋海外からの資本移転は、貯蓄と減価償却がそれぞれ半分程度である。1986年には合計430億ドル程度だったが、2000年代には2千億ドル程度になった。

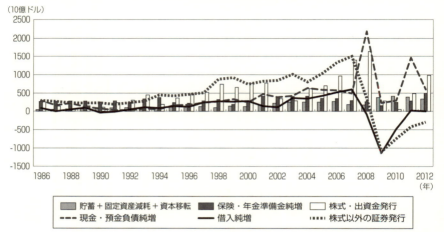

図表ⅡC-7. アメリカ金融セクターの資本調達勘定推移：資金調達内訳

出所：アメリカの国民経済計算

2009年から2012年までは3-4千億ドル程度である。

　預金負債の増加は、1980年代後半には200-300億ドル程度だったものが1995年から毎年1500億ドルを超えてきた。2000年代から1年あたり4-5千億ドル台に増加し、2008年の金融危機直後にはリスク資産からの一時的逃避で2兆ドルを超えた。2009-10年には2-3千億ドルに下げたが、2011年には再び1兆ドルに増えた。2012年は6千億ドル程度である。

　保険・年金準備金の増加も日本では大きいがアメリカではそれほどでもない。アメリカの金融セクターの資金調達で預金負債の増加に加えて大きいのは、借入、社債発行、株式の発行等である。

　保険・年金準備金の増加は毎年2-4千億ドル程度である。借入は、1980年代後半から1990年代前半まで大したことはなかった。その後、増え始めて2007年のピークには5千億ドル程度の増加になったが、金融危機で返済を迫られ、2009年、2010年にはそれぞれ1.1兆ドル、5千億ドル程度返済した。

　債券の発行による調達は、1986年から2007年まで一貫して預金負債の増加や借入による調達を上回っている。1998年に9千億ドル調達してから不動産バブルで2007年には1.5兆ドルまで調達した。2008年のリーマンショックで返済を

Ⅱ．アメリカの財務諸表分析と日本との比較

図表ⅡC-8．アメリカ金融セクターの資本調達勘定推移：資金運用内訳

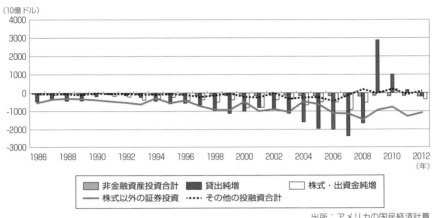

出所：アメリカの国民経済計算

迫られ、借入と同様に、2009年、2010年、2011年、2012年にはそれぞれ1.1兆ドル、7千億ドル、4千億ドル、3千億ドル程度返済している。

　アメリカの株式・出資金による調達は日本とは比較できないほど多い。1997年に5千億ドルを超えてから7千億ドル台に乗せ、2002-03年は低調だったが、2003年の2900億ドルから2008年の1.6兆ドルまで5倍以上になって不動産バブル発生を支援した。株式バブル崩壊後の2009-10年はほとんど調達できていない。2011年、2012年にはそれぞれ5千億ドル、1兆ドル程度調達した。

　アメリカの金融セクターは、間接金融ではなく直接金融が中心なので、融資だけでなく株式や公社債への投資を多くしている（図表ⅡC-8．アメリカ金融セクターの資本調達勘定推移：資金運用内訳）。融資は1980年台後半から初めは低調だったが、1990年代前半に徐々に増加させ、1998-2000年は毎年1兆ドル程度増やした。その後、2000年代前半は毎年1兆ドル程度を維持していたが、2004年くらいから増加し、2007年のピークには2.4兆ドル増加させ、アメリカにおける不動産バブル発生の一因となった。2008年に不動産バブルが崩壊したため、融資の増加を減らし、2009年、2010年にはそれぞれ2.9兆ドル、1兆ドル回収した。

株式投資はそれほど大きく行っていたわけではないが、1990年代後半から徐々に増やし、2000–01年には毎年8千億ドルレベル投資した。その後、減らしたものの、毎年数千億ドル増加させるレベルは維持している。

　公社債投資は80年代後半から毎年数千億ドルレベルで行い、1998年以降融資と同じ毎年1兆ドルレベルで行っていた。融資と比較すると、公社債投資は安定してハイレベルの投資をしており、2009–12年でも1兆ドル前後のレベルを維持している。

連邦政府セクター

ｉ　連邦政府の構造

　アメリカの政府は合衆国憲法に根拠規定をおく連邦政府、州政府と地方政府からなっている。合衆国憲法によれば、連邦政府に権限として明示されていな

図表ⅡD–1．アメリカの連邦政府と州・地方政府の役割分担

	連邦政府	州政府・地方政府
役割	戦争・防衛 貨幣の鋳造 税の賦課徴収 起債 裁判 外交 社会保障・所得保障 メディケア・保健医療 教育・職業訓練など	50州が約3千のカウンティー、約1万9千のミュニシパリティー、約1万6千のタウンシップ、学校区、特別区などの地方政府を監督する 教育：地方公務員の半分以上が学校区職員 住宅 消防 環境衛生など
歳入	所得富等への経常税 社会保障関係受取など	受取生産輸入品税（地方財産税） 州から地方への交付税 所得富等への経常税など
歳出	社会保障関係歳出 現実最終消費など	現実最終消費 社会保障関係歳出など

出所：「役割」は、橋都由加子著「アメリカにおける連邦・州・地方の役割分担」（財務省財務総合政策研究所『「主要諸外国における国と地方の財政役割の状況」報告書』2006年）から村藤作成。
　　　「歳入・歳出」はアメリカの国民経済計算参照。

いものは州政府か人民に留保されていると定められており、連邦政府の権限は憲法に定められた限定列挙である。

連邦の立法権は憲法第1条第8節に列挙されており、戦争、貨幣の鋳造、税の賦課徴収、起債、裁判等である。外交政策は明示されていないが当然連邦政府の権限に含まれると考えられている（図表ⅡD−1．アメリカの連邦政府と州・地方政府の役割分担）。

アメリカの連邦政府は東海岸のワシントンにあり、直接選挙で選ばれ行政を担当する大統領、上院・下院からなる立法府と裁判所から構成されている。現在は民主党のオバマ大統領が行政を担当している。アメリカの大統領は、行政を担うだけでなく、軍の最高司令官であり、国家元首でもある。日本では内閣の全員一致で意思決定をするが、アメリカの大統領は各省の長官の同意を得ずに意思決定ができる。

連邦政府は、1929年の大恐慌に至るまでは財政均衡主義を採っていたが、大恐慌以降のニューディール政策によってその性質が変化した。福祉国家として政府財政支出を経済コントロールの手段として用いるようになったのである。また、第二次世界大戦で完全雇用を達成したことから国民は政府に完全雇用を達成するための支出を認めるようになった。これは、1946年の雇用法となって結実する。

ⅱ 連邦政府と社会福祉

連邦政府は、憲法上国民に社会福祉を提供する義務が明記されているわけではないが、大きな社会保障制度を担っている。連邦政府の行政支出の最大のものは軍事・防衛支出であるが、社会保障、所得保障、メディケア、保健医療、教育、職業訓練など、巨額の社会福祉サービスを提供している。

公的年金制度は、老齢・遺族・障害年金（OASDI：Old Age, Survivors, Disability Insurance）と、連邦公務員や鉄道職員、州・地方公務員に適用される個別の年金制度に大別される。老齢・遺族・障害年金は業政府内の独立行政機関である社会保障庁（Social Security Administration）と財務省が管轄している。財源は社会保障税、余剰分の運用収入、年金給付課税から成り立って

いる。ただ、裕福な人や普通の人は、401Kによって自分で自分の老後の年金を準備することが奨励されており、日本のように政府が高齢者全体の生活を引き受けようとしているわけではない。

　アメリカの公的医療保障制度としては、1965年に創設された高齢者のためのメディケアと貧困者のためのメディケードがある。メディケア及びメディケードサービスセンターは、公衆衛生局、社会保障庁、州の保健医療省と協力して全国的な制度運営を行っている。メディケアの対象者は、65歳以上の高齢者、65歳未満の障害年金受給者、終末期腎不全者である。メディケードの対象者は貧困者で、州によって運営され、連邦税と収税が財源である。日本のように全国民が対象になっているわけではない。2000年代に入ると医療の高度化と保険料の高額化が進んだ。国民の6人に1人が医療保険に入れなくなり、問題は深刻化した。このため、オバマ大統領は医療保険改革法を2010年に成立させた。これは、住民から保険料を強制的に徴収して低所得者に補助を行い、無保険者を3200万人減らして国民の健康保険加入率を95％まで向上させるものだった。2014年までに保険加入を義務づけないとメディケア給付を打ち切るとしたため州が反発し、26州が連邦政府を訴えたが、2012年6月に連邦最高裁は国民の保険加入を義務づける条項を合憲とする判決を下した。オバマケアはまだこれを推進しようとする民主党と反対の共和党の間で揉めている。2013年には導入を1年延期しようとする共和党と、すぐ導入しようとする民主党の間で争いになり、予算成立や債務限度引き上げができず、2013年10月から2週間以上、アメリカ政府は閉鎖になった。その後、10月半ばが期限の連邦債務限度額引上法案が可決され、連邦政府の債務不履行は土壇場で回避された。

　アメリカでは包括的な全員参加型の社会福祉制度は存在せず、高齢者、障害者、低所得者、児童など、社会的弱者のみを対象としている。そして、その特性に応じて、所得保障、メディケア・メディケード、貧困家庭一時扶助などの制度が存在している。また各州で独自の制度も存在している。アメリカの高齢者法によれば、高齢者は高齢者というだけでサービスの対象になるのではなく、高齢者で社会的経済的ニーズがあり、地域での自立した生活に困難がある場合に限って、これを対象として在宅ケアサービスが提供されるものである。

　教育は州が担当するものだが、連邦がノータッチなわけではない。連邦政府

Ⅱ．アメリカの財務諸表分析と日本との比較

は2002年に初等中等教育法を制定し、初等中等教育の質の向上を図った。教育改革の実行案を連邦教育相に提出し承認を受けられれば、初等中等教育法に基づく連邦補助金を受けられることにしたのである。

アメリカの公務員のうち、連邦政府に所属しているのは12-13%程度である。州政府に24%、地方が63-64%と公務員は圧倒的に地方政府に所属している。連邦政府に所属しているのは、郵便、防衛・国際関係が多く、全体の半分以上であるという。

iii 日米政府の違い

日米の政府の役割の違いを確認するため、歳入と歳出の違いを見てみたい。まず、歳入内訳を見てみよう（図表ⅡD-2．日米政府歳入内訳比較）。日本は、所得富等への経常税と受取生産輸入品税をほぼ半々とする税金が半分ちょっとある。残りの収入は社会保障料収入が半分近くである。一方、アメリカの連邦

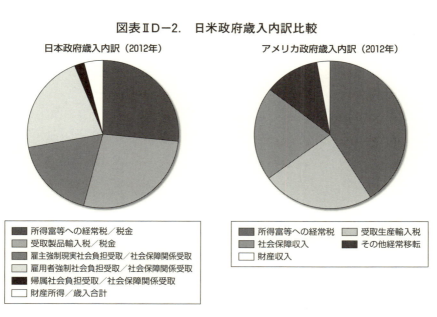

図表ⅡD-2．日米政府歳入内訳比較

日本政府歳入内訳（2012年）　　アメリカ政府歳入内訳（2012年）

凡例（日本）：
- 所得富等への経常税／税金
- 受取製品輸入税／税金
- 雇主強制現実社会負担受取／社会保障関係受取
- 雇用者強制社会負担受取／社会保障関係受取
- 帰属社会負担受取／社会保障関係受取
- 財産所得／歳入合計

凡例（アメリカ）：
- 所得富等への経常税
- 受取生産輸入税
- 社会保障収入
- その他経常移転
- 財産収入

出所：日米の国民経済計算から村藤作成

◆171◆

図表ⅡD-3. 日米政府歳出内訳比較

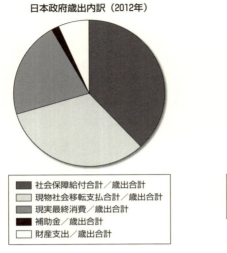

日本政府歳出内訳（2012年）

凡例：
- 社会保障給付合計／歳出合計
- 現物社会移転支払合計／歳出合計
- 現実最終消費／歳出合計
- 補助金／歳出合計
- 財産支出／歳出合計

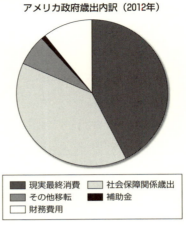

アメリカ政府歳出内訳（2012年）

凡例：
- 現実最終消費
- その他移転
- 財務費用
- 社会保障関係歳出
- 補助金

出所：日米の国民経済計算から村藤作成

政府は所得富等への経常税が主たる歳入だが、地方政府は受取生産輸入品税に含まれる地方財産税が主たる収入である。社会保障関係は、貧困者に対する医療制度であるメディケード等の一部の例外を除けば、ほとんど連邦の制度で、必要な資金は連邦が集めて連邦と地方で手分けして執行している。

行政サービスのポートフォリオを表わす歳出内訳も日米でかなり異なる（図表ⅡD-3. 日米政府歳出内訳比較）。日本は現物社会移転を含む社会保障が3分の2程度と圧倒的に大きい。一方、アメリカでは社会保障は40％足らずで現実最終消費が43％と社会保障より大きい。アメリカで現実最終消費が2012年で2.5兆ドルと大きいのは、地方政府の教育関係職員が多いことだけでなく、連邦政府に世界の警察力を担う強大な軍事力を抱えているからであると思われる。連邦政府の2012年の現実最終消費1兆ドルの半分近くは軍事費である。これは日本が脅威と言っている中国の軍事費の約4倍にあたる。将来はともかく、現状で中国とアメリカが戦争をして中国が勝利を収めることは過去の技術の積み重ねや現在の軍事費の格差から言えばあり得ない。

歳入と歳出を対比して、日米の違いを見てみよう（図表ⅡD-4. 日米歳入

Ⅱ．アメリカの財務諸表分析と日本との比較

図表ⅡD-4. 日米政府歳入歳出対比比較

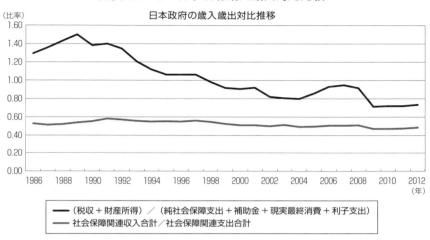

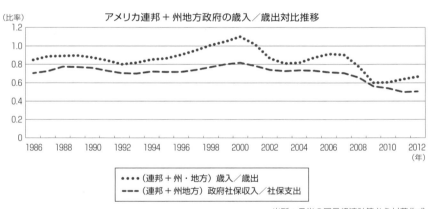

出所：日米の国民経済計算から村藤作成

歳出対比比較）。日本でもアメリカでも社会保障支出の半分くらいしか社会保障収入を得ていない。特にアメリカでは、1986年から2005年くらいまで社会保障費用の7割ほどを社会保障収入として得ていたものが、2012年には5割ほどに下がり、税金を使う割合が大きくなってきた。アメリカは高齢者、貧困者、障害者など、お金を取りにくい貧困者たちのために社会福祉を提供しているので、税金を使うことが増えるのであろう。一方で、日本は全員加入の社会福祉

制度を維持しているので、社会福祉制度の中で裕福な人から困窮している人への富の移転が行われることになる。税金でも富の移転を行うことを考えると、二重の富の移転と言える。実際、日本では税金だけでなく、あらゆる社会制度で裕福な国民から困窮者への富の移転が行われるので裕福な国民はほとんどいないと言える。

日本では社会福祉費用の拡大の結果、政府の歳入／歳出比は1998年頃に1になり、悪化する一方である。アメリカでも社会保障は大したことはないのに、軍備や教育費用のために2000年以降歳入／歳出比は1を切り、特に2008年の金融危機以降は0.6程度と大きな赤字国債の発行が常態化している。

ⅳ 財務上の問題点

(a) ストックの問題

1．政府価値推移

アメリカの一般連邦政府セクターの政府価値は、構造物、機械ソフト、年金保険債務等を含む行政価値と、現預金、貸出、株式、公社債投資を含む投融資

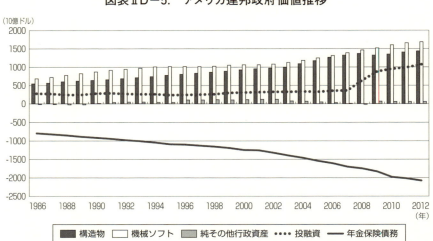

図表ⅡD-5．アメリカ連邦政府価値推移

出所：アメリカの国民経済計算

から構成される（図表ⅡD－5．アメリカ連邦政府価値推移）。

構造物は、行政施設、軍事施設、高速道路、港湾、飛行場、ダム等連邦政府が担当する業務に必要な全ての構造物を含む。構造物は1986年の5490億ドルから2012年の1.4兆ドル超と2.6倍になった。アメリカの高速道路はほとんど無料で、有料でもとても安い。したがって、連邦政府の構造物から大したキャッシュフローは生まれない。

機械ソフトは、1986年の6810億ドルから2012年の1.7兆ドルになり、2倍余りと構造物の増大と同様に増加した。この中に連邦政府で使っているコンピュータやソフト、宇宙ロケット、軍事用ミサイル、航空機、戦車等が含まれるだろう。

年金保険債務の増大も目に付く。年金保険債務は1986年の7910億ドルから2012年の2.1兆ドルと2.6倍になった。アメリカは全国民でなく高齢者や貧困者などの困窮者を対象とする社会福祉サービスのみの国だが、社会福祉サービスの増大につれて連邦政府の年金・保険の規模が拡大していることがわかる。

アメリカでは連邦政府が現業を行うことはそれほどないため、公営事業や公的金融機関に対する投融資は1986年から2007年まで3千億ドル台で、それほど多くなかった。しかし、リーマンショックによる対応で、2008－09年で6千億ドルから9千億ドルへと突然跳ね上がり、2012年には1兆ドルを超えた。これは、連邦政府がリーマンショックによる金融危機を回避するために、商業銀行、投資銀行、保険会社などの金融機関に出資したり、ファニーメイやフレディーマックのような証券化機関に投融資の支援をしたりしたことが大きい。連邦政府の貸出が金融危機以前は3千億ドル程度だったものが、2012年には9千億ドルを超えているのが気になる。

2．資金調達構成推移

アメリカ連邦政府の政府価値は1986年の1兆ドルから金融危機までは1.4兆ドル程度だったのに、投融資を増やした結果、2兆ドルを超えてきている。

アメリカは、軍事費の拡大、社会福祉の拡大による財政赤字の補填や、特にリーマンショック以降の緊急支援投融資の拡大などのため、資金調達しなければならなかった。アメリカ国債は、1986年の2兆ドルから2012年には12.9兆ド

ルまで6倍以上に激増した（図表ⅡD－6．アメリカ連邦政府の資金調達構成推移）。

　恒常化した財政赤字や国債の急拡大の結果、連邦政府の債務超過金額は、1986年の1.3兆ドルから、2012年には10.6兆ドルまで急拡大した。2012年に国債が12.9兆ドルなのに、債務超過が10.6兆ドルというのは国債のほとんどが債務超過分ということで大変に困った状況である。この債務超過の増大は、先に提供した行政サービスの結果生じた借金を、そのサービスを受けなかった将来世代が返済しなければならないという意味で世代間不均衡の問題になる。しかし、アメリカ国債は、世界最強の軍事力と政治力を裏づけとして世界中で保有されている。アメリカ連邦政府がいくら債務超過になり、いくら赤字国債を発行してもFRBに引き受けさせることができ、世界各国にアメリカのトラブルを分担させることができる。この意味では、アメリカ政府が現在すぐ債務不履行に陥るとか、財政上破綻しているとかいうわけでもない。

図表ⅡD－6．アメリカ連邦政府の資金調達構成推移

（兆ドル）

　　　　　政府価値　　　株式以外の証券負債　　　正味資産

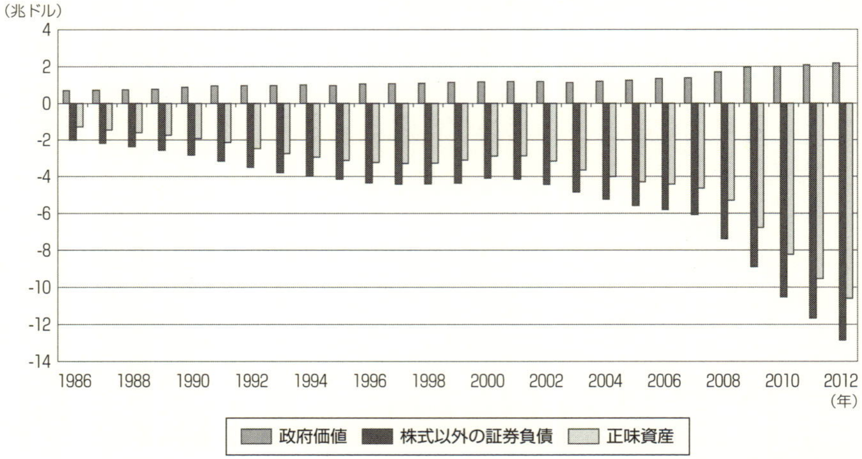

出所：アメリカの国民経済計算

Ⅱ．アメリカの財務諸表分析と日本との比較

(b) フローの問題
1．所得支出勘定推移

アメリカ一般連邦政府セクターの歳入は、所得富等への経常税、生産輸入品税、社会負担受取と財産所得より構成される（図表ⅡD－7．アメリカ連邦政府の所得支出勘定推移：歳入）。

連邦政府の歳入の中で明らかに一番大きいのは所得富等への経常税である。所得富等への経常税とは、所得税、法人税等のことで、1986年の4360億ドルから2000年には1.2兆ドルを超えたが、景気後退で2002－03年は１兆ドル程度まで減少した。その後、2007年のピークである１兆5430億ドルまで成長したが、金融危機でまた１兆ドル余りまで落ちた。その後、回復して2012年には1.5兆ドル程度である。

生産輸入品税は、消費税や輸入税を含み、日本では所得富等への経常税と変わらないくらいあるが、アメリカの連邦政府では所得富等への経常税と比較してはるかに小さい。1986年に440億ドルだったものが、2010年に1000億ドル程度になったが、所得富等への経常税の10分の１もない。アメリカでは消費や輸

図表ⅡD－7．アメリカ連邦政府の所得支出勘定推移：歳入

(10億ドル)

凡例：所得富等への経常税／受取生産輸入品税／その他の受取経常移転／‥‥社会保障関係受取合計／―財産所得合計

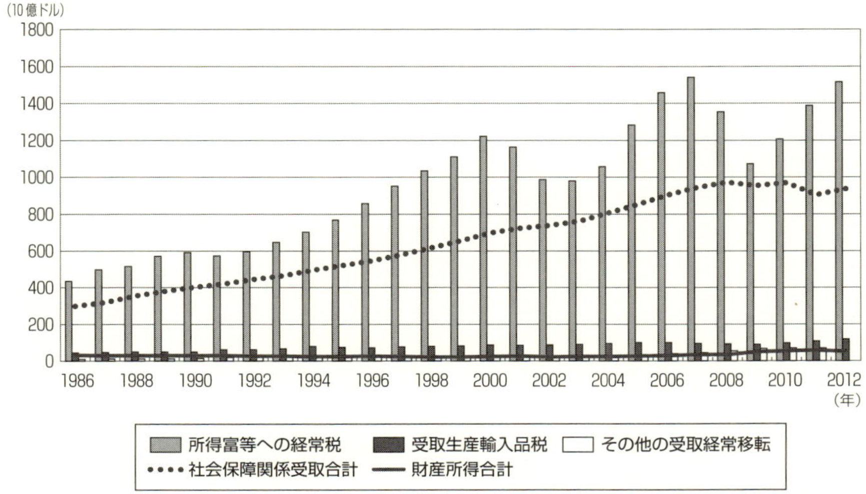

出所：アメリカの国民経済計算

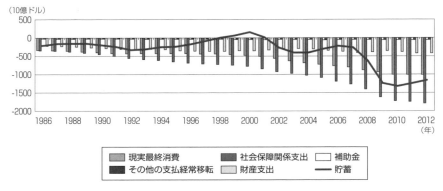

図表ⅡD-8. アメリカ連邦政府の所得支出勘定推移：歳出と貯蓄

出所：アメリカの国民経済計算

入に対する税金は小さいのである。アメリカは連邦政府に消費税はなく、州ごとに3-8％程度の小売売上税を定めているだけである。

アメリカ連邦政府の歳入として、所得富等への経常税に次ぐ規模なのは、社会保障関係受取合計である。雇主、雇用者双方から連邦政府が取り立てる社会保障関係受取合計は、社会保障給付の増大に対応して、1986年の3千億ドルから2008年には1兆ドルをうかがった。しかし、金融危機で伸びが止まり、2012年には9380億ドルである。社会保障関係の受取は、1986年には全体の37％、2012年には36％と社会保障だけ大きくなったのではなく、全体の歳入が大きくなったのである。ただ、財産収入は利子収入を中心とし、2010-12年に500億ドル台程度のもので、大したことはない。

アメリカの一般連邦政府セクターの歳出は、現実最終消費支出、社会保障給付、補助金支出、財産支出等よりなる（図表ⅡD-8. アメリカ連邦政府の所得支出勘定推移：歳出と貯蓄）。

連邦公務員の現実最終消費支出は86年の3580億ドルから2012年の1兆ドルまで約3倍になっているが、支出全体も3.7倍になっているので、支出中の比率は35％から27％まで減少した。政府は全体として大きくなっているため、公務員の数や給料のみ減らせるわけではない。ただし、連邦政府の現実最終消費の

中の半分近くは軍事費であり、アメリカの場合は軍事費を小さくしなければ連邦政府財政の再建は困難だと思われる。イラクやアフガニスタンからの軍隊の撤退はやむを得ない。イスラム国の空爆くらいはできるかもしれないが、イスラム国への地上軍の派遣やウクライナへの派兵は無理だろう。連邦政府の財務状況を考えれば、もうアメリカに世界の警察の役割を期待することはできない。

社会保障関連費用は1986年には3480億ドルで全体の34％だったが、2012年には１兆7910億ドルと26年で5.1倍になり、全体の47％に増加した。社会保障の財源は社会保障収入が1980年代後半には９割あったのに、2012年には52％まで落ちてしまった。日本では、もともと社会保障収入は社会保障支出の50％台で、半分近くは税金で賄っている。アメリカでは、全員加入の社会福祉制度がない。日本ほど社会保障の全てを政府が担っているわけではないが、社会保障を政府が担う限り、社会福祉費用の増大を食い止めることはできない。困窮者に対する社会福祉ということであれば、困窮者からは保険料を取れないので、税金負担は増えていくと言わざるを得ない。アメリカでは、日本のように地方交付税を出して地方自治体に社会福祉を行わせるのではなく、連邦が自分でほとんどの社会保障を行っているように見える。アメリカの公的社会保障費用には大恐慌後の1935年の社会保障法によって発足した高齢者遺族障碍者保険（OASDI：Old-Age, Survivors and Disability Insurance）と、メディケア、メディケードなどの医療保険、貧困対策等が含まれる。OASDIの対象は５－６千万人ほどで、退職者及びその配偶者と子供、遺族及び障害者及びその配偶者と子供が対象であるが、７割ほどは退職者とその家族である。OASDIによる老後の保障は、月に1200－1300ドル程度のものでしかなく、多くの退職者は企業年金や個人預金に頼っている。メディケアは高齢者及び障碍者向けの医療保険で、またメディケードは低所得者向けの医療保険であり、どちらも1960年代に導入された。その後、1990年代になってクリントンが低所得層の子供向けメディケアであるCHIPS（Children's Health Insurance Program）を導入した。オバマ大統領が、保険料の税額控除、26歳までの親の保険利用、メディケードの範囲拡大によりオバマケアを拡大し、健康保険無保険者が減っていることは事実である。ただし、年金だけでなく医療保険でも、アメリカの主流は企業医療保険やHMOを通じた医療保険などの私的医療保険であり、保守派が主張するほど、

公的医療費が政府財政を圧迫しているわけではない。また、アメリカにおける貧困対策としては、児童扶養世帯補助（AFDC：Aid to Families with Dependent Children）と呼ばれる制度があった。これは日本の生活保護にあたり、貧困家庭に対する現金給付プログラムである。しかし、クリントン大統領時代の1996年にAFDCは廃止され、代わりにTANF（Temporary Assistance Needy Families）が導入された。これは、個人の支給期間を生涯累積で60カ月に制限し、できるだけ就労させようとするものであった。しかし、結果として貧困率は改善せず、貧困世帯の経済状態はかつてより悪化したと言われている。

補助金支出は1986年から2012年まで250－620億ドル程度に留まっており、日本と同様にあまり大きくはない。補助金は必要最小限のみ出すものであって、自立した民間企業や家計に対して、それほど大きな補助金を出すものではない。

財産支出は、利子支出を中心とし、有利子負債の増加にもかかわらず、金利の低下により、2012年段階において4210億ドルレベルで済んでいる。

経常的な歳入と歳出の差額である貯蓄は、1986年から1997年までマイナスだったが、好調な経済による法人税・所得税等の税収増加で1998年から2001年までプラスになり、その後また落ち込んだ。貯蓄のマイナスは社会保障関係費用や現実最終消費の増大もあって金融危機以降に加速度的に大きくなり、2009年から2012年にかけての貯蓄は1年あたりマイナス1.2－1.3兆ドルと、日本の中央政府と同様に危機的なものになっている。2002年から2012年までの11年間でアメリカ連邦政府は7.5兆ドルの貯蓄の赤字を積み上げた。連邦政府は不足する資金を、赤字国債の発行で調達せざるを得ず、アメリカ連邦政府の大きな債務超過拡大の理由になった。

2．資本調達勘定推移

アメリカ連邦政府の資本調達勘定の主要項目は、経常キャッシュフロー、有利子負債純増、固定資産投資、金融資産純増、行政運転資金純増である（図表ⅡD－9．アメリカ連邦政府の資本調達勘定推移）。

貯蓄、固定資産減耗と資本移転によって構成されるアメリカ連邦政府の経常キャッシュフローは、1986年から1996年にかけて1－2千億ドル程度の赤字だ

Ⅱ．アメリカの財務諸表分析と日本との比較

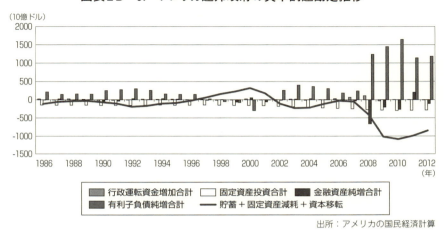

図表ⅡD-9. アメリカ連邦政府の資本調達勘定推移

出所：アメリカの国民経済計算

ったため、赤字国債を発行して穴埋めをせざるを得なかった。1998-2001年にかけて収支が黒字転換したため、多少国債を返済できたが、2001年のアフガン戦争、2003年のイラク戦争に伴い、また赤字になり、2005-07年の不動産バブルが崩壊した後の2008-12年は金融危機対策で大きな借金が必要になった。

アメリカは、2001年の同時多発テロ後にアフガニスタン、イラクと戦争をして戦費を出しているが、行政運転資金、固定資産、金融資産に大きな投資をしたわけではない。アメリカは、金融危機後の財政悪化を再建するため、アフガニスタン・イラクなどから軍隊を撤退しつつある。ウクライナへの軍隊派遣を我慢し、イスラム国へも地上軍派遣を避けて空爆のみにしている。

連邦政府の国債による調達は金融危機が起こるまで4千億ドル程度で済んでいたが、2008年以降の5年間は、1.2兆ドルから1.6兆ドルへと赤字国債の発行が膨らんでいる。赤字国債の発行枠の上限が政治問題化し、政府の運営自体が止まる事態も起こっている。アメリカの連邦政府の債務超過は、アメリカ政府運営の自由度を奪い始めているのである。

E 州・地方政府セクター

i アメリカの州・地方政府の構造

　アメリカでは連邦制を採っており、外交、戦争、貨幣の鋳造、税の賦課徴収、起債等、憲法第一条に列挙される連邦権限以外は原則として州政府に留保されている。連邦政府が次第に社会福祉や教育で役割を拡大しつつあるが、州政府の権限には、警察、教育、福祉、カウンティー・ミュニシパリティー・タウンシップ等の地方政府の監督などが含まれる。アメリカでは、もともと州政府が連邦を設立したのであって、連邦政府が地方自治のために州を置いたわけではない。この意味では、日本で明治の初めに廃藩置県によって藩が廃止されて中央集権のための自治組織である都道府県が置かれたのとは州政府の成立の仕方が異なる。

　アメリカは独立宣言をした時代には13州で連邦をスタートしたが、2014年現在では、ハワイやアラスカを含む50州が存在する。州の下部単位として地方政府が存在するが、地方政府は、3千ほどのカウンティー、1万9千ほどのミュニシパリティー、1万6千ほどのタウンシップを含んでいる。州はカウンティーに分割区分されており、カウンティーはタウンシップまたはタウンに分割されている。このうち、一部のタウンシップまたはタウンは、シティー、ボロー（boroughs）、ビレッジなどのミュニシパリティーと呼ばれる市町村に法人化されている。また地方政府には、カウンティー、ミュニシパリティー、タウンシップ等の一般地方政府のほかに、学校区（School Districts）や、下水道、住宅、消防、環境衛生などの特定業務を実施する特定区（Special Districts）などの特別目的地方政府が存在する。

　州政府は、憲法上　連邦政府権限として限定列挙されたり、州に禁止されたりしている事項を除いて自由に立法する権限を持つ。ただし、合衆国憲法第6条第2項によって、連邦の法律または条約に反する州の立法は効力を有しないことになっている。

　合衆国憲法は連邦政府や州政府について規定しているだけで、地方政府につ

いて規定しておらず、地方政府は、州ごとに州憲法や州法によって規定されている。連邦から州に対しての地方交付税の交付はないが、州政府から地方政府への地方交付税の交付はある。ほとんどの州では均衡予算要求条項を置いており、州憲法や州法によって、州予算を公債発行に頼らずに均衡させることをルールづけしている。この結果、アメリカの州や地方政府の財政は赤字国債を発行できる連邦政府ほど、ひどくなってはいない。ただ、連邦政府に均衡予算要求を課せば、国際政治におけるアメリカの覇権が揺らぐことは間違いない。国際政治のリーダーシップ維持のために多少の赤字国債を連邦政府に発行させるとしても、どこまで発行させるのかが議会では問題になっている。多くの州では、地方政府に対して州憲法や州法に基づいて、課税制限や支出制限を課している。そのため、地方政府は破産することがあり得るが、その場合、州政府が全面的に財政支援する対応、州の破産管財人が財政再建をする対応と、連邦破産法第9章に基づく財政再建をする対応の3つの選択肢があり得る。

ii アメリカの州・地方政府と社会福祉

上記したように、アメリカの連邦政府は、憲法上の権限がなかったにもかかわらず、老齢・遺族・障害年金、高齢者を対象とするメディケア、保健医療、一部の教育、職業訓練など、多くの社会保障サービスを提供している。アメリカという国全土でサービスを一律に提供するため、ほとんどの社会保障費用は州政府や地方政府でなく、連邦政府で徴収されている。

ただし、教育については、合衆国憲法によって連邦政府権限とされておらず、州政府の専管事項とされてきた。このため、州は州憲法や州法に基づいて独自に州内の教育制度を設定することになり、教育制度は50州でそれぞれ異なっている。州の初等中等教育行政は州の教育委員会と州の教育長を中心に行われている。学校区は、州法によって設定される教育専門の行政単位であり、その学校区には所管区域内の初等中等教育を中心とする公立学校制度を管理するための権限を付与されている。学校区における教育は、意思決定機関である学区教育委員会と、執行者である学区教育長によって展開されている。

また、貧困者を対象とするメディケイドは連邦政府でなく、州政府が運営主

体となっているが、連邦税と州税の双方が財源である。

連邦政府について述べたときに、アメリカの公務員のうち、州政府に24％、地方が63－64％と、公務員は圧倒的に連邦政府でなく州政府や地方政府に所属していることは前に述べた。圧倒的に多い地方公務員のうち、半分以上は初等中等教育機関に所属している学校区の職員である。

iii 財務上の問題点

(a) ストックの問題

1．政府価値推移

アメリカの州・地方政府セクターの政府資産は、構造物、機械ソフト、その他を含む行政価値と、現預金、貸出、株式、公社債投資を含む投融資から構成される（図表ⅡE－1．アメリカの州・地方政府価値推移）。

州政府や地方政府は州政府が貧困者のために運営するメディケードを除いて大きな社会保険を持たない。ほとんどの社会保険はアメリカ全体の連邦政府により運営されている。

州政府や地方政府の構造物は連邦政府のものより数倍大きく、1986年に2兆ドル程度だったものが、2012年には9兆ドルまで増加した。地方の構造物の中

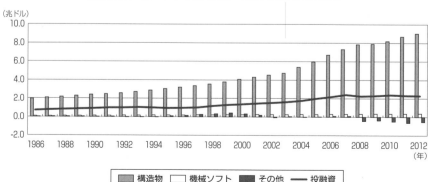

図表ⅡE－1．アメリカの州・地方政府価値推移

出所：アメリカの国民経済計算

Ⅱ．アメリカの財務諸表分析と日本との比較

には、道路・高速道路、州政府や地方政府の行政施設、教育施設等が含まれているものと思われる。連邦政府の構造物は2012年末において1.4兆ドル程度で、州・地方政府はこの約6倍以上の構造物を持っていることになる。州・地方政府の投融資は、1986年に6910億ドルだったものが、2012年に2.3兆ドルと3倍になっている。

州政府・地方政府の機械ソフトやその他は大した金額ではない。州・地方政府の政府価値は、構造物を主因として2012年には約9.8兆ドルと連邦政府の政府価値2.2兆ドルの4倍の規模を持っている。ただし、構造物は上記のように、ほぼ無料の道路・高速道路、行政施設、教育施設等であり、所得支出勘定で大したフローを生んでいるわけではないものである。

2．資金調達構成推移

アメリカ州・地方一般政府セクターの資金調達構成は、債券と正味資産だけで、借入はほとんどない（図表ⅡE-2．アメリカの州・地方政府の資金調達構成推移）。

構造物を中心とする政府価値は、1986年の2.7兆ドルから26年後の2012年に

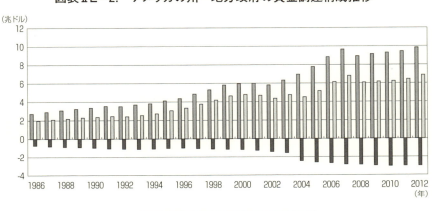

図表ⅡE-2．アメリカの州・地方政府の資金調達構成推移

出所：アメリカの国民経済計算

は3.6倍の9.8兆ドルになった。

　これに対して、債券は2012年で3兆ドルしかないので、帳簿上は正味資産が7兆ドルあるように見える。帳簿上は、連邦政府の10.6兆ドルの債務超過は、州政府と地方政府が7兆ドルの正味資産を持っていることで、連邦政府と州・地方政府をまとめた政府として捉えた場合には、3.6兆ドル程度しか債務超過になっていないように見える。しかし、これを州・地方政府の収入を連邦に移せば解決する程度の問題と見るのは間違いである。なぜなら、州・地方政府の帳簿上の正味資産が7.7兆ドルあっても、資産のほとんどはフローを生まない構造物で、州・地方政府のフローのボトムラインである貯蓄はマイナスになっているからである。残念ながらアメリカの州政府・地方政府においても、統計上の帳簿価格と、フローから推計される正味資産の時価は大きく異なる。州・地方政府に連邦政府の債務超過を穴埋めするような余裕はない。

(b)　フローの問題

1．所得支出勘定推移

　アメリカの州・地方政府セクターの歳入は、主として、生産輸入品税、所得富等への経常税、州からの交付金、社会負担受取と財産所得より構成される（図

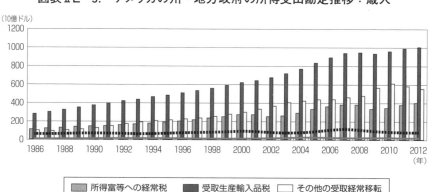

図表ⅡE-3．アメリカの州・地方政府の所得支出勘定推移：歳入

出所：アメリカの国民経済計算

表Ⅱ E − 3. アメリカの州・地方政府の所得支出勘定推移：歳入)。

アメリカの場合、日本のように国から地方自治体への地方交付税はないが、州から地方への交付金はある。それほど大きくはないが、国から地方への補助金もある。

生産輸入品税は、連邦では小さいが、地方では、アメリカの地方政府の主要な財源である不動産にかかる地方財産税（local property tax）が含まれ、所得富等への経常税をはるかに上回る。受取生産輸入品税は、1986年には2800億ドルだったが、2012年には1兆ドルと26年で3.6倍になった。所得富等への税と違って、金融危機後もそれほど落ち込んでいない。所得富等への経常税は、1986年の1100億ドルから2012年の4000億ドルまで同じく3.6倍になったが、州・地方政府にとっては受取生産輸入品税よりはるかに小さい。

その他の受取経常移転は、1986年の1050億ドルから2012年の5530億ドルへと26年で5.3倍程度に成長し、歳入項目として生産輸入品税には及ばないが所得富等への経常税を上回り第2位である。

図表Ⅱ E − 4. アメリカの州・地方政府の所得支出勘定推移：歳出と貯蓄

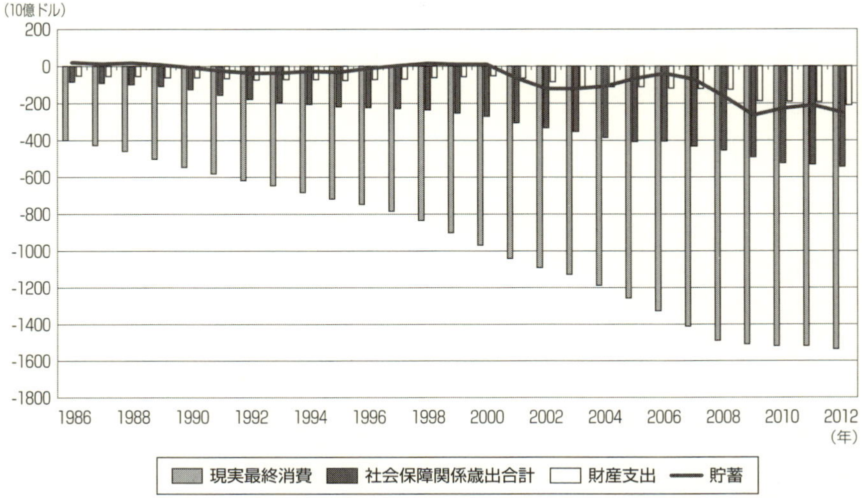

出所：アメリカの国民経済計算

アメリカの州・地方一般政府セクターの歳出は、現実最終消費支出、社会保障給付、補助金支出、財産支出等よりなる（図表ⅡE-4．アメリカの州・地方政府の所得支出勘定推移：歳出と貯蓄）。

州や地方政府の現実最終消費支出は、1986年の4千億ドルから2012年の1.5兆ドルと3倍以上に増加した。アメリカの場合、地方公務員の半分は学校区に所属している職員であり、現実最終消費は教育施設の新設や維持管理費用としての設備投資も含んでいる。

メディケードを中心とすると思われる社会保障は、1986年の850億ドルから2012年の5440億ドルと激増したが、連邦政府の1.7兆ドルに比較すれば、その規模は3分の1以下である。社会保障のほとんどは連邦政府が自分で行っているし、日本のように、全て政府が独占して国民全員加入でやっているわけでもないため、この程度で収まっている。上で述べたように、アメリカの場合、高齢者、貧困者、障害者などの困窮者のみを社会保障対象にしているのである。

地方政府の正味資産は2012年末で7兆ドルもあるのに、貯蓄は2009年以降マイナス2千億ドル台である。これは、州・地方政府の資産中に構造物が2012年末で9兆ドルもあり、ほとんどフローを生んでいないためと思われる。この意味では、州・地方政府の正味資産の時価はフローを生む7兆ドルではない。地方でフローに余裕があるわけではないので、これを連邦政府に与えて連邦政府の赤字国債発行体質を改善できるわけではない。

2．資本調達勘定推移

アメリカの州・地方政府のキャッシュフローは経常キャッシュフローに有利子負債で調達したものと、固定資産、投融資、行政運転資本に投資したものから構成される（図表ⅡE-5．アメリカの州・地方政府の資本調達勘定推移）。

貯蓄、減価償却、純受取資本移転を足した経常キャッシュフローは、1980年代後半には700-800億ドル程度のものだったが、2006年には2千億ドルを超えた。

有利子負債による調達は、連邦のように極端になっておらず、1980年代の後半から1990年代までは数百億ドル程度で1千億ドルになることはなかった。しかし、2001-07年にかけては、千億ドルを超え、固定資産や投融資をするため

Ⅱ. アメリカの財務諸表分析と日本との比較

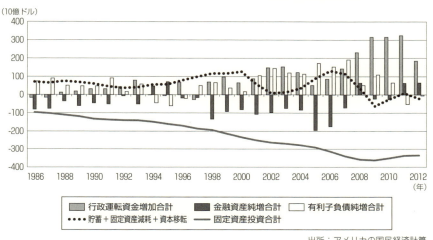

図表ⅡE−5. アメリカの州・地方政府の資本調達勘定推移

出所：アメリカの国民経済計算

に1−2千億ドルの調達をした。2009年末の金融危機時には、連邦政府の対応が中心だったため、州政府は大した調達をしていない。

州・地方政府の固定資産投資は、1986年には1年に1千億ドルだったものが1999年には1年あたり2千億ドルを超え、2005年から2012年までは1年あたり3千億ドルを超えることになった。アメリカは広いので道路は長大で、行政施設・教育施設もたくさんあることは間違いない。

金融資産投資は1986年から1993年までは債券投資を中心に増加させたが、1994−95年には債券を売却して有利子負債を返済した。1998年から2006年までは債券の購入を続けたが、2008−09年、2011−12年には債券をかなり売却して固定資産投資財源の一部とした。

2008−12年にかけて保険年金債務が毎年2−3千億ドル増える形で行政運転資金が増加し、資金調達の大半を担っていることも気にかかる。

F 家計セクター

i アメリカの家計のストックとフローの関係

アメリカの家計のバランスシートも、日本の家計と同様に、純家計業資産と金融資産によって構成される家計価値を有利子負債と正味資産で支える形にして、そこから生ずるフローを見てみることにする（図表ⅡF-1．アメリカの家計のストックとフローの関係）。

家計価値は、金融資産と家計の本業としての純家計業資産に分けられる。2012年の場合、家計の金融資産39兆ドルから、利子、配当等約の金融収益3.3兆ドルが生み出された。これは金融資産の約8.5％にあたり、日本の1％の8倍を超える。アメリカの金融資産のリターンは日本に比較してとても高い。

一方で、家計の不動産20兆ドル、保険・年金資産20兆ドル、消費者耐久品など5兆ドルを合計した純家計業資産は約45兆ドルだった。これを基礎に、政府からの所得移転を含めて家計業所得10.6兆ドルが生み出された。家計業所得10.6兆ドルから家計消費11.2兆ドルを控除すれば、純家計業資産45兆ドルから

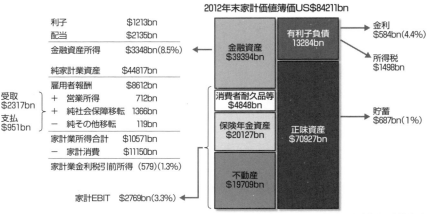

図表ⅡF-1．アメリカの家計のストックとフローの関係

出所：アメリカの国民経済計算から村藤作成

生み出されるフローのボトムラインがマイナスの5790億ドルということになる。

　アメリカの家計は大きな金融資産を持ち、金融資産から毎年高い収益を期待できるため、本業収入だけでなく金融資産収益も含めて消費をしても家計の金利税引前利益（EBIT）がプラスになれば良いのである。日本の家計のように消費を本業収入内に収める必要はない。金融資産収入3.3兆ドルから家計業金利税引前所得マイナス5790億ドルを控除すれば、2.8兆ドルが家計価値簿価84.2兆ドルから生み出されたことになる。さて、家計の金利税引前所得（EBIT：Earnings Before Interest and Tax）2.8兆ドルから借入に対応する金利5840億ドルと所得税1.5兆ドルを控除すれば、貯蓄は6870億ドルになる。すなわち、家計の貯蓄7千億ドルは正味資産71兆ドルに対応するものである。7％利回りを前提に仮に6870億ドルの貯蓄の14倍が時価正味資産価値であるとすれば、時価は10兆ドル程度である。統計上の帳簿価格正味資産が70兆ドルだとすれば、家計には60兆ドル程度の含み損があるということになる。アメリカでも家計のフローから推計される正味資産の時価は日本と同様に見かけの統計上帳簿価格よりはるかに小さい。これは、アメリカでも家計は金融機関との関係で預金をすれば市場金利より低く、借入をすれば市場金利より高く借りなければならないため、金融機関に対して大きな含み損を抱えるからである。

　ただ、アメリカの家計は銀行預金をするだけでなく、株や公社債の投資信託、直接の株や公社債の購入など、日本に比べてはるかに有効に金融市場を利用しており、日本より金融資産の収益が高い。このため、日本に比較して家計価値における金融資産の割合が大きく、不動産の割合が小さい。

ⅱ　アメリカの家計の利回り推移

　家計業資産と金融資産からなる家計価値が、その資金調達としては有利子負債と正味資産によって構成される以上、家計の正味資産からどの程度の貯蓄が生み出されるかは、家計の本業利回り、金融資産の利回り、有利子負債の利子によって決まる（図表ⅡF－2．アメリカの家計の利回り推移）。

　家計の消費後の家計業純所得が家計業純資産に対してどの程度あるかを見た家計の本業利回りは、アメリカにおいては金融収益も期待して消費をするため

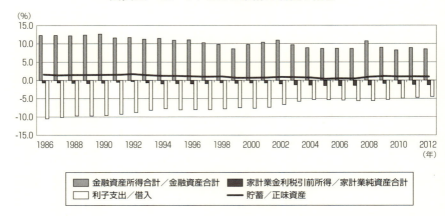

図表ⅡF-2. アメリカの家計の利回り推移

出所：アメリカの国民経済計算から村藤作成

毎年マイナスになる。1986年は-0.4%、2012年は-1.3%である。この意味では消費が本業収益だけでなく金融収益も見込んでなされるので、アメリカでは本業の投資収益率を特別に計算する意味はない。アメリカでは本業と金融の投資収益率を別々に計算する意味がないのである。

アメリカでは、金融資産利回りは日本よりはるかに高い。1986－96年、2001－02年、2008年には10％を超えている。2012年には8.5％である。一方で、有利子負債の金利は、1986年の10.3％から半減して2012年には4.5％である。

アメリカにおいては家計セクターの支払金利は金融資産利回りより低い。しかし、高い金融収益のかなりは消費されてしまう。すなわち、アメリカにおいては、消費が家計業所得だけでなく金融所得も見込んでされることから、貯蓄レベルは低くなる。この結果、正味資産に対する貯蓄は、1％程度の利回りに過ぎない。家計の正味資産の時価は、アメリカでも正味資産の帳簿価格よりはるかに小さいため、家計の帳簿価格正味資産利回りは低く抑えられることになる。家計の正味資産に対する貯蓄の利回りは、2001年以降1％程度である。

Ⅱ．アメリカの財務諸表分析と日本との比較

iii 日米比較

(a) 金融資産と家計業収益

　日本とアメリカでは家計の本業利回りと金融資産利回りが大きく異なるので対比してその推移を見てみたい（図表ⅡF－3．金融資産と家計業収益推移：日米比較）。

　アメリカでは金融資産の投資収益率が1986－90年は12％、1997年まで10％以上、1999年に8％台に下がって、その後変動しているが2012年も8.5％ある。日本の金融資産の投資収益率はバブル発生期に4％、91年のピークで5％台になったが、その後減少を続け、21世紀に入ってからは1％程度になっている。1986年から2012年まで常に6％以上、アメリカのほうが高い。日本の間接金融に対するアメリカの直接金融は、株や公社債の投資家としての家計に大きなメリットをもたらしている。

　家計の本業である家計業金利税引前所得／純家計資産で定義される家計業の投資収益率は、アメリカがマイナスなのに日本は2％程度のプラスである。

図表ⅡF－3．　金融資産と家計業収益推移：日米比較

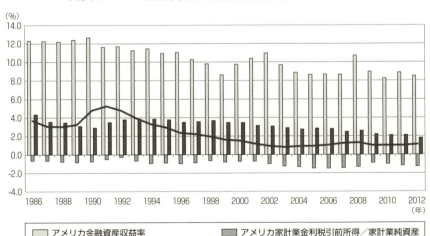

出所：日米の国民経済計算から村藤作成

アメリカがマイナスなのは、この指標の分子が家計業所得合計から家計消費を引いたものであり、アメリカの家計が日本の家計と違って本業所得だけでなく金融資産所得を期待して消費をしているからである。

日本政府は、日本の事業会社と金融機関の競争力を強化して家計から直接金融により直接投融資を提供させ、このリターンを家計の収益としてより豊かな日本を目指すべきである。

(b) 社会保障の規模

日本とアメリカの賃金俸給に対する税金と社会福祉費用を合計した国民負担はそれほど変わらない（図表ⅡF－4．社会保障の規模：日米比較）。しかし、政府から国民への社会保障支払はアメリカと日本で大きく異なる。アメリカは賃金俸給に対して約20％の社会福祉サービスが30％を超えて40％に近づいているだけである。ところが、日本は社会保障負担と税金で政府が集める資金が賃金俸給の60％程度であるのに、社会福祉費用は賃金俸給の60％から70％に増えてきた。賃金俸給に対する政府が国民に対して支払う社会保障費用の割合は、日本ではアメリカの約2倍である。政府には社会福祉費用のほかに、公共投資

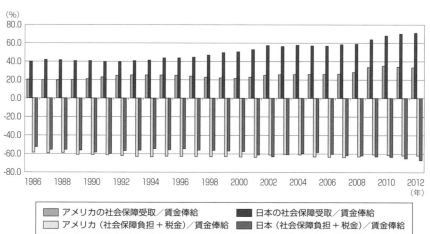

図表ⅡF－4．社会保障の規模：日米比較

出所：日米の国民経済計算から村藤作成

Ⅱ．アメリカの財務諸表分析と日本との比較

や公務員の給料支払等があるので、日本では赤字国債を発行して将来世代の負担で無理やり現在の高齢者の社会保障にお金を使っている。アメリカも連邦政府は大変な債務超過で収入が不足し、赤字国債を発行して、なんとか連邦政府の財務をやりくりしているが、アメリカの苦労は主として中国の４倍もある軍備費用のためである。日本は軍事費用がアメリカのようにあるわけではないから、社会保障から富裕層や普通の国民を外せば政府財政は大幅に改善するのである。

社会保障は日本のように全員に対して政府が提供しなくても、アメリカのように貧困者や高齢者のような困窮者にだけ政府が社会保障サービスを提供し、お金持ちや一般国民は消費として自由に民間のサービスを受けさせることも可能である。このためには、特に厚生労働省の管轄する厚生労働サービス関連の規制緩和と公営事業や公的金融機関の民間移転が必要になる。何もしなければ、今後の人口減少と少子高齢化で事態はさらに悪化するはずである。既に賃金俸給の60％を超えて限界にきている国民負担をこれ以上上げないために、社会保障サービスの一部を民営化して社会保障受取を賃金俸給の30－40％程度に抑え、将来世代に借金を押し付ける40兆円の赤字国債の発行を止めて財政を再建すべきであると考える。ちなみに2012年の賃金・俸給は206兆円だから、この20％

図表ⅡF－5．アメリカの家計の資産推移

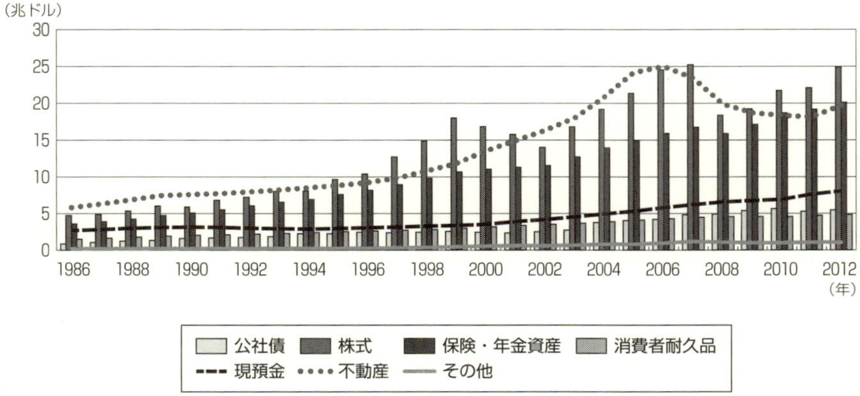

出所：アメリカの国民経済計算

は40兆円、30％は60兆円である。アメリカ程度の社会福祉にして、賃金俸給に対して社会福祉を20－30％減少させることで、日本政府の赤字国債発行の必要はなくなるのである。

ⅳ　財務上の問題点

⒜　ストックの問題
1．資産推移

　アメリカの家計セクターは、株式、不動産と保険・年金資産が３大資産である。日本のような、利回りは期待できないが流動性の高い現預金でなく、リスクがあってもリターンの高い株式にアメリカの家計は大きなお金を委ねている。アメリカでは住宅購入の際、土地と住宅が必ずしも区別されず、合わせて値段がつく。また国民経済計算上で不動産の項目があるのは家計と事業会社だけで、アメリカ政府や金融機関には、「構造物」の項目はあるが「不動産」の項目はない。

　アメリカ家計の不動産は、1986年に5.8兆ドルだったものが2006年には25兆ドルに達したが、アメリカ不動産バブルの崩壊で、2011年には18兆ドルまで落ちた。2012年末で20兆ドルに戻った。2006年から2011年まで７兆ドル落ちているので、バブルの崩壊といってもいいと思うが、日本のように20年以上下がり続けたわけではない。アメリカの土地はなんと言っても日本の25倍で、圧倒的に広い。人口も日本が2100年の半減に向けて減少しているのに対してアメリカは2014年で3.2億人おり、まだ増加中である。アメリカの人口は、2050年には４億人、2100年には4.6億人程度の見通しである。日本の人口が2100年で６千万人になってしまえば、アメリカの人口は日本の８倍近くになる。土地が狭くて人口が減少する日本の土地バブル崩壊と、土地が広くて人口が増えるアメリカの不動産バブル崩壊を同様に見ることはできない。アメリカの不動産はいったん下がっても、またこれから上がっていく可能性が高い。

　アメリカの家計の株式は、1986年に4.7兆ドルだったものが、2007年末には24兆ドルを超えたが、2008年の金融危機ですぐ落ち込んだ。しかし回復して、2012年末でリーマンショック前を超えて24.9兆ドルである。

アメリカの家計資産で不動産と同じレベルに成長してきたのが保険・年金資産である。1986年には2.8兆ドルしかなかったものが、2007年には15兆ドルを超え、金融危機で多少落ちたが、2012年にはついに20兆ドルに到達した。

現預金もそれなりにあるが、2012年末段階で8兆ドル程度であり、日本に比べると、25兆ドルの株式投資が圧倒的に大きいことがわかる。

2．家計価値と資本構成推移

アメリカの家計も、日本の家計と同様に、家計価値とその資本構成という形で分析してみた（図表ⅡF－6．アメリカの家計価値と資本構成推移）。アメリカでも帳簿上の家計価値は、不動産と株式価値の増加により、1986年の19.4兆ドルから2007年の82兆ドルと4倍以上に増加したが、不動産や株式バブル崩壊による金融危機で、2008年末には71.3兆ドルまで下げた。

アメリカの家計の有利子負債は、家計価値の増加につれて1986年の2.6兆ドルから2007年の14.2兆ドルと5倍以上になった。ただし、リーマンショック以降、家計は借入を増加させなくなり、2012年で13.3兆円と家計価値84.2兆円に比べれば16％程度ではるかに小さい。アメリカの家計の借入にも多少は消費者ローンがあるかもしれないが、日本と同じくほとんどは不動産関係借入であると思われる。

図表ⅡF－6．アメリカの家計価値と資本構成推移

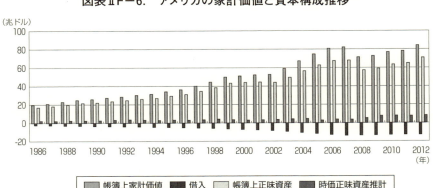

出所：アメリカの国民経済計算

家計の帳簿価格正味資産は、金融危機のショックはあったものの、1986年の15.8兆ドルから2012年には71兆ドルに増加した。しかし、アメリカでも家計は資産と負債の双方に含み損を抱えている。家計のフロー時価正味資産価値をフロー貯蓄からの推計で捉えると、家計の正味資産の時価は2012年末で10兆ドル程度であり、60兆ドル程度の含み損を抱えている。家計のフロー時価正味資産価値が10兆ドルで有利子負債が14兆ドルだとすれば、有利子負債：正味資産は1.4：1程度である。日本の家計に比べれば、はるかに良好とはいえ、アメリカの家計にも大した余裕があるわけではない。

(b) フローの問題
　1．所得支出勘定推移
　家計の貯蓄は、家計業金利税引前所得に金融資産所得を足し、利子支出と所得税を引いたものである（図表ⅡF-7．アメリカの家計の所得支出勘定推移）。
　アメリカの家計では金融資産からの収益が大きく、家計業からの収支はマイナスである。これは、これまで何度も繰り返して述べたように、家計が家計業だけでなく、家計の持つ金融資産からの収益を期待して消費するからである。
　アメリカの家計の金融収益は、1986年の1兆ドルから増加して2008年のピー

図表ⅡF-7. アメリカの家計の所得支出勘定推移

凡例：□ 家計業金利税引前所得　■ 金融資産所得合計　■ 利子支出
　　　― 所得に課される税支出　…… 貯蓄

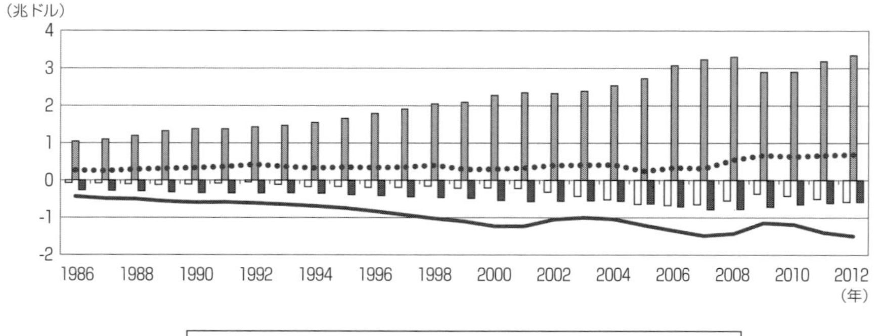

出所：アメリカの国民経済計算

クには3.3兆ドルに達したが、金融危機で2009年には2.9兆ドルに一時減少した。その後、2012年にはまた3.3兆円まで伸びてきた。家計の消費を控除した後の本業所得である家計業金利税引前所得は、金融所得の小さい日本ではずっとプラスだが、アメリカではずっとマイナスである。

アメリカの家計業金利税引前所得は、1986年には730億ドルのマイナスに過ぎなかったが、2006年のピークには6750億ドルのマイナスになった。2012年にもマイナスの6千億ドルである。利子支出は、1986年には2600億ドルだったものが、2007年のピークには3倍の7800億ドルになった。家計の有利子負債が1986年の2.5兆ドルから2007年の14.2兆ドルと5.5倍に増えたのに、金利が3倍にしか増えなかったのは、金利水準が平均10％から5.5％に低下したからである。利子支出は2012年には5840億ドルである。これは、2012年末有利子負債13.3兆ドルの4.4％である。

所得や富等への税金は1986年の4370億ドルだったものが、2012年には3.4倍の1.5兆ドルになった。

アメリカの家計の貯蓄はずっと2000－3000億ドル程度だったが、2009－12年には6000億ドル台に増加した。これはリーマンショック以降、消費が頭打ちになる一方で金融資産所得が増え、利子支出が減少したからである。

アメリカの家計業金利税引前所得が家計の本業所得のボトムラインであるが、これがどのように構成されているかを見ないと、いまひとつ家計のフローがわからない。家計業金利税引前所得は、雇用者報酬合計、営業所得合計、経常移転受取、経常移転支払より構成される家計業所得から家計消費を引いたものである。ただし、金額的に圧倒的に大きいのは雇用者報酬合計と家計の消費で営業所得、純経常移転受取等は大したことはない（図表ⅡF－8．アメリカの家計業金利税引前所得内訳推移）。

雇用者報酬合計は、1986年の2.6兆ドルから2012年には8.6兆ドルと、26年で3.3倍に増加した。家計の営業所得合計はそれほど大きなものではないが、1986年の1700億ドルが2012年には7120億ドルに膨らんだ。

日本では大きい社会保障を中心とする経常移転は、アメリカではそれほど大きな規模ではないが、増加速度は大きい。経常移転受取は1986年の4280億ドル

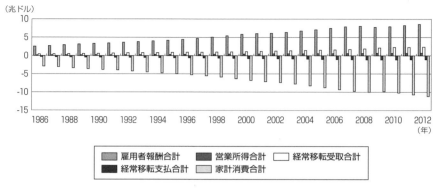

図表ⅡF-8. アメリカの家計業金利税引前所得内訳推移

出所:アメリカの国民経済計算

から2012年の2.3兆ドルと5倍以上に膨らんだ。経常移転支払は、1986年の3260億ドルから2012年の1.2兆ドルまで膨らんだ。日本と同様に、アメリカでも経常移転は家計の受取のほうが家計の支払よりも大きくなっている。これは家計の政府からの社会保障受取が、社会保障費用を負担できない人たちのために、一部は税金を財源として支払われているからである。

家計の消費は、雇用者報酬だけでなく、金融所得によって雇用者報酬より大きくなっている。アメリカの家計の消費は、1986年には2.9兆ドルだったものが2012年には11.2兆ドルまで膨らんだ。2012年の日本の消費337兆円は、2012年末の為替レート84円/ドルで換算すると、4兆ドルだから、アメリカは日本の2.8倍だったことになる。

2.資本調達勘定推移

アメリカの家計は、貯蓄に減価償却と純受取資本移転を足した経常キャッシュフローと借入で、固定資産、保険・年金と金融資産に投資してきた(図表ⅡF-9.アメリカの家計の資本調達勘定推移)。

経常キャッシュフローは、1986年から2000年まで3-5千億ドル程度だったが、2008-12年にかけて1兆ドル程度に伸びた。金融危機にあたって、消費が頭打ちになる一方で金融資産所得が増え、社会移転収入が増えたからである。

Ⅱ. アメリカの財務諸表分析と日本との比較

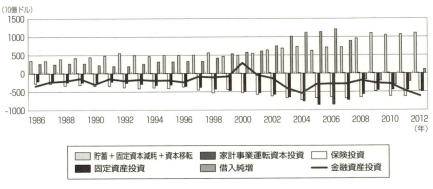

図表ⅡF−9. アメリカの家計の資本調達勘定推移

出所：アメリカの国民経済計算

　借入は、1980年代後半から1990年代にかけて2−3千億ドル程度だったが、1999年に5千億ドルを超えてからは2003年に1兆ドルを超え、2006年のピークには1.2兆ドルとなった。2007年までは借入を増加させていたが、不動産バブルが弾けてリーマンショックが起きてからの2008年以降2011年までは年間2千億ドル程度ずつ返済した。2012年は1千億ドル程度借り増した。家計の運転資本投資はほとんどない。保険・年金投資は1986年の2690億ドルからピークの2004年の7250億ドルまで増加して、その後、2012年には4650億ドルまで落ちた。

　アメリカの家計の固定資産投資のほとんどは日本と同様に住宅である。1980年代後半から1990年台は2−3千億ドル程度だったものが、1998年から増加を始め、2005−06年のピークには銀行借入を受けて、1年あたり8600億ドル程度投資した。2009−12年は4千億ドル台である。

　金融資産には1980年代後半から1999年まで株や公社債に2千億ドル程度投資していたが、ITバブルの崩壊が始まった2000年から2002年にかけて株式を売却し、毎年3−4千億ドルほど現預金を積み上げ始めた。不動産バブルが発生した2005−08年では、アメリカの家計は株式を売って現預金や公社債を積み上げた。

III.

日本の将来ビジョンとそこに至る戦略

A 日本の将来予測

　このまま行くと、日本政府は年金・医療などの政府独占を手放さず、社会保障の拡大によって日本政府の赤字は拡大する。そうなると、日本政府の赤字国債の発行が継続・拡大して政府の借金が増加する。これまでは家計が貯蓄を金融機関に持ち込み、金融機関が国債を買い増すことが可能だったが、家計の貯蓄は2012年で4兆円に減少し、1％あたり2.6兆円の消費税が5％上がることで、貯蓄がマイナスになりつつある。そうなると、国内で金融機関に新規国債を購入してもらうことができなくなる。

　郵政民営化以降、財政投融資の主要な入り口だった郵便局は日本郵政株式会社として株式会社化された。今後、日本郵政は2015年の秋に、日本郵政傘下のゆうちょ銀行株式会社とかんぽ生命株式会社と同時に上場される予定である。そうなれば、政府がゆうちょ銀行やかんぽ生命に無理やり国債を持たせることはできなくなる可能性が高い。2％のインフレターゲットの下で普通に考えれば金利は上がる見込みだが、日本銀行が長期国債を大量に購入しているために長期金利は下がっている。2％インフレを予定しているのに、10年の金利を0.5％（2014年10月の現状）にしていることは不自然で一時的なものである。2％インフレになれば1％未満の金利の国債を買って損をしないわけがないので、2％インフレを本当に目指すならば、いずれ金利は上がり始めるとしか思えない。

　金利が上がれば政府の金利負担が上がるだけでなく、民間金融機関は損失をこうむるので国債保有高の削減に向かうと思われる。現在、国債は、民間金融機関、財投資金、日本銀行の3つが最大の投資家だが、民間金融機関と財投資金が国債を売り始めたら、日銀が通貨を刷りながら買い支えないと、日本の国債は暴落する。日銀が通貨を刷りながら国債を買い支えると、モノに対して通貨が増え過ぎるのでハイパーインフレーションになり、通貨としての円の価値も下がる。円が下がり続ける見込みのとき、海外の投資家が日本国債を買えば損をしてしまうので、海外の投資家が日本の国債を大量に購入してくれるとは思えない。

Ⅲ．日本の将来ビジョンとそこに至る戦略

　円高で海外に生産拠点を移した日本は、既に円安になっても輸出が増えない構造になっている。東日本大震災で原子力発電所が止まり、LNGや石油を輸入して火力発電所を動かさなければならなかった分もあるがそれだけではない。日本の生産人口が減ったことや、日本企業の輸出が日本からでなく、生産拠点移転先のアジアからになってしまったことも、輸出が増えない一要因である。既に貿易赤字は増えて2013年の後半から経常赤字になってしまった。消費税増税で家計の貯蓄がマイナスになれば、預金を取り崩される銀行は金利上昇の見込みもあって国債を売る可能性が高い。そうなると、日銀の国債購入がインフレや円の暴落を招かないように、政府の赤字国債を海外から買ってもらわなければならなくなる可能性がある。その場合、いずれは韓国やギリシャのように、海外からの借入で債務不履行を起こす可能性が出てくる。そうなると、日本は自分で自分の問題を解決できず、IMFに国の再建を委ねることになるのだろうか。ギリシャで明らかになったように、国民がいくら社会福祉削減反対のデモをしても対外債務を払えない国民は「キリギリス」として他国に同情してもらえない。

　そもそも、債務不履行のシナリオは外国人投資家が日本国債を買ってくれることが前提だが、初めから買ってくれなかったら、債務不履行のシナリオは実現せず、上記のハイパー・インフレのシナリオしか実現しないことになる。ハイパーインフレになると、円安、株安が起きるが輸入が増え輸出がそれほど増えなければ貿易赤字が拡大する。家計の預金はハイパーインフレで目減りし、企業の製品やサービスの価格設定も難しくなる。ハイパーインフレ時代のブラジルでは、企業の収益性は値段を調整する"Price Escalation Clause"次第で増減した。年金の価値も目減りするので高齢者は増えるが日本で老後を生きていくことは大変になる。経済のマクロは大混乱するので、とりあえず自分と家族はなんとかなるように対応するしかないだろう。

B 日本の財務再生の選択肢

i　金融緩和と経済成長

　安倍総理は、黒田日銀総裁と共に異次元の金融緩和を行い、デフレを2％インフレにしながら経済成長をしようとしている。確かに規制緩和をして経済成長すれば法人税を下げても、税収は伸びるかもしれない。また、デフレでなくインフレになれば、政府の払わなければならない有利子負債の価値は相対的に小さくなる。政府の公共投資で短期的な経済刺激を行うことにより、経済は活性化されてきたようにも見える。

　しかし、短期的な公共投資で財政赤字は拡大するし、2％インフレは金利の上昇を招く可能性が高い。金利が上がれば国債の値段が下がるから、民間金融機関、ゆうちょ銀行やかんぽ生命は損をしないように、国債を売却してくる可能性が高い。これを日銀が通貨を発行し、または当座預金を増やしながら買い支えれば、ハイパーインフレーションになってしまう。ハイパーインフレーションになれば円安になり、外国投資家は損をするので日本から資金を引き上げる。また海外の投資家に買ってもらえれば、対外勘定で経常赤字が継続すればいずれは払えなくなって債務不履行に陥る。そうなれば、韓国やギリシャのようにIMFをはじめとする国際機関の介入を招くことになる。海外の投資家に国債を買ってもらうためには、そもそも金利を上げる必要があり、金利を上げれば政府の財政は厳しくなる。

　インフレになって円安になれば、過去の日本であれば輸出が増えるところだが、プラザ合意・リーマンショック以降の円高時代に工場をアジアに移転しているので、円安で輸入は増えても日本からの輸出はそれほど増えない構造になっている。国内の生産人口そのものが減少しつつある。輸入は東日本大震災以降のエネルギー輸入だけでなく、工業製品輸入も増加している。アジアに工場を持っていったため、輸出しようとすればアジア工場から日本へ電子部品や自動車部品を輸入しなければならないことになっているのである。企業活動としては円高のため世界各地に製造拠点を移し、グローバルな生産ネットワークを

つくらなければならなかった。この結果できた適材適所の安価な工業製品や部品を輸入し、さらに付加価値を高めて日本国内で販売することは効率的な企業活動の一環である。円安でも貿易収支は簡単に黒字にならないのが今の日本であると言わざるを得ない。

安倍総理が経済成長のためにやろうとしている規制緩和は大変に結構なことだと思うが、厚生労働省をはじめとする官僚の抵抗に押し戻されてほとんど中身のある規制緩和ができていないように見える。規制緩和は官業を民間に移転する考えを持って行うべきだと思う。

ⅱ 増税と歳出削減

日本政府の財務を預かる財務省は、このままでは政府の財務が立ち行かないことをよく知っている。そこで、税金を上げて、歳出を削減することを主張することが多い。確かに増税して歳出を削減すれば政府の財政は再建されるかもしれないが、いったいどこから税金を取ったり、どこに対する歳出を削減したりするつもりなのだろうか。既に日本政府再建のために必要な金額は大変な巨額である。

私は家計からお金を取ることには反対である。家計のところで述べたように、家計は、国民経済計算における統計上は巨額の正味資産を持っているように見えるが、そこから出てくるフローは1991－92年の41－42兆円に比べて大きく減少した。家計の貯蓄は2012年に4兆円で、2014－17年に消費税が5％増税される結果、マイナスに転じる。家計にどのくらいの余裕があるかは、家計の国民経済計算上の正味資産帳簿価格でなく、時価正味資産の認識に基づかなければならない。残念ながら現在の家計にはもはや余裕はないので、家計に大きく増税を負担させることはできない。将来世代への負担転化を回避するために消費税を上げろという人もいるようだが、現在の家計の負担能力に対する認識を誤っている。家計に余裕がないので税金を取れない状況は、所得税や消費税を上げる場合だけでなく、減税を廃止したり税金の控除を廃止縮小したりする場合、及び社会保険料を引き上げる場合も同様である。財務省や厚生労働省が家計の負担を増加させる選択肢を検討しているように見えるのはとても腹立たしい。

政府やマスコミは、消費税増税に対する駆け込み需要や反動減の影響のみ議論しているように思えるが、実際は、消費税の増税は家計の負担能力の問題である。

　家計から取れないなら事業会社からとればよいと考えることもできない。日本の事業法人に対する法人税は2014年の半ば現在36％程度で、20％台の他国に比較して大きく見劣りする。日本企業の国際競争力を維持強化するためには20％台に下げるしかないだろう。金融機関は、家計に対する直接金融で家計に日本企業への投融資を持たせ、家計にリターンを稼がせなければならない。この意味では安倍総理が法人税を下げようとしているのは正しい方向だと思う。

　政府が歳出を増加できないとすれば、歳出を削減するしかないと考えるのが普通である。この考え方はある意味正しいが、現実に議論されている歳出削減は、話にならないほど小さな金額で、とても問題の解決にならない。現在あり得る歳出の削減について、日本経済新聞社編『日本再生　改革の論点』（日本経済新聞出版社、2014年）の中で鈴木亘博士が述べているのが下記である。

● 70-74歳の医療費自己負担の1割から2割への引き上げ（2000億円）
● 高額療養費の限度額見直し（富裕層への限度額アップで最大3600億円）
● 紹介状のない場合の大病院外来受診の自己負担増
● 入院給食費の自己負担増
● 後発医療品の使用促進
● 施設介護における食費やホテルコストの軽減策の資格厳格化
● 特別養護老人ホーム入所における中重度者への重点化

　このような策は負担可能な人に負担させるという意味で大変結構な話ではある一方で、先にも述べたようにあまりに規模が小さ過ぎて、政府財政の破綻を回避する力はない。現在の社会保障制度の構造を変更することなしに、家計に対する社会保障費用の支払を、政府財政を再建できるほど大きく減らすことはできないのである。

　マイナーな歳出の削減策は国民の反感を買いがちなことから、人気のある歳出増加案と共に出されることも多い。既得権者に配慮しながら漸進的改革を行

う厚生労働省は、自分の管理する予算を本気で減らす気がないのではないかという疑念を持つのは私だけではないだろう。今回の消費税増税で、社会保障分野から以下のような多くの歳出増加案が提案されたことは驚くばかりである。

- かかりつけ医の普及
- 在宅医療・介護の充実
- 病院機能の分化・強化
- 子育て支援のための保育園増強に向けた新財源

増税をしてただでさえ大き過ぎる政府をさらに大きくすることはできないし、構造改革をせずにマイナーな歳出削減をするだけでは、日本政府の財政の再建はできないのである。

iii ネットの政府と民営化

現在の日本政府の財務を再建する唯一の方策は、政府の役割を企画と進捗管理に絞り、現業と問題修正アクションを民営化することである。現業は大きな資金を使用するので、現業を民営化することによって政府の使用資金を大きく減らすことができる。たとえば、現在は国民の全員加入している社会福祉制度をアメリカのように弱者を救済するだけの社会福祉制度に変更することによって約40兆円の支出の削減ができることになる。

ただし、これは厚生労働省の年金と健康保険という本丸に手をつけることになるので、厚生労働省からの強い反発が予想される。

将来も持続可能な社会福祉制度を考える「社会保障制度改革国民会議」が、2013年8月に安倍総理に手渡された報告書の中で、以下のことを提言した。

- 高齢者を特別扱いせず、負担能力に応じた負担を求める。
- 社会保険への安易な税投入は止め、低所得者の負担軽減に限る。
- 将来世代への負担先送りを速やかに解消する。

この提言はまさに正しい方向である。しかし、総論がそうでも各論が問題である。この総論の方向性の先には、国民が全員加入する社会福祉制度ではなく、困った人だけ助ける社会福祉制度があると思う。また負担を先送りする現在のやり方を早く止めて、世代間不公平がないようにするためには若者でも年金や健康保険に加入したほうが得をする制度に変更しなければならない。

日本のあるべき将来ビジョン

　金融緩和、増税、構造改革を伴わない歳出削減で、政府の財務を再建することはできない。過去の戦後日本の高度成長は、国民全員加入による年金や健康保険という社会の安定化装置によって守られてきたことは喜んで認めよう。しかし、バブル崩壊と共に経済成長が止まって、人口減少・少子高齢化の時代に入り、過去の制度はもはや使えなくなってしまったのである。政府が企画と進捗管理に特化するネットの政府に転換し、現在現業に使用している資金を削減して政府財務を健全化する必要がある。日本政府は日本国民の幸福のために存在するのであって、日本を破綻させる原因となってはならない。

　社会福祉について、将来には低福祉国家と高福祉国家の2つの選択肢がありどちらを選ぶことも可能だという見方がある。特にマスコミでこの考え方は広く喧伝されている。まるで今よりも高福祉化する選択肢が日本に存在するような言い方だと思って腹立たしい。私は、日本が北欧のような高福祉国家になったほうが良いとは思わない。富裕層や普通の人に対する社会福祉は、政府よりも民間企業のほうがよりよく運営できると思うからである。ただし、民間企業が困っている人たちのために社会保障を提供できるかどうかは疑問で、これは政府がやらなければならない仕事だと思う。したがって、日本もアメリカと同様に、社会福祉サービスの提供を困っている高齢者や貧困者など困窮者のみに限るべきで、富裕層や普通の人に社会保障を提供するべきではない。富裕層や普通の国民は民間企業が提供する年金や保険に入るべきで、政府が社会福祉を運営すべきではない。日本政府は全員加入の年金や健康保険サービスから撤退すべきである。

Ⅲ．日本の将来ビジョンとそこに至る戦略

　日本の銀行の間接金融機能は、既に機能不全を起こしている。そもそも、信用保証協会の保証の役割が大き過ぎるため、銀行が各業界に対する資金供給を最適化するための審査をろくにしていない。国債は家計でも保有できるので銀行が国債を持つ必要はないのに、日本の銀行の国債保有は増加し、国債保有高が貸出総額に近づいている。

　日本企業に国際競争力をつけてもらって法人税を引き下げるべきである。この上で、日本の金融市場を整備・発展させて、家計が預金だけでない多様な金融商品に投資でき、リスクに見合ったリターンが稼げるような市場にしなければならない。これまではデフレ下であまりにリターンが低かったため、日本の家計はアメリカと違って、消費をする前提として金融資産の収益を見込めなかった。家計の金融資産を預金から金融市場の投融資に移すためにはリスクに見合ったリターンが稼げる金融市場の存在が不可欠である。このためには、デフレからインフレにするだけでなく、効率的な直接金融市場を発展させることが必要である。

あとがき

　私は人生の前半、民間コンサルティング会社や投資銀行におけるＭ＆Ａアドバイザーだった。2003年に九州大学がビジネススクールを始めることになり、私は九州大学ビジネススクールの教授として企業財務やＭ＆Ａを教えることになった。2003年4月から2014年3月までの11年間に、1期生から10期生が卒業し、九州大学ビジネススクールが生み出したMBA取得者は400人を超えた。
　しかし、この間、日本の財務、特に日本政府の財務は悪化するばかりで改善していない。私が大学の教員になった理由は、愛する日本を再建したかったからである。大学教員になって間もなく、2004年1月に東洋経済新報社から『日本の財務再構築』という本を出版して、どうやって日本、特に日本政府の財務を再建するかを提言したが、ほとんど何も起こらなかった。

　11年前に出版した本の中で提言したことは、日本政府の役割を国民の企画と進捗管理に絞り、現業を民営化することだった。本書でもその提言の本質は変わっていないが、その後の11年の分析、比較対象先としてのアメリカの分析、セクター別の将来予測を付け加えて、私の主張をより明確にしたつもりである。過去11年で政府財務の悪化はより困ったことになった。政府財務の再建は小さな金額の改善を積み上げた漸進的対応ではもはや不可能である。日本は戦後、国民全員加入の年金や健康保険制度を導入し、社会を安定させて高度成長を達成した。しかし、バブル崩壊と共に成長は止まり、中国を中心に拡大するアジアの成長に参加しながら、どうやって先進国の一員として安定成長を継続できるかを考えなければならなくなった。

　社会保障は経済成長の前提としての社会の安定化のために大変に重要である。しかし、先進国として生き延びるためには、民間企業の研究開発に競争力を求め、政府が必要なことはやるが必要でないことはやらない体制に移行しなけれ

ばならない。困窮者に社会保障を提供することは政府にとって必要なことだが、富裕層や普通の人に社会保障サービスを提供する事業は、民間企業に委ねるべきである。第2次世界大戦後に世界経済のトップを突っ走っているアメリカが、困窮者にのみ社会保障を提供し、富裕層や普通の国民に社会保障を提供していないのには理由がある。困窮者に対する社会保障サービスは政府に委ねざるを得ないが、富裕層や普通の国民に対する社会保障サービスの効率性について、政府よりも民間企業を信頼しているからである。アメリカの連邦政府財務は軍事費によって破綻したが、日本の中央政府財務は社会福祉によって破綻しつつある。

　将来の選択肢として、日本がアメリカのような低福祉型の社会に移行する方向性と高福祉型の社会に移行する方向性が語られている。多くの学者やマスコミが、高福祉社会の美名にだまされ、アメリカのような低福祉社会を非難し、政府による高福祉型社会への移行を唱えている。日本の中央政府財政は既に破綻しており、将来世代に不公平を押し付けることによってのみ生き延びている。しかし、家計の正味資産の帳簿価格と時価のギャップを理解しなかったために消費増税でただでさえ苦しい家計から税金を取り立て、家計の貯蓄をマイナスにしつつあるところである。日本に、これ以上政府を大きくする選択肢はない。国民生活を幸福にする企画と進捗管理しかしない、強くて小さな「ネットの政府」をつくるために、社会保障の年金や健康保険を含め、富裕層や普通の国民に対する政府の現業を民間に移転すべきである。

2015年2月

村藤　功

IA-① 日本の対外貸借対照表推移

(10億円)

バランスシート	2000/12/31	2001/12/31	2002/12/31	2003/12/31	2004/12/31	2005/12/31	2006/12/31	2007/12/31	2008/12/31	2009/12/31	2010/12/31	2011/12/31	2012/12/31
対外資産													
現金・預金													
外貨準備高	1,658	1,871	2,181	2,218	2,105	2,125	2,424	2,829	2,435	4,832	4,885	5,786	6,435
対外現預金	16,599	11,669	5,991	5,440	5,862	5,532	6,297	17,299	11,294	8,377	7,721	7,552	5,228
現預金合計	18,256	13,540	8,172	7,658	7,966	7,657	8,721	20,128	13,729	13,209	12,606	13,338	11,663
投融資													
対外貸出	74,256	80,815	81,412	71,781	73,316	81,817	85,990	101,659	93,424	72,953	71,505	84,464	89,489
対外直接投資	31,993	39,555	36,478	35,932	38,581	45,605	53,476	61,858	61,740	68,210	67,691	74,289	89,813
対外証券投資	181,803	212,088	213,233	240,412	281,708	332,432	367,891	380,887	297,692	349,094	352,545	353,971	406,826
投融資合計	288,052	332,458	331,123	348,125	393,606	459,853	507,356	544,404	452,857	490,257	491,741	512,724	586,128
輸出関連資産													
貿易信用資産	4,757	4,317	4,333	5,129	5,271	6,110	6,242	6,451	4,986	5,008	5,049	4,511	4,793
未収金	450	487	440	354	307	1,071	552	1,438	886	2,727	4,955	5,838	7,742
輸出関連資産合計	5,207	4,804	4,773	5,483	5,578	7,181	6,794	7,889	5,872	7,735	10,004	10,349	12,535
その他の資産													
対外金融派生商品	7,956	10,641	11,949	8,962	9,310	8,809	10,563	14,309	34,117	30,769	27,994	30,206	36,508
その他の対外資産	35,959	30,182	27,010	33,833	39,583	70,908	78,749	55,363	59,858	50,193	55,411	57,797	71,639
その他の資産合計	43,915	40,823	38,958	42,794	48,893	79,718	89,312	69,672	93,974	80,962	83,405	88,003	108,146
対外資産合計	355,430	391,625	383,027	404,060	456,043	554,408	612,183	642,093	566,432	592,162	597,755	624,413	718,472
対外負債													
対外借入													
対外現預金負債	7,817	8,223	6,226	6,825	6,788	7,619	7,146	7,143	5,708	5,386	5,189	4,506	5,883
対外借入	76,212	79,538	83,757	83,665	90,776	97,837	88,050	87,389	77,639	81,619	84,985	86,958	104,264
対外借入合計	84,029	87,761	89,983	90,490	97,564	105,456	95,197	94,532	83,348	87,005	90,174	91,464	110,147
輸入関連負債													
貿易信用負債	1,090	1,149	1,334	1,111	1,377	1,888	2,421	2,676	2,279	2,391	2,378	2,411	2,517
対外未払金	186	185	184	198	189	2,021	1,757	1,669	2,179	2,111	3,580	3,661	5,705
輸入関連負債合計	1,276	1,334	1,518	1,309	1,566	3,909	4,178	4,345	4,458	4,502	5,958	6,072	8,222
その他の負債													
対外派生商品負債	10,594	13,970	16,094	11,906	12,518	12,554	14,071	17,721	41,145	37,251	33,758	35,597	43,805
その他の対外負債	13,321	13,269	14,622	15,762	14,760	20,586	19,160	20,599	38,365	28,701	32,533	37,690	45,752
その他の負債合計	23,915	27,239	30,716	27,668	27,278	33,140	33,231	38,320	79,510	65,952	66,291	73,286	89,557
対外負債合計	109,220	116,334	122,216	119,467	126,407	142,505	132,606	137,197	167,315	157,459	162,423	170,823	207,925
対外投資													
対外株式外投資	35,317	33,761	28,666	27,003	37,055	42,627	53,244	72,234	67,725	62,012	67,877	88,392	92,947
対外株式投資	75,605	60,189	52,634	81,278	103,033	184,305	207,000	177,195	100,135	99,701	108,990	96,810	118,232
対外直接投資	2,240	2,084	4,203	3,494	3,751	4,272	4,252	5,246	5,348	4,745	2,559	2,957	3,052
対外投資合計	113,163	96,034	85,503	111,775	143,839	231,204	264,496	254,675	173,209	166,457	179,426	188,159	214,230
対外純資産	133,047	179,257	172,818	172,818	185,797	180,699	215,081	250,221	225,908	268,246	255,906	265,432	296,317
対外負債・対外投資・純資産合計	355,430	391,625	383,027	404,060	456,043	554,408	612,183	642,093	566,432	592,162	597,755	624,413	718,472

IA-② 日本の対外経常収支推移

(10億円)

経常取引	2000/12/31	2001/12/31	2002/12/31	2003/12/31	2004/12/31	2005/12/31	2006/12/31	2007/12/31	2008/12/31	2009/12/31	2010/12/31	2011/12/31	2012/12/31
財貨サービスの輸出	55,459	52,823	56,168	59,228	66,544	72,122	81,939	91,037	88,770	59,814	73,183	71,298	69,775
財貨サービスの輸入	48,073	49,589	49,471	50,971	56,684	65,028	75,572	82,363	87,798	58,088	67,419	75,572	79,157
純輸出	7,386	3,234	6,697	8,257	9,859	7,094	6,368	8,673	972	1,727	5,763	-4,274	-9,382
海外からの雇用者所得	158	154	156	131	143	157	155	153	160	157	151	151	158
海外への雇用者所得	29	31	33	32	31	33	21	22	21	20	20	21	22
純雇用者所得	129	124	123	99	112	124	134	132	139	137	132	130	136
海外からの財産所得	11,475	13,672	12,612	12,289	13,780	17,374	21,594	26,259	24,760	18,734	18,087	20,231	21,055
海外への財産所得	5,125	5,407	4,693	4,126	4,505	5,748	7,263	9,053	8,106	5,793	5,244	5,686	6,147
純財産所得	6,351	8,266	7,918	8,163	9,275	11,625	14,331	17,206	16,654	12,941	12,843	14,545	14,909
他海外からの経常移転	1,424	1,329	1,858	1,284	1,489	1,871	1,765	2,011	2,360	2,055	1,820	1,916	2,112
他海外への経常移転	2,414	2,300	2,457	2,036	2,117	2,416	2,683	3,088	3,464	3,124	2,670	2,767	2,951
純その他経常受取	-991	-971	-599	-752	-627	-546	-918	-1,077	-1,104	-1,069	-850	-850	-839
経常受取	68,517	67,979	70,794	72,932	81,955	91,523	105,452	119,460	116,050	80,760	93,241	93,596	93,101
経常支払い	55,641	57,326	56,655	57,165	63,337	73,225	85,538	94,526	99,388	67,025	75,353	84,045	88,276
国民経常余剰	12,876	10,652	14,140	15,767	18,619	18,298	19,914	24,934	16,662	13,735	17,888	9,551	4,824

IB-①　日本の事業会社セクター貸借対照表推移

(10億円)

	2000/12/31	2001/12/31	2002/12/31	2003/12/31	2004/12/31	2005/12/31	2006/12/31	2007/12/31	2008/12/31	2009/12/31	2010/12/31	2011/12/31	2012/12/31
企業価値													
投融資													
貸し出し	34,360	35,010	40,426	46,764	48,326	39,446	45,137	44,145	42,116	44,776	46,494	48,337	47,515
株式以外の証券	25,714	27,151	26,218	32,782	34,915	41,106	38,177	40,572	35,814	43,237	44,470	40,522	36,795
株式・出資金	129,900	97,515	92,349	127,720	152,552	244,506	253,001	194,531	119,222	130,320	142,762	132,175	157,679
投融資合計	189,974	159,676	158,993	207,266	235,792	325,058	336,316	279,248	197,151	218,333	233,725	221,034	241,989
事業価値													
事業運転資本													
在庫	60,919	61,110	57,897	61,493	60,869	61,465	61,512	65,027	69,087	63,783	62,606	62,436	62,460
金融派生商品資産	1,284	1,887	1,628	1,003	1,046	1,253	1,668	1,561	2,144	1,558	1,346	1,171	2,030
その他の金融資産	374,577	350,137	336,334	340,367	358,003	400,610	453,870	433,303	370,885	377,799	380,055	377,728	383,163
金融派生商品負債	2,319	2,893	2,488	2,328	3,151	2,413	2,473	3,097	7,992	6,304	5,726	5,109	4,743
その他の負債	272,230	247,092	288,616	293,179	292,859	311,185	320,159	330,839	275,568	280,829	284,433	268,375	264,056
運転資本合計	162,232	163,147	104,755	107,357	123,907	149,730	194,417	165,956	158,555	156,007	153,847	167,851	178,854
固定資産													
固定資産合計	644,303	635,456	629,074	630,669	637,994	652,347	670,490	692,037	706,998	683,306	676,843	676,574	671,539
有形非生産資産合計	374,924	351,426	331,476	307,166	300,695	293,555	299,734	310,520	323,637	301,355	290,685	281,539	278,390
固定資産合計	1,019,227	986,882	960,550	937,835	938,689	945,902	970,225	1,002,556	1,030,635	984,661	967,528	958,113	949,929
事業価値合計	1,181,459	1,150,029	1,065,305	1,045,192	1,062,597	1,095,633	1,164,641	1,168,512	1,189,190	1,140,668	1,121,375	1,125,964	1,128,783
企業価値合計	1,371,433	1,309,706	1,224,298	1,252,458	1,298,389	1,420,691	1,500,957	1,447,759	1,386,341	1,359,001	1,355,101	1,346,998	1,370,773
資本構成													
純有利子負債													
有利子負債													
借入	504,966	482,304	464,145	437,387	412,870	408,996	407,439	406,554	427,895	409,411	399,840	408,381	401,825
株式以外の証券	123,417	120,189	116,956	108,041	106,197	82,936	82,542	87,143	84,092	87,824	85,572	79,892	82,709
有利子負債合計	628,382	602,493	581,101	545,428	519,066	491,932	489,981	493,698	511,987	497,235	485,411	488,273	484,534
現金・預金	179,079	182,671	180,738	184,254	188,376	195,580	195,994	195,814	193,889	202,455	207,467	214,293	220,763
純有利子負債合計	449,303	419,822	400,363	361,174	330,690	296,352	293,987	297,884	318,098	294,780	277,944	273,980	263,771
正味資産													
発行株式・出資金	454,726	361,122	332,115	434,633	492,013	757,751	809,322	657,223	397,085	421,319	444,889	393,415	457,143
正味資産	466,640	527,943	491,035	456,014	475,686	366,588	397,648	492,652	671,158	642,902	632,268	679,604	649,859
正味資産合計	921,366	889,065	823,150	890,647	967,699	1,124,339	1,206,970	1,149,876	1,068,244	1,064,221	1,077,157	1,073,019	1,107,002
資本合計	1,370,669	1,308,887	1,223,512	1,251,821	1,298,389	1,420,691	1,500,957	1,447,759	1,386,341	1,359,000	1,355,101	1,346,998	1,370,773

I 日本の財務諸表

IC−① 日本の金融セクター貸借対照表推移

(10億円)

	2000/12/31	2001/12/31	2002/12/31	2003/12/31	2004/12/31	2005/12/31	2006/12/31	2007/12/31	2008/12/31	2009/12/31	2010/12/31	2011/12/31	2012/12/31
資金運用資産													
現金・預金	452,626	421,917	383,289	365,116	334,129	290,380	233,975	227,308	208,517	200,787	201,983	219,333	234,065
貸出	1,549,008	1,498,031	1,450,254	1,405,040	1,369,397	1,384,228	1,329,224	1,327,916	1,295,827	1,229,172	1,196,015	1,183,286	1,190,886
株式・出資金以外の証券	631,550	676,458	729,634	769,145	820,258	857,142	837,341	828,380	827,171	863,130	914,567	954,567	1,001,966
株式・出資金	170,120	146,986	124,522	159,955	171,222	247,964	239,890	199,998	114,661	126,010	130,851	105,042	130,340
その他の金融資産	187,946	208,480	259,361	256,037	272,693	318,070	328,868	343,106	307,384	332,507	346,476	335,946	391,800
資金運用資産合計	2,991,250	2,951,872	2,947,061	2,955,293	2,967,699	3,097,784	2,969,298	2,926,698	2,753,560	2,751,606	2,789,891	2,798,561	2,949,057
特定取引資産													
金融派生商品	19,974	26,387	27,441	20,429	22,431	18,828	21,295	28,119	67,430	61,119	54,916	62,211	65,247
不動産													
固定資産	12,191	12,042	11,979	12,595	13,203	13,528	13,704	14,011	14,021	14,441	14,731	14,637	14,498
土地	17,131	15,739	13,800	12,199	11,264	20,570	21,702	22,173	21,494	22,800	22,361	21,376	21,074
不動産合計	29,322	27,781	25,779	24,793	24,467	34,098	35,405	36,185	35,515	37,242	37,092	36,012	35,571
資産合計	3,040,546	3,006,039	3,000,281	3,000,515	3,014,597	3,150,710	3,025,998	2,991,001	2,856,504	2,849,967	2,881,899	2,896,784	3,049,875
有利子負債													
現金・預金負債	1,620,931	1,595,697	1,551,202	1,516,341	1,480,569	1,429,780	1,357,815	1,328,554	1,303,846	1,310,545	1,328,259	1,372,583	1,414,536
借入	568,538	532,236	517,243	513,777	520,924	532,914	474,362	464,561	418,051	414,437	407,250	384,642	414,001
株式・出資金以外の証券負債	206,904	237,066	257,794	280,814	316,416	390,408	406,101	419,085	369,514	367,771	372,776	353,032	363,851
有利子負債合計	2,396,372	2,364,999	2,326,240	2,310,932	2,317,909	2,353,101	2,238,278	2,212,200	2,091,411	2,092,753	2,108,285	2,110,257	2,192,388
特定取引負債													
金融派生商品負債	21,576	28,706	30,726	22,046	23,529	21,390	23,986	29,926	68,420	62,771	56,130	63,523	69,686
その他の負債													
保険・年金準備金負債	375,492	378,029	417,179	427,028	418,660	420,244	419,907	422,662	421,135	423,945	419,397	418,461	428,887
その他の負債	102,259	102,915	110,942	108,280	101,675	100,352	105,570	104,379	127,674	104,244	105,980	113,263	122,533
その他の負債合計	477,751	480,944	528,121	535,308	520,335	520,596	525,476	527,041	548,809	528,190	525,377	531,723	551,420
負債合計	2,895,699	2,874,649	2,885,086	2,868,287	2,861,772	2,895,087	2,787,741	2,769,167	2,708,640	2,683,714	2,689,791	2,705,503	2,813,494
正味資産													
発行株式・出資金	98,859	88,672	78,849	116,747	139,210	218,864	191,461	169,204	114,052	119,222	132,884	111,229	147,277
正味資産	45,989	42,718	36,346	15,482	13,614	36,759	46,796	52,630	33,813	47,031	59,223	80,052	89,104
正味資産合計	144,848	131,390	115,195	132,228	152,824	255,622	238,257	221,834	147,864	166,253	192,107	191,281	236,381
負債正味資産合計	3,040,546	3,006,039	3,000,281	3,000,515	3,014,597	3,150,710	3,025,998	2,991,001	2,856,504	2,849,967	2,881,899	2,896,784	3,049,875

◆217◆

ID-① 日本の一般政府セクター貸借対照表推移

(10億円)

	2000/12/31	2001/12/31	2002/12/31	2003/12/31	2004/12/31	2005/12/31	2006/12/31	2007/12/31	2008/12/31	2009/12/31	2010/12/31	2011/12/31	2012/12/31
政府価値													
金融資産													
現金・預金	217,084	200,540	180,486	163,203	148,967	134,798	123,587	106,275	89,638	80,216	79,552	77,783	76,906
貸出	37,681	37,867	36,389	33,671	39,894	40,585	33,653	25,649	21,232	28,245	32,198	32,143	34,091
株式以外の証券	37,415	53,716	65,520	74,965	92,158	111,604	125,457	128,808	140,859	126,308	127,545	123,529	122,706
株式・出資金	74,282	76,392	78,850	81,273	88,701	99,353	100,563	115,214	99,950	107,522	115,537	110,588	119,778
金融資産合計	366,462	368,515	361,244	353,111	369,720	386,340	383,260	375,947	351,679	342,291	354,832	344,044	353,480
行政価値(及び公営事業価値)													
行政運転資金													
在庫	1,707	1,068	1,056	913	936	1,443	1,581	2,215	1,150	1,729	1,702	2,046	2,293
その他の金融資産	66,576	76,992	85,469	105,901	125,194	139,145	148,602	149,977	132,142	147,948	141,197	148,528	164,557
その他の負債	32,360	34,476	41,170	34,131	36,095	34,912	38,645	33,318	33,459	37,127	29,790	26,769	28,191
合計	35,923	43,584	45,355	72,683	90,035	105,675	111,537	118,873	99,833	112,550	113,108	123,804	138,660
固定資産	387,844	390,205	394,736	403,549	413,921	422,722	429,949	446,183	453,088	446,489	451,356	458,791	452,914
土地	160,167	153,242	146,533	143,276	138,567	135,214	134,554	135,724	133,070	127,405	123,991	121,316	119,346
行政価値合計	583,934	587,031	586,625	619,508	642,523	663,612	676,040	700,781	685,991	686,444	688,455	703,911	710,920
政府価値合計	950,396	955,546	947,869	972,619	1,012,243	1,049,952	1,059,300	1,076,728	1,037,670	1,028,734	1,043,287	1,047,955	1,064,400
資本構成													
有利子負債													
借入	183,312	193,959	197,465	198,316	198,697	194,644	188,605	178,594	171,839	169,439	167,099	163,877	163,375
株式以外の証券負債	495,660	523,871	555,260	593,631	649,405	686,108	691,296	704,095	733,198	760,921	820,908	877,655	915,432
有利子負債合計	678,972	717,830	752,725	791,948	848,101	880,752	879,901	882,690	905,037	930,361	988,007	1,041,532	1,078,807
正味資産													
発行株式・出資金	21,738	24,383	24,666	19,839	25,819	23,794	23,878	22,791	22,855	23,027	23,875	23,963	24,303
正味資産	249,686	213,332	170,479	160,832	138,323	145,406	155,523	171,238	109,749	75,308	31,358	-17,591	-38,768
正味資産合計	271,424	237,715	195,144	180,671	164,142	169,200	179,401	194,029	132,605	98,335	55,233	6,372	-14,465
資本構成合計	950,396	955,546	947,869	972,619	1,012,243	1,049,952	1,059,302	1,076,719	1,037,642	1,028,696	1,043,240	1,047,904	1,064,343

I　日本の財務諸表

IE-① 日本の家計セクター貸借対照表推移

(10億円)

	2000/12/31	2001/12/31	2002/12/31	2003/12/31	2004/12/31	2005/12/31	2006/12/31	2007/12/31	2008/12/31	2009/12/31	2010/12/31	2011/12/31	2012/12/31
家計価値と資本構成													
金融資産													
現金・預金	764,050	776,261	787,894	782,792	788,044	786,758	783,640	790,465	797,536	809,434	820,835	837,214	853,959
株式以外の証券	82,226	76,824	65,142	64,188	71,522	89,844	104,371	117,010	92,433	98,262	102,477	89,978	93,806
株式・出資金	125,348	93,028	87,202	120,890	141,428	224,172	224,101	162,191	99,922	99,906	103,397	95,661	114,004
金融資産合計	971,623	946,113	940,237	967,869	1,000,994	1,100,774	1,112,112	1,069,667	989,891	1,007,602	1,026,709	1,022,853	1,061,768
家計事業資産													
家計事業運転資本													
その他の金融資産	74,767	73,611	73,893	84,775	81,000	77,998	81,598	78,073	64,936	69,626	68,578	60,560	62,955
在庫	7,978	8,414	8,278	8,213	7,468	7,685	7,991	7,627	7,099	7,257	5,937	6,084	6,561
その他の負債	56,522	51,920	51,596	53,371	57,835	58,681	65,760	56,085	58,482	61,148	64,005	58,066	55,814
家計事業運転資本合計	26,223	30,105	30,575	39,617	30,633	27,001	23,829	29,615	13,552	15,735	10,509	8,578	13,702
家計固定資産													
固定資産	364,139	358,154	354,903	356,060	358,983	359,643	366,115	368,767	370,969	353,880	350,805	344,769	339,558
土地	971,489	916,389	861,824	813,288	774,047	758,730	771,468	790,422	765,099	734,063	715,099	694,986	686,284
固定資産合計	1,335,628	1,274,543	1,216,727	1,169,348	1,133,030	1,118,373	1,137,583	1,159,189	1,136,068	1,087,943	1,065,904	1,039,755	1,025,843
保険・年金準備金	375,492	378,029	417,179	427,028	418,660	420,244	419,907	422,662	421,135	423,945	419,397	418,461	428,887
純家計事業資産合計	1,737,343	1,682,677	1,664,480	1,635,993	1,582,324	1,565,619	1,581,318	1,611,466	1,570,756	1,527,624	1,495,810	1,466,793	1,468,431
家計価値合計	2,708,967	2,628,790	2,604,718	2,603,862	2,583,317	2,666,393	2,693,430	2,681,132	2,560,646	2,535,226	2,522,520	2,489,646	2,530,200
有利子負債													
借入	351,184	347,371	337,526	332,795	328,442	330,151	326,932	321,232	313,669	305,726	301,780	298,471	296,962
正味資産	2,358,537	2,282,228	2,267,966	2,271,689	2,255,513	2,336,759	2,366,941	2,360,132	2,246,827	2,229,275	2,220,448	2,190,950	2,232,741

IIA-① アメリカの対外貸借対照表推移

(10億ドル)

バランスシート	2000/12/31	2001/12/31	2002/12/31	2003/12/31	2004/12/31	2005/12/31	2006/12/31	2007/12/31	2008/12/31	2009/12/31	2010/12/31	2011/12/31	2012/12/31
対外資産													
現金・預金													
SDR	11	11	12	13	14	8	9	10	9	58	57	55	55
対外現預金	852	860	890	932	1,022	1,044	1,132	1,391	1,004	899	892	856	823
現預金合計	863	870	902	945	1,036	1,052	1,140	1,401	1,014	956	949	911	878
投融資													
対外貸出	165	284	299	479	611	627	818	955	1,236	700	916	1,137	1,127
対外債券投資	694	756	960	1,145	1,330	1,396	1,758	2,000	1,579	1,972	2,130	2,285	2,514
対外株式投資	3,413	3,332	3,269	4,207	5,108	6,040	7,391	8,959	6,647	8,248	9,362	9,386	10,640
投融資合計	4,271	4,372	4,527	5,831	7,050	8,062	9,967	11,914	9,462	10,920	12,408	12,807	14,281
その他の資産													
売掛金	51	44	39	45	48	55	61	73	63	69	95	63	69
その他の対外資産	401	265	364	-76	172	412	609	725	1,200	1,390	1,497	1,283	1,049
その他の対外資産	452	309	402	-32	220	467	670	798	1,263	1,460	1,592	1,346	1,119
対外資産合計	5,586	5,551	5,831	6,744	8,306	9,581	11,777	14,113	11,739	13,335	14,948	15,064	16,278
対外負債													
SDR	6	6	7	7	8	7	7	8	8	55	54	54	54
対外借入													
対外現預金負債	538	504	549	497	526	550	601	527	1,025	740	717	1,060	1,029
対外借入	209	267	316	585	796	876	1,198	1,380	850	744	798	959	912
対外借入合計	747	771	865	1,082	1,322	1,426	1,799	1,907	1,874	1,484	1,515	2,019	1,941
その他の負債													
買掛金	49	46	49	50	49	57	63	84	90	97	116	134	146
その他の対外負債	794	849	1,033	676	925	976	1,348	1,622	1,587	1,528	1,491	1,517	1,429
その他の負債合計	843	895	1,082	726	974	1,033	1,410	1,705	1,677	1,624	1,608	1,651	1,575
対外負債合計	1,597	1,673	1,953	1,815	2,303	2,466	3,217	3,620	3,559	3,164	3,177	3,725	3,570
対内投資													
対内債券投資	2,334	2,734	3,177	3,711	4,503	5,029	6,031	7,001	7,297	7,541	8,330	8,834	9,462
対内株式投資	3,064	3,091	2,836	3,421	3,866	4,210	4,946	5,578	4,530	5,316	6,169	6,730	7,612
対内投資合計	5,398	5,826	6,013	7,132	8,369	9,239	10,977	12,579	11,827	12,857	14,499	15,563	17,074
対外負債＋対内投資	6,995	7,498	7,966	8,947	10,673	11,705	14,193	16,199	15,386	16,021	17,676	19,288	20,644
対外純資産	-1,409	-1,947	-2,135	-2,203	-2,367	-2,124	-2,417	-2,085	-3,647	-2,686	-2,728	-4,224	-4,366
対外負債・対内投資・純資産合計	5,586	5,551	5,831	6,744	8,306	9,581	11,777	14,113	11,739	13,335	14,948	15,064	16,278

Ⅱ　アメリカの財務諸表

ⅡA-②　アメリカの対外経常収支推移

(10億ドル)

経常取引	2000/12/31	2001/12/31	2002/12/31	2003/12/31	2004/12/31	2005/12/31	2006/12/31	2007/12/31	2008/12/31	2009/12/31	2010/12/31	2011/12/31	2012/12/31
財貨サービスの輸出	1,094	1,029	1,005	1,043	1,183	1,310	1,479	1,666	1,843	1,584	1,844	2,101	2,196
財貨サービスの輸入	1,474	1,398	1,430	1,544	1,798	2,026	2,241	2,376	2,556	1,976	2,362	2,670	2,743
純輸出	-380	-369	-425	-501	-615	-716	-762	-710	-713	-392	-519	-569	-547
海外からの財産所得	383	325	316	356	451	576	724	876	857	644	720	803	819
海外への財産所得	346	274	267	288	361	482	656	749	684	497	514	542	566
純財産所得	37	52	49	68	90	94	69	126	173	147	206	261	253
他海外への経常移転	66	73	74	81	97	115	102	126	138	136	142	149	145
国民経常余剰	-409	-390	-450	-514	-622	-737	-796	-709	-679	-381	-455	-457	-439

ⅡB-① アメリカの事業会社セクター貸借対照表推移

(10億ドル)

	2000/12/31	2001/12/31	2002/12/31	2003/12/31	2004/12/31	2005/12/31	2006/12/31	2007/12/31	2008/12/31	2009/12/31	2010/12/31	2011/12/31	2012/12/31
企業価値													
投融資													
貸し出し	129	124	130	117	132	142	133	108	101	93	94	90	86
株式以外の証券	123	124	145	156	172	213	211	150	124	125	151	160	157
株式・出資金	1,695	1,916	2,061	2,184	2,558	2,812	3,178	3,710	3,916	4,154	4,418	4,760	4,846
投融資合計	1,947	2,164	2,336	2,457	2,862	3,167	3,523	3,968	4,140	4,372	4,662	5,010	5,088
事業価値													
事業運転資本													
在庫	1,339	1,273	1,307	1,350	1,476	1,588	1,697	1,833	1,785	1,697	1,827	1,971	2,100
金融派生商品資産	0	0	0	0	0	0	0	0	0	0	0	0	0
その他の金融資産	7,067	7,027	6,914	6,809	7,147	7,650	8,128	8,827	8,007	7,846	8,280	8,485	9,100
金融派生商品負債	0	0	0	0	0	0	0	0	0	0	0	0	0
その他の負債	3,727	3,671	3,763	3,547	3,728	4,062	4,061	4,105	3,960	3,896	3,699	3,374	2,684
運転資本合計	4,679	4,628	4,458	4,612	4,895	5,176	5,764	6,556	5,832	5,648	6,407	7,082	8,515
固定資産													
不動産	4,903	4,875	5,106	5,442	5,967	7,631	8,918	9,373	8,110	6,246	8,216	8,571	9,025
機械ソフト	3,969	4,080	4,118	4,200	4,388	4,624	4,926	5,184	5,434	5,399	5,527	5,744	5,966
固定資産合計	8,871	8,955	9,224	9,643	10,355	12,255	13,844	14,557	13,543	11,645	13,743	14,315	14,991
事業価値合計	13,551	13,584	13,682	14,255	15,249	17,431	19,607	21,113	19,375	17,293	20,150	21,397	23,506
企業価値合計	15,498	15,747	16,018	16,711	18,111	20,598	23,130	25,081	23,515	21,664	24,812	26,407	28,594
資本構成													
純有利子負債													
有利子負債													
借入	1,950	1,899	1,857	1,851	1,956	2,228	2,454	2,878	2,954	2,652	2,230	2,250	2,254
株式以外の証券合計	2,703	2,949	3,028	3,145	3,242	3,298	3,541	3,872	4,087	4,397	5,126	5,550	6,435
有利子負債合計	4,653	4,848	4,885	4,996	5,197	5,526	5,995	6,750	7,041	7,048	7,355	7,800	8,689
現金・預金	545	481	456	596	652	786	702	639	445	755	989	1,365	957
純有利子負債合計	4,108	4,366	4,429	4,400	4,545	4,740	5,293	6,111	6,596	6,294	6,367	6,435	7,732
正味資産													
発行株式・出資金	13,624	12,135	9,465	12,147	13,498	14,236	16,325	17,740	12,214	14,619	16,597	16,650	18,575
正味資産	-2,948	-1,434	1,465	-500	-632	877	708	317	3,703	-288	727	2,078	2,091
正味資産合計	10,677	10,701	10,930	11,647	12,867	15,113	17,033	18,057	15,917	14,331	17,324	18,729	20,666
資本合計	14,784	15,068	15,358	16,047	17,412	19,852	22,326	24,168	22,512	20,625	23,691	25,163	28,398

Ⅱ　アメリカの財務諸表

ⅡC−① アメリカの金融セクター貸借対照表推移

(10億ドル)

	2000/12/31	2001/12/31	2002/12/31	2003/12/31	2004/12/31	2005/12/31	2006/12/31	2007/12/31	2008/12/31	2009/12/31	2010/12/31	2011/12/31	2012/12/31
資金運用資産													
現金・預金＆金	697	889	886	852	883	870	934	1,108	2,155	2,410	2,278	2,791	2,691
貸出	11,649	12,452	13,387	14,549	16,161	18,111	20,111	22,465	24,125	21,283	20,265	20,088	20,473
株式以外の証券	10,724	11,768	12,655	13,530	14,019	14,614	15,670	16,798	18,250	19,194	19,502	20,872	21,567
株式・出資金	11,200	10,714	9,491	11,961	13,817	15,307	17,769	19,620	13,992	17,290	18,828	18,218	20,918
その他の金融資産	1,956	2,227	2,256	2,471	2,590	2,682	3,068	3,190	3,275	3,116	2,773	2,981	3,447
資金運用資産合計	36,226	38,051	38,675	43,363	47,470	51,584	57,551	63,181	61,797	63,293	63,646	64,950	69,096
特定取引資産													
金融派生商品	0	0	0	0	0	0	0	0	0	0	0	0	0
非金融資産													
構造物	620	655	682	707	783	875	957	1,019	1,105	1,067	979	1,007	1,006
機械ソフト	446	460	484	504	542	568	597	626	647	636	637	653	680
非金融資産合計	1,066	1,114	1,166	1,211	1,325	1,443	1,554	1,646	1,753	1,703	1,616	1,659	1,685
資産合計	37,292	39,165	39,841	44,574	48,795	53,028	59,105	64,826	63,549	64,996	65,262	66,609	70,781
有利子負債													
現金・預金負債	5,559	6,064	6,450	6,877	7,540	8,131	8,708	9,201	11,389	11,612	11,898	13,323	14,053
借入	2,241	2,344	2,455	2,817	3,164	3,589	4,109	4,710	4,632	3,498	2,986	290	3,285
株式以外の証券負債	7,518	8,467	9,313	10,158	10,979	11,962	13,292	14,917	15,286	14,562	13,320	12,871	12,871
有利子負債合計	15,317	16,876	18,218	19,853	21,683	23,682	26,109	28,827	31,306	29,672	28,204	26,485	30,210
特定取引負債													
金融派生商品負債	0	0	0	0	0	0	0	0	0	0	0	0	0
その他の負債													
保険準備金負債	10,913	10,566	10,059	11,807	12,841	13,755	15,206	15,960	12,885	14,550	15,825	15,974	20,941
その他の負債	1,329	1,624	1,715	1,749	1,691	1,482	1,613	2,026	2,992	2,183	2,141	2,329	1,790
その他の負債合計	12,242	12,190	11,774	13,557	14,532	15,237	16,819	17,986	15,876	16,733	17,966	18,303	22,731
負債合計	27,559	29,065	29,992	33,409	36,214	38,919	42,928	46,814	47,183	46,405	46,170	44,788	52,940
正味資産													
発行株式・出資金	11,000	11,077	10,362	12,193	13,762	15,114	17,537	18,318	15,018	17,507	18,639	18,349	21,426
正味資産	-895	-669	-235	-680	-830	-655	-968	132	1,675	1,502	1,124	1,535	781
正味資産合計	10,105	10,408	10,128	11,513	12,931	14,459	16,569	18,450	16,694	19,009	19,762	19,885	22,206
負債正味資産合計	37,664	39,473	40,120	44,922	49,146	53,378	59,496	65,263	63,876	65,414	65,933	64,673	75,147

ⅡD-① アメリカの連邦政府セクター貸借対照表推移

(10億ドル)

	2000/12/31	2001/12/31	2002/12/31	2003/12/31	2004/12/31	2005/12/31	2006/12/31	2007/12/31	2008/12/31	2009/12/31	2010/12/31	2011/12/31	2012/12/31
政府価値													
金融資産													
現金・預金	11	11	12	13	14	8	9	10	9	58	57	55	55
貸出	263	267	275	272	275	274	297	304	343	509	644	782	918
株式以外の証券	0	0	0	0	0	0	0	0	54	197	150	32	1
株式・出資金	35	37	39	40	42	43	45	47	237	118	106	118	102
投融資合計	309	315	326	325	330	325	351	360	644	882	957	986	1,075
行政価値（及び公営事業価値）													
その他の行政金融資産	197	206	210	233	242	253	247	257	246	272	272	284	288
機械ソフト	1,061	1,060	1,085	1,131	1,189	1,250	1,313	1,386	1,459	1,516	1,605	1,655	1,686
構造物	927	951	975	999	1,088	1,177	1,267	1,325	1,370	1,326	1,353	1,404	1,436
その他の行政金融負債	84	87	88	160	175	208	214	243	265	209	215	224	231
年金保険債務	1,242	1,258	1,324	1,399	1,459	1,541	1,606	1,700	1,746	1,826	1,974	2,012	2,074
行政価値合計	858	872	858	804	886	930	1,006	1,026	1,064	1,080	1,041	1,107	1,105
政府価値合計	1,167	1,187	1,184	1,129	1,216	1,255	1,357	1,386	1,708	1,962	1,998	2,094	2,180
資本構成													
有利子負債													
現金預金負債	30	31	32	33	34	35	36	35	34	82	80	80	80
借入	0	0	0	0	0	0	0	0	0	0	0	0	0
株式以外の証券負債	4,092	4,147	4,430	4,850	5,253	5,587	5,806	6,077	7,379	8,888	10,534	11,673	12,853
有利子負債合計	4,122	4,178	4,462	4,884	5,287	5,622	5,842	6,112	7,413	8,969	10,614	11,753	12,933
正味資産	-2,891	-2,879	-3,161	-3,652	-4,003	-4,300	-4,424	-4,639	-5,303	-6,774	-8,232	-9,524	-10,611
資本構成合計	1,231	1,299	1,301	1,231	1,284	1,321	1,418	1,473	2,110	2,195	2,382	2,228	2,322

Ⅱ　アメリカの財務諸表

ⅡE－① アメリカの州・地方政府セクター貸借対照表推移

(10億ドル)

	2000/12/31	2001/12/31	2002/12/31	2003/12/31	2004/12/31	2005/12/31	2006/12/31	2007/12/31	2008/12/31	2009/12/31	2010/12/31	2011/12/31	2012/12/31
政府価値													
金融資産													
現金・預金	156	172	186	213	217	236	258	291	319	347	346	377	407
貸出	273	262	240	247	269	289	311	335	317	318	326	315	300
株式以外の証券	757	852	943	966	1,062	1,217	1,327	1,462	1,371	1,328	1,379	1,306	1,259
株式・出資金	178	173	162	187	220	247	287	320	253	295	333	330	334
投融資合計	1,363	1,458	1,531	1,612	1,767	1,989	2,183	2,408	2,259	2,289	2,385	2,329	2,300
行政価値(及び公営事業価値)													
その他の行政金融資産	298	292	270	264	292	329	357	375	360	374	366	367	372
機械ソフト	238	247	256	264	275	282	293	308	330	339	350	362	366
構造物	4,072	4,307	4,543	4,760	5,388	5,977	6,715	7,315	7,863	7,904	8,208	8,704	9,021
年金保険債務	-334	-62	394	156	311	314	191	191	1,276	1,132	1,349	1,615	1,472
その他の債務合計	336	363	391	420	450	482	516	553	592	631	669	707	747
行政価値合計	4,606	4,544	4,283	4,712	5,194	5,792	6,658	7,253	6,685	6,855	6,905	7,110	7,540
政府価値合計	5,969	6,002	5,813	6,324	6,961	7,781	8,841	9,662	8,944	9,144	9,290	9,438	9,840
資本構成													
有利子負債													
借入	9	9	10	10	10	11	11	12	13	14	14	15	16
株式以外の証券負債	1,189	1,294	1,438	1,559	2,438	2,579	2,680	2,826	2,843	2,955	3,024	2,970	2,964
有利子負債合計	1,198	1,303	1,448	1,569	2,448	2,590	2,691	2,838	2,855	2,968	3,038	2,985	2,980
正味資産	4,771	4,698	4,365	4,755	4,512	5,191	6,150	6,824	6,089	6,175	6,252	6,453	6,860
資本構成合計	5,969	6,002	5,813	6,324	6,961	7,781	8,841	9,662	8,944	9,144	9,290	9,438	9,840

IIF—① アメリカの家計セクター貸借対照表推移

(10億ドル)

家計価値と資本構成	2000/12/31	2001/12/31	2002/12/31	2003/12/31	2004/12/31	2005/12/31	2006/12/31	2007/12/31	2008/12/31	2009/12/31	2010/12/31	2011/12/31	2012/12/31
金融資産													
現金・預金	3,531	3,889	4,181	4,535	4,950	5,320	5,798	6,217	6,591	6,782	6,931	7,629	8,078
貸し出し	518	566	532	600	716	724	867	1,081	978	892	893	941	935
株式以外の証券	2,457	2,360	2,509	2,734	3,777	4,054	4,203	4,822	4,922	5,380	5,673	5,300	5,469
株式・出資金	16,840	15,781	14,025	16,812	19,185	21,382	24,543	25,245	18,376	19,246	21,738	22,109	24,913
金融資産合計	23,347	22,596	21,247	24,681	28,628	31,480	35,410	37,366	30,866	32,299	35,235	35,979	39,394
家計業資産													
不動産	13,537	14,908	16,305	18,017	20,840	24,178	24,996	23,450	19,899	18,699	18,348	18,124	19,709
消費者耐久品	3,202	3,364	3,528	3,679	3,900	4,108	4,301	4,476	4,579	4,588	4,587	4,726	4,848
機械ソフト	201	216	235	256	277	298	322	347	374	390	406	428	448
保険・年金準備金	11,048	11,312	11,559	12,742	13,969	14,922	15,908	16,746	15,878	17,115	18,684	19,191	20,127
家計業資産合計	27,988	29,800	31,626	34,693	38,986	43,507	45,526	45,018	40,729	40,791	42,025	42,470	45,132
その他の買樹金	135	133	152	157	173	186	200	215	237	253	274	288	290
保健準備金負債	20	19	20	21	23	22	23	24	27	22	25	24	25
家計業負債合計	154	152	172	178	196	209	223	238	264	275	299	313	315
純家計業資産合計	27,833	29,648	31,454	34,515	38,790	43,298	45,304	44,780	40,465	40,517	41,726	42,157	44,817
家計価値合計	51,180	52,244	52,701	59,196	67,418	74,778	80,714	82,146	71,332	72,816	76,961	78,136	84,211
有利子負債													
借入	7,061	7,674	8,425	9,468	10,603	11,741	13,009	13,905	13,753	13,510	13,213	13,000	13,043
株式以外の証券負債	138	151	164	178	198	213	229	250	260	265	263	256	241
有利子負債合計	7,198	7,825	8,589	9,646	10,800	11,953	13,238	14,155	14,012	13,776	13,476	13,256	13,284
正味資産	43,982	44,419	44,112	49,550	56,618	62,825	67,476	67,990	57,319	59,040	63,485	64,881	70,927

参考文献

A）全体

- 村藤　功著『日本の財務再構築』東洋経済新報社
- 内閣府経済社会総合研究所編「国民経済計算」財務省印刷局
- 日本経済新聞社編『日本再生　改革の論点』日本経済新聞出版社
- 中本　悟／宮﨑礼二編『現代アメリカ経済分析』日本評論社
- 中村洋一著『新しいSNA　2008SNAの導入に向けて』日本統計協会
- 経済企画庁官房参事官　藤岡文七／国民所得部国民支出課長　渡辺源次郎著『テキスト　国民経済計算』大蔵省印刷局
- 浜田浩児著『93SNAの基礎』東洋経済新報社
- 田中直毅著『構造改革とは何か』東洋経済新報社
- 猪瀬直樹著『構造改革とはなにか』小学館
- 川北英隆著『財政投融資ビッグバン』東洋経済新報社
- 吉田和男／小西砂千夫著『転換期の財政投融資』有斐閣
- 日本経済新聞社編『検証　特殊法人改革』日本経済新聞社
- 猪瀬直樹／MM日本国の研究企画チーム著『一気にわかる！　特殊法人民営化』PHP研究所
- 吉田和男著『21世紀日本のための税制改正』財団法人大蔵財務協会
- 総務省統計局統計研修所編『世界の統計2001』財務省印刷局
- 総務省統計局監修・財団法人日本統計協会編『統計でみる日本2002』財団法人日本統計協会

B）事業会社セクター

- 村藤　功著『連結財務戦略』東洋経済新報社
- 朝日監査法人／アーサー・アンダーセン編『連結財務諸表の実務』中央経済社
- 藤野哲也著『グローバリゼーションの進展と連結経営』文眞堂

・高橋俊介著『自由と自己責任のマネジメント』ダイヤモンド社

C）金融セクター
・大久保豊編著『銀行経営の理論と実務』社団法人金融財政事情研究会
・村木利雄監修、木村耕三／百瀬功著『銀行経理の実務』社団法人金融財政事情研究会
・中田真佐男著「日本の財政投融資―バブルの発生崩壊から現在までの動向と今後の課題」（『財政政策と社会保障』所収）
・金融持株会社研究会編『日本の金融持株会社』財団法人日本証券経済研究所
・吉田和男著『銀行再編のビジョン』日本評論社
・マッキンゼー金融グループ著『新・銀行の戦略革新』東洋経済新報社

D）政府セクター
・橋都由加子著「アメリカにおける連邦・州・地方の役割分担」（財務省財務総合政策研究所『「主要諸外国における国と地方の財政役割」報告書』所収）
・財務省理財局　財政投融資統括課「リーマンショック後の経済金融危機における財政投融資の対応」
・文部科学省　初等中等教育局「諸外国の地方自治制度」
・明里帷太著「社会保障の財政改革を考える」（明里帷太著『社会保障の財政改革』中央経済社）
・大木壮一監修・朝日監査法人パブリックセクター部編著『自治体バランスシート・行政コスト計算書の作り方・読み方』ぎょうせい
・隅田一豊著『自治体行財政改革のための公会計入門』ぎょうせい
・中地　宏編著『自治体経営と機能するバランスシート』ぎょうせい
・山本　清著『政府会計の改革』中央経済社
・山代義雄著『新・地方自治の法制度』北樹出版
・上山信一著『行政評価の時代』ＮＴＴ出版
・上山信一著『行政経営の時代』ＮＴＴ出版

E）家計セクター
・鬼頭宏著『人口から読む日本の歴史』講談社
・食品流通情報センター編『少子高齢社会総合統計年報2002年版』食品流通情報センター
・島田晴雄著『明るい構造改革』日本経済新聞社
・野村総合研究所編『生活革命』野村総合研究所

F）その他
　その他新聞、雑誌、ブルームバーグ端末からの市場関連データ等を参考にさせていただきました。

索　引

数字

2％インフレ ……………………………………90
2％インフレターゲット ………………141, 204
68SNA ……………………………………………9
93SNA ……………………………………………9

欧文

ACTION …………………………………………74

CHECK …………………………………………74
CHIPS ………………………………………179

DO ………………………………………………74

EBIT …………………………………27, 150, 191

FISIM …………………………………………10

IFAC ……………………………………………94
IMF支配 ………………………………………84
IPSASB …………………………………………94
ITバブル ……………………………………137

PDCAサイクル ………………………………73
PLAN ……………………………………………74
Price Escalation Clause ……………………205

SNA統計 …………………………………………9

TANF …………………………………………180

ア行

赤字国債 …………………61, 70, 89, 195, 204
アクション …………………………………209

アドプション・アプローチ ………………18
アメリカの国民経済計算 …………………134
アメリカのバブル崩壊 ……………………146
アメリカ復興再投資 ………………………137
アンハッピー・イベント …………………135

イールドカーブ ………………………………42
異次元の金融緩和 …………………………206
一般会計 ………………………………………70
一般消費税 ……………………………………85
一般政府貯蓄 ………………………………146

受取資本移転 …………………………………36
受取生産輸入品税 …………………………172

営業粗利益 ……………………………………55
営業資産 ………………………………………24
営業負債 ………………………………………24
営業利益 ………………………………………56
役務取引 ………………………………………53

オバマケア …………………………………137

カ行

海外資産合計 ………………………………138
外国為替特別会計 ……………………………66
外国人の活用 ………………………………129
開始貸借対照表 ………………………………93
外為特別会計改革 …………………………108
外部監査 ………………………………………97
カウンティー ……………………………168, 182
家計価値 ………………………113, 117, 190, 197
家計業純所得 ………………………………122
家計業所得 ……………………………114, 190
家計業（の）金利税引前所得 …114, 121, 198

家計業の投資収益率	193	金融資産利回り	192, 193
家計事業運転資本	114	金融仲介サービス（FISIM）	10
家計消費	114, 190	金融ビッグバン	65
家計の金融資産所得	121	金融利鞘	58
家計の金利税引前所得	191	金利税引前利益（EBIT）	27
家計の金利税引前利益	140, 191		
家計の消費	200	組合けんぽ	105
家計の帳簿価格正味資産利回り	192	クラウディング・アウト	44
家計の貯蓄	iv, 85, 204	グレーターチャイナ統括本社機能	21
家計の負担能力	208	グロスの資金	99
家計の本業利回り	191	軍事費	143, 179, 195
貸出FISIM	11		
貸出金償却	51	経済戦略会議	92
貸しはがし	52	経常収支	7
学区教育委員会	183	経常純利益	56
学区教育長	183	ケインズ政策	136
学校区	182	決算統計	93
合併特例債	111	決算日程の早期化	98
株式会社化	46	現役世代	102
株式出資金	158	現業	209
株式バブル	147	現実最終消費	172, 178
カレント・インカム	164	現実最終消費支出	86, 188
間接金融	66	建設国債	61, 70
管理連結	20	現物社会移転	87
		現物社会移転受取	123
機械ソフト	152, 175		
機会の平等	79	公営事業	i, 45
機関委任事務	77	公営事業価値	67
企業価値	23, 150, 152	公営事業損益	102
企業価値利回り	151	後期高齢者医療制度	106
基準方式	93	恒久棚卸法	12, 119
基礎自治体	108	構造改革	100
協会けんぽ	105	構造物	175, 184
行政価値	67	公的金融機関	i, 31, 43, 45, 60, 62
行政コスト計算書	73	高福祉国家	210
業務評価基準	96	高齢者遺族障碍者保険	179
業務利益	52	国際会計基準	18
局別連結財務諸表	75	国際会計士連盟（IFAC）	94
銀行等株式保有制限法	159	国際公会計基準	95
均衡予算要求条項	183	国際公会計基準審議会（IPSASB）	94

国際資金循環	147
国鉄清算事業団	36, 89
国民皆健康保険体制	105, 127
国民皆年金制度	102, 127
国民経常余剰	8, 139
国民年金	104
国民負担	194
個人の自由主義	142
雇用者報酬	114, 122
雇用者報酬合計	199
困窮者	213
コンドースメント・アプローチ	18
コンバージェンス・アプローチ	18

サ行

財政均衡主義	169
財政投融資	43
財政投融資改革	108
財政融資資金特別会計	50, 83
財投機関債	ii, 45, 83
財投債	ii, 45, 83
債務超過	69, 71, 84, 90, 143
債務不履行	205
参照利子率	10
時価	5
時価主義	14
時価正味資産	120, 146, 191, 207
事業価値	25, 150
事業リターン	34
資金運用資産	55
資金運用部	46, 61, 62
資金運用部預託金	47
資金調達構成	67, 82, 175
自宅の帰属家賃	115
市町村国保	106
シティー	182
支店経済	23
児童扶養世帯補助	180
支払金利	34

支払資本移転	89
社会移転の受取	123
社会福祉産業	107
社会保障給付	87
社会保障収入	123
社会保障庁	169
社内財務制度	76
自由主義	79
住宅供給公社	77
住宅投資	124
州・地方政府	182
州・地方政府価値	184
自由と自己責任の原則	129
州の教育委員会	183
州の教育長	183
純営業資産投資	157
純家計業資産	113, 190
純公営事業資産	101
使用資金	i
省庁別財務書類の作成基準	92
省庁別連結財務諸表	74
消費税	ii
正味資産	14, 31
正味資産帳簿価格	120, 207
商務省	134
将来世代	71, 103, 195, 213
将来予測	iii
女性の活躍	128
所得富等への経常税	84, 172, 177
新自由主義	136
信用保証	66
信用保証協会の保証	141, 211
信用リスク	43
スーパーリージョナルバンク	65, 111
スタンド・アローン格付け	77
生産輸入品税	84, 177, 187
制度連結	20
政府価値	67, 80, 174

政府債務/GDP ································· 144
政府内経常移転 ····························· 84
世界の警察 ···································· 179
世代間不均衡 ································· 176
全員加入 ·· 92

総務省改定方式 ····························· 93

タ行

対外純債務国 ································· 136
対外純資産 ······························ 7, 139
対内投資 ·· 138
タウンシップ ························· 168, 182
単純合算統計 ································· 48

小さな政府 ································ 79, 100
地方公営企業 ································· 28
地方公社 ·· 28
地方交付税 ···································· 183
地方交付税特別会計 ······················ 83
地方財産税 ···································· 187
地方自治連結 ································· 76
中央省庁連結 ································· 69
中央政府連結貸借対照表 ············· 13
帳簿価格 ·· 5
帳簿価格正味資産 ························ 191
直接金融 ································ 140, 152
貯蓄の赤字 ···································· 90
賃金俸給 ·· 122

積み立て方式 ································· 105

低福祉国家 ···································· 210
出口機関 ·· 50

統計差額 ································ 15, 31, 155
投資収益率 ···································· 27
道州制 ··· 107
道州制基本法 ································· 110
道州制ビジョン懇談会 ·················· 110

東北アジア持株会社 ····················· 112
投融資純増 ···································· 158
投融資のリターン ························ 150
特殊法人 ·· 75
特定区 ··· 182
特定債務者支援損 ························ 51
特定取引 ·· 53
特別会計 ·· 70
特別目的地方政府 ························ 182
独立行政法人 ·························· 28, 45
土地開発公社 ································· 77
土地バブル ···································· 147
ドル株 ··· 148
ドル社債 ·· 148

ナ行

内部取引消去 ·························· 48, 70

二重の富の移転 ···························· 174
日本郵政株式会社 ························ 44
ニュー・パブリック・マネージメント ······ 76

ネット・ハッピネス・ポイント ········· 135
ネットデット ································· 25
ネットの資金 ································· 99
ネットの政府 ······ i , 16, 67, 98, 210, 213
年金保険債務 ································· 175

ハ行

バーゼル3 ······································· 41
ハイパーインフレーション
　（ハイパーインフレ） ········ iv , 84, 204, 206
廃藩置県 ·· 108
ハイペリオン ································· 20
ハッピー・イベント ························ 135
バブル崩壊 ···································· 2
バリューチェーン ························ 21
バリューマックス ························ 20

引当償却後資金運用損益 ············· 55

含み損 …………………………………… 198
双子の赤字 ……………………………… 136
富裕層 …………………………………… 213
プライマリー・バランス ………………… 71
プラザ合意 …………………………… 2, 136
不良債権処理 ………………………… 40, 57

平成の大合併 …………………………… 111
ベンチマークイヤー法 ……………… 12, 119

貿易赤字 …………………………… iv, 9, 205
法人税 …………………………………… 156
法的義務 ………………………………… 83
ホーム・エクイティーローン ………… 140
保険年金債務 …………………………… 189
ボロー …………………………………… 182
本業価値 ………………………………… 25
本支店レート …………………………… 42

マ行

埋蔵金 …………………………………… 82
マネタリズム …………………………… 136

ミュニシパリティー ……………… 168, 182
民営化 …………………………………… 209
民間金融機関 ………………………… 30, 62

メザニン証券 …………………………… 41
メディケア ………………………… 168-170
メディケア・メディケード …………… 137
メディケード …………………………… 170

ヤ行

郵政民営化 ……………………………… 44
有利子資産リターン …………………… 34
輸入消費国 ……………………………… 139

預金FISIM ……………………………… 11
預貸金利差 ……………………………… 161

ラ行

リーマンショック …………………… 5, 145
リスクウェイト ………………………… 42
リスク資産 ……………………………… 42
臨時財政対策債 ………………………… 83

レバレッジ …………………………… 35, 160
連結行政 ………………………………… 75
連結行政サービス ……………………… 98
連結経営管理 …………………………… 69
連結財務戦略 …………………………… 20
連結事業部 ……………………………… 19
連結主義 ………………………………… 12
連結中央省庁財務書類 ………………… 70
連邦政府 ………………………………… 168
連邦政府の債務超過 …………………… 176

労働移動支援助成金 …………………… 39
老齢・遺族・障害年金 ………………… 169
ロードマップ …………………………… 96

《著者紹介》

村藤　功（むらふじ　いさお）

1958年6月26日生まれ。2003年4月から現在まで「企業財務」、「M&A」担当の九州大学ビジネススクール教授。東京大学法学部卒、ロンドン・ビジネス・スクールMBA。コンサルティング会社ベイン、メロン銀行本社、CSFBロンドンを経てCSファースト・ボストン証券東京支店でM&A・投資銀行業務。香港のアジア専門投資銀行ペレグリンの後、アンダーセンのコンサルティング部門で財務戦略部門を統括。KPMGのコンサルティング部門との統合に伴いアンダーセンのパートナーからベリングポイントのマネージングディレクターへ。著書に、『連結財務戦略』、『日本の財務再構築』（以上、東洋経済新報社）、『コーポレートファイナンス』、『事業ポートフォリオの最適化』（以上、中央経済社）、『M&Aアドバイザーの秘密』、『東北アジアの真実』（以上、創成社）等。経済産業省主催地域金融人材育成システム開発委員長を経て、キンザイ・CFO協会・銀行研修社の各種CFO検定試験委員・委員長。行政刷新会議事業仕訳人。熱海市、久留米市、糸島市、筑紫野市の行革・事業仕訳委員・委員長、中期計画アドバイザー。スカパービジネスブレークスルーチャンネルで5番組の講師を経て、FM福岡で現在放送中の「BBIQモーニングビジネススクール」の講師。

平成27年2月25日　初版発行　　　　　　　　　　　《検印省略》
　　　　　　　　　　　　　　　　　　　　　略称—ネット政府

ネットの政府
－国民経済計算統計の財務分析から導かれる　日本の財政再建－

著　者　村　藤　　　功
発行者　中　島　治　久
発行所　同文舘出版株式会社
　　　　東京都千代田区神田神保町1-41　〒101-0051
　　　　電話 営業(03)3294-1801　編集(03)3294-1803
　　　　振替 00100-8-42935
　　　　http://www.dobunkan.co.jp

© I. MURAFUJI　　　　　　　　　　　　　　　　　製版：一企画
Printed in Japan 2015　　　　　　　　　　　　印刷・製本：三美印刷

ISBN 978-4-495-44181-4

JCOPY〈(社)出版者著作権管理機構　委託出版物〉
本書の無断複写は著作権法上での例外を除き禁じられています。複写される場合は、そのつど事前に、(社)出版者著作権管理機構（電話 03-3513-6969、FAX 03-3513-6979、e-mail: info@jcopy.or.jp）の許諾を得てください。